현대판 무신론자들의 기독교 공격이 세밀하고 강력하다. 이론으로 중무장하고 열정으로 충일하다. 점잖은 논리를 넘어 심한 독설까지 퍼붓는다. 도킨스는 말할 것도 없고 그와 연대한 수많은 똑똑한 학자들이 그 대열에 합류한다. 과학적 차원과 도덕적 차원에서 기독교를 맹공한다. 그러나 그들이 주장하듯이 하나님에 대한 신앙은 맹목적이며 허구인가? 기독교 신앙은 폭력적이고 혐오감을 부추기는가? 저자 레녹스는 촘촘하고도 강력한 증거와 논증으로 그들의 허점들을 짚어내며 강력한 반격을 시도한다. 책을 다 읽고 나서 고개를 끄덕인다. 그 냉철한 열정에 감복한다. 설득력 있는 그의 변증에 공감한다. 차근차근 생각하며 곱씹어 읽어야 할 중요한 기독교 변증서다.

류호준 | 백석대학교 신학대학원 은퇴교수

*God's Undertaker: Has Science Buried God?*의 저자인 존 레녹스(J. C. Lennox)는 옥스퍼드 대학교 수학과 교수로서 2007년과 2008년에 『만들어진 신』의 저자로서 신무신론자라고 할 수 있는 리처드 도킨스(C. R. Dawkins)와 각자의 저술을 중심으로 두 차례에 걸친 토론을 주고받았던 경험이 있다. 이런 경험의 반성이 반영되어 2011년에 나타난 책(*Gunning for God: A Critique of the New Atheism*)이 바로 번역, 출간되는 『현대 무신론자들의 헛발질』이다. 존 레녹스는 이 책에서 도킨스뿐만 아니라 호킹, 데닛, 히친스와 같은 신무신론자의 주장을 분석적으로 읽으면서 신앙은 근거가 없는 상상의 세계요, 과학은 근거를 가진 객관적 사실이라는 편견을 주의 깊게 논박하면서 신앙 역시 그 자체의 탄탄한 논리적 근거를 가진 설득력 있는 체계이며, 과학도 신뢰라는 주관적 차원을 갖는 철학의 영역에서 배제되지 않는다는 것을 설득력 있게 드러낸다. 뿐만 아니라 레녹스는 그리스도 예수의 죽음과 부활 안에서 우리의 삶을 새롭게 승인하시는 하나님을, 2001년 9/11 폭력사태로 인한 종교혐오 현상을 딛고서 다시 삶의 토대와 원천으로 받아들이는 든든한 삶을 역설하는 데까지 독자를 안내하는 수고를 감행하였다. 다양한 견해들이 경쟁하는 다원주의시대를 살아가면서 직면하게 되는 우리 시대의 질문을 외면하지 않는 목회자, 신학생, 그리고 크리스천 지성인들에게 이 책의 일독을 권하는 바이다.

유태화 | 백석대학교 신학대학원 조직신학 교수

본서는 기독교 신앙의 합리성을 과학적으로 품위 있게 논증하는 명저다. 수학자인 저자는 도킨스 등 현대 무신론자들이 맹목적 신앙의 공리에 기초하여 기독교 신앙의 본질과 부활 등 다양한 주제들을 대하는 교묘한 태도를 집요하게 분석하면서 이들의 주장이 지닌 자가당착인 논리적 모순을 통쾌하게 들추어낸다. 창조주 하나님은 인간을 합리적이고 인격적인 자기의 형상대로 만들어 우주를 합리적으로 이해할 수 있게 하신다. 따라서 합리성과 과학 앞에서 불편하게 느껴야 하는 것은 성경적 세계관이 아니라 신무신론이요, 파괴적인 도킨스 식의 모순어법이다. 실로 현대 무신론자들의 헛발질이다! 본서가 한국 기독교의 변증 수준을 한층 더 진전시키리라 기대한다.

유해무 | 고려신학대학원 은퇴교수

리처드 도킨스를 비롯한 이른바 신(新)무신론자들은 종교와 신에 대해 맹렬한 공격을 퍼붓고 있다. 그들은 유대교와 이슬람교, 특히 기독교를 타깃으로 삼고 있다. 물론 거기에 대해 맥그래스 부부와 테리 이글턴 등이 날카롭고 논리정연한 비판으로 대응한 바 있다. 도킨스와 마찬가지로 과학자면서 옥스퍼드대 교수인 존 레녹스의 『현대 무신론자의 헛발질』 역시 같은 문제의식을 가지고 신무신론자들의 주장을 논박한다. 레녹스는 신무신론자들의 자의적이고 선택적인 현실인식을 파헤치고, 논리의 허점을 파고들며, 일반화의 오류와 억지주장들을 폭로함으로써 시원한 카운터펀치들을 날린다. 뿐만 아니라, 그들이 걸고넘어지는 신의 실재, 종교의 유해성, 속죄와 대속, 기적과 예수 부활 등의 주제들에 관해 기독교 진리를 바탕으로 적극적으로 설명하고, 그 의미의 중요성들을 잘 밝혀준다. 도킨스, 히친스, 데닛, 호킹 등 신무신론자들을 논박하고 기독교를 변증하는 가장 탁월한 책이라고 할 만하다.

이오갑 | 케이씨대학교 조직신학 교수

우선 이 책은 변증 서적 가운데 드물게 만날 수 있는 읽기 쉬운 책이다. 한번 손에 잡으면 끝까지 술술 읽히는 신나는 책이다. 훌륭한 번역 때문이기도 하지만, 수학자로서 옥스퍼드 명예 교수인 저자 존 레녹스가 도킨스, 히친스, 해리스 등의 신유물론자들의 명성 뒤에 숨은 거품을 걷어내고 그들의 허술한 논리와 편협한 자료 취급의 비과학성을 여지없이 드러내주고 있기 때문이다. 성경의 하나님과 예수 그리스도에 대한 신앙을 명쾌한 논리와 엄밀한 학문성과 설득력 있는 증거 제시와 해석을 통하여 진지하고도 책임 있게 논증하고 있는 이 책은 마치 변증학의 고급선물세트와 같다. 감사의 마음으로 신학도, 목회자, 일반 대중 모두에게 강력히 추천한다.

한상화 | 아세아연합신학대학교 조직신학 교수

서구에서는 무신론이 유행하고 있으며 그 대적은 하나님이다. "신무신론자들"은 종교는 "위험하고" "모든 것을 죽이거나 오염시킨다"고 주장한다. 그리고 종교가 이 세상의 문제라면 그들의 답은 간단하다. "종교를 제거하라."

그러나 문제가 그렇게 단순한가? 리처드 도킨스, 스티븐 호킹, 크리스토퍼 히친스, 대니얼 데닛 같은 학자들을 정면으로 다루면서 존 레녹스는 그들의 접근법 상의 오류를 지적하고 그들의 비합리적이고 비과학적인 방법론으로 인해 그들은 자기들이 비난하는 종교인들만큼이나 독단적이고 완고한 어리석음에 빠져든다고 주장한다.

박식하고 광범위한 이 책은 몇몇 결정타를 날린다. 이 책은 하나님과 기독교의 본질에 관해 신무신론자들의 가장 친한 친구들과 가장 강력한 대적들 모두에게 자극적인 생각거리를 주는 새로운 아이디어를 제시한다.

Lion Hudson 출판사의 서평

GUNNING FOR GOD

Why the New Atheists Are Missing the Target

John C. Lennox

GUNNING FOR GOD
Why the New Atheists
Are Missing the Target

현대 무신론자들의 헛발질

존 C. 레녹스 지음
노동래 옮김

새물결플러스

제 친구이자 동료들인 데이비드 구딩, 마이클 미들턴
그리고 아서 윌리엄슨에게 깊이 감사 드리며
이들에게 헌정합니다.

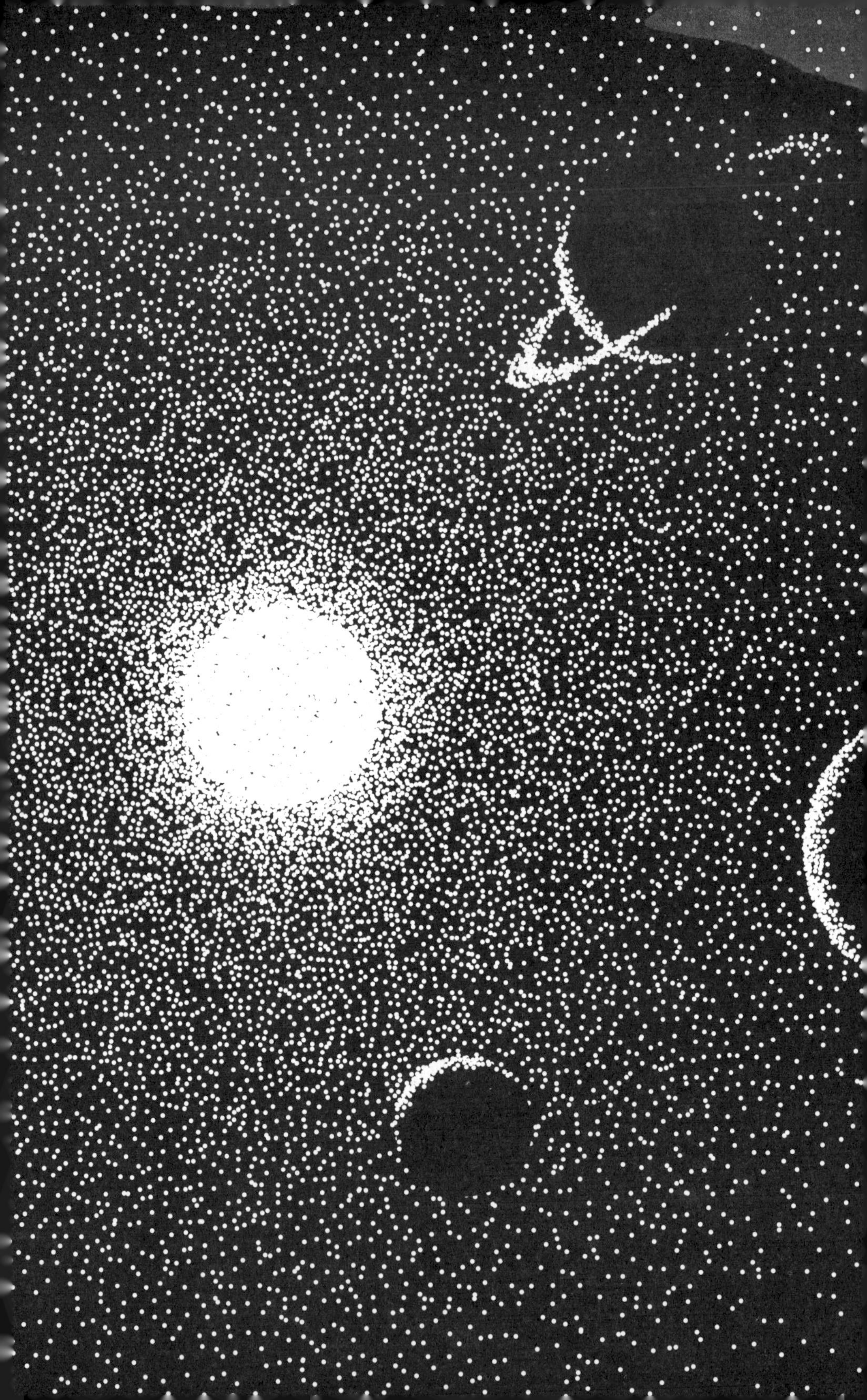

목차

서론

"고양이들로 하여금 무리 지어 모이게 할 수는 없지만, 고양이들이 충분히 많이 모이면 그들은 아주 시끄러운 소리를 낼 수 있으며 그들을 무시할 수 없다."

리처드 도킨스

"아마도 하나님은 없을 것이다. 그러니 걱정일랑 집어치우고 당신의 인생을 즐겨라."

영국 인문주의자의 버스 광고

서구에서는 무신론이 유행하고 있다. 그것도 아주 요란하게 말이다. 지금도 무신론자들을 결집하고, 그들로 하여금 무신론을 부끄러워하지 말고 일어서서 하나의 단합된 군대로서 싸우도록 격려하기 위한 노력이 조율되고 있다. 그들의 적은 하나님이다. 그들은 하나님을 향해 총을 겨누고 있다. 가장 큰 총은 대중에게 과학을 이해하기 쉽게 설명하는 것으로 잘 알려진 전직 옥스퍼드 교수 리처드 도킨스였다. 2005년에 그는 「프로스펙트 UK」(*Prospect UK*)에서 지도적인 세계 3대 대중적 지성 중 1인으로 선정되었다. 2006년에 출간된 그의 책 『만들어진 신』(*The God Delusion*, 김영사 역간)[1]은 베스트셀러 리스트를 점령했으며, 영국에서만 2백만 부가 넘게 팔렸다.

그러나 확실히 현재까지의 학문적 신뢰도를 고려했을 때, 이제 훨씬 더 큰 총이 있는데, 그는 케임브리지 대학의 이론 물리학자 스티븐 호킹이다. 호킹은 오랫동안 신이라는 존재에 개방적인 듯 했다. 그의 베스트셀러 『시간의 역사』(*A Brief History of Time*, 까치글방 역간) 말미에 그는 다음과 같이 기록했다. "우리가 완전한 이론을 발견한다면…그것은 인간 이성의 궁

1 Richard Dawkins, *The God Delusion*(이하 *GD*라 함), London, Bantam Press, 2006.

극적인 승리가 될 것이다. 왜냐하면 그때 우리는 하나님의 마음을 알게 될 것이기 때문이다."[2] 그러나 레오나르드 믈로디노우와 공동으로 저술한 그의 가장 최근 저서 『위대한 설계』(*The Grand Design*, 까치글방 역간)[3]에서, 그는 이제 하나님에 대한 여지가 없다고 주장한다. 물론 리처드 도킨스는 이를 기뻐하며 하나님에 대해 이렇게 말한다. "다윈이 하나님을 생물학에서 쫓아냈지만, 물리학 분야에서는 보다 불확실한 상태로 남아 있었다. 이제 호킹이 [하나님에 대해] 최후의 일격을 가하고 있다."

도킨스의 뒤를 이어 도킨스의 총보다 구경(口徑)은 작지만 도킨스 못지않게 호전적인 많은 소총수들이 등장했다. 첫째, 영국에서 태어나 미국에 기반을 두고 있는 크리스토퍼 히친스가 있는데, 그는 매우 분명하게 말하는 사람으로서 『하나님은 위대하지 않다』(*God is not Great*)[4]라는 책을 썼다. 다음으로 과학자 대니얼 데닛이 있는데, 그는 『주문을 깨다: 우리는 어떻게 해서 종교라는 주문에 사로잡혔는가?』(*Breaking the Spell: Religion as a Natural Phenomenon*, 동녘 사이언스 역간)[5]를 썼다. 그는 자신을 "신을 믿지 않는 철학자"로 묘사한다.[6] 마지막으로, 보다 젊은 샘 해리스가 있는데, 그는 뇌과학 전공자로서 『종교의 종말』(*The End of Faith*, 한언 역간),[7] 『기독교 국가에 보내는 편지』 (*Letter to a Christian Nation*, 동녘 사이언스 역간)[8]와 최근에는 『도

---

2 Stephen Hawking, *A Brief History of Time*, London, Bantam Press, 1988, 175.

3 Stephen Hawking and Leonard Mlodinow, *The Grand Design*, London, Bantam Press, 2010.

4 Christopher Hitchens, *God is not Great*(이하 *GNG*라 함), London, Atlantic Books, 2008.

5 Daniel C. Denett, *Breaking the Spell*, London, Penguin, 2007.

6 *Ibid*, 21.

7 Sam Harris, *The End of Faith*, London, Free Press, 2006.

8 Sam Harris, *Letter to a Christian Nation*, New York, Alfred A. Knopf, 2006.

덕의 지형』(*The Moral Landscape*)[9]을 썼다.

하나님에게 적대적인 아드레날린이 영어 사용 국가들에서만 분비되는 것은 아니다. 프랑스에서는 과학자가 아니라 철학자가 가장 두드러진 활동주의자인데 이는 놀랄 일이 아니다. 다작가인 미셸 옹프레는 『무신론을 변호하여』(*In Defense of Atheism*)[10]를 썼다. 그는 검정색 옷과 양말, 구두로 치장하고서 강의실을 가득 메운 진지한 청중들에게 정규적으로 강의한다. 이탈리아에서는 수학자 피에르지오르지오 오데프레디가 그의 논문 「우리는 왜 기독교인이 될 수 없는가(가톨릭교도는 더욱더 될 수 없다)」(*Why we cannot be Christians(much less Catholics)*[11]로 논쟁을 일으켰다. 교황청은 그의 라틴어 축도 패러디를 언짢게 생각하는데, 그 패러디에서 그는 삼위일체를 피타고라스, 아르키메데스, 뉴턴으로 대체한다.

도킨스는 무신론자들의 부흥을 조율하는 것이 고양이 모으기에 관한 다음과 같은 속담만큼이나 어렵다고 생각하면서도, 자신이 이 일을 조율할 수 있기를 희망한다. "고양이들로 하여금 무리 지어 모이게 할 수는 없지만, 고양이들이 충분히 많이 모이면 그들은 아주 시끄러운 소리를 낼 수 있으며 그들을 무시할 수 없다."[12] 아무튼 고양이 모으기의 최고 책임자인 그와 그의 동료들은 확실히 어떻게 많은 소음을 낼 수 있는지를 보여주고 있다. 그 소음이 이해할 수 있는 언어로 해석될 수 있는지는 전혀 다른 문제지만 말이다.

---

9 Sam Harris, *The Moral Landscape*, New York, Free Press, 2010.

10 Michel Onfray, *In Defense of Atheism*(이하 *IDA*라 함), London, Profile Books, 2007.

11 *Perché non possiamo essere cristiani(e meno che mai cattolici)*, Longanesi, 2007.

12 *GD*, 27.

그들은 자신들의 메시지를 전달하기 위한 시도로써 이 메시지들을 버스 옆면에 광고했다. 한동안 대중 버스들이 무신론자의 메시지를 나르는 매체가 되었다. 이들은 영국의 주요 도시들에 별로 흥미를 끌지 못하는 다음과 같은 소식을 전하고 다녔다. "아마도 하나님은 없을 것이다. 그러니 걱정일랑 집어치우고 당신의 인생을 즐겨라." 가장 잘 알려진 맥주 광고를 제외하면 "아마도"라는 단어가 포함된 광고는 아마도 극소수일 것이다. 결국 "이 약은 아마도 심각한 부작용이 없을 것입니다", "이 은행은 아마도 망하지 않을 것입니다", "이 비행기는 아마도 당신이 목적지에 도착하게끔 해줄 것입니다"와 같은 광고에 마음이 끌릴 것이라고 상상할 수 있는가? 그럼에도 리처드 도킨스는 기꺼이 자기 지갑을 열어 이 광고를 후원했다.

이에 뒤질세라 독일의 무신론자들은 지방 당국이 대중 버스에 유사한 광고를 싣도록 허용하지 않자 전세 버스를 빌려서 이 메시지를 전달했다. 이 광고는 독일식으로 조심스럽게 선언했다. "하나님은 없다(그럴 확률은 확실성에 근접한다). 자아를 실현하는 삶에는 신앙이 필요 없다." 이 버스가 독일을 돌아다닐 때, 이번에는 기독교인들이 임차한 유사 차량에 의해 이 광고가 무색해졌다. 그 버스는 보다 온화하게 "그런데 하나님이 존재하면 어떻게 할 것인가?"라고 물었다. 언론 매체는 도시마다 양쪽의 버스들이 함께 주차되어 있는 광경을 보고 즐거워했다. 그 결과는 어떻게 되었을까? 하나님이 이야깃거리로 자리 잡았다.

그런데 나는 상표를 묘사하는 법률에 따른 기소를 피하기 위한 법률적 이유로 "아마도"라는 단어가 포함되었다고 생각한다. 물론 무신론자들은 하나님의 존재 확률이 0이라고 법원을 납득시키기에 충분한 증거를 모을 수 없다는 사실을 알고 있는데, 하나님의 존재 확률이 0이 아니라면 하나님이 존재할 수도 있다. 생각해보면 리처드 도킨스가 존재할 **선험적** 확률은 매우 낮다. 그가 존재할 가능성은 우리들이 존재할 가능성과 마찬가지로 매우 낮다. 그럼에도 리처드 도킨스 그리고 당신과 내가 실제로 존재하고 있다. 버스에 실린 메시지는 요점을 벗어났다. 진정한 질문은 "하나님이 존재할 가능성은 얼마나 높은가?"가 아니라 "하나님이 실재라는 증거가 있는가?"다.

아직 무신론자의 버스에 타지 않았다면, 우리는 당연히 존재할 것 같지 않다고 여겨지는 하나님이 어떤 부류의 신인지 물어보고 싶을 것이다. 그 표어가 자랑스럽게 알려주는 것은 하나님이 존재할 경우 우리는 (최소한 무신론자들의 경우에는) 염려하며 삶을 즐기지 못하게 된다는 사실이다. 이는 의심할 나위 없이 무신론이 이처럼 음울한 하나님을 무시하고 인생의 모든 걱정거리들을 완화해줄 기쁨의 원천이라는 것을 시사한다.

수학자 데이비드 벌린스키는 다음과 같이 현실성 점검을 한다.

> "**만일** 하나님이 없다면 불신자들이 많은 즐거움을 새로 생각해낼 수 있다"는 명제는 명백한 질문을 제기한다. 무신론자들은 최소한 걱정을 멈추고 그들의 인생을 즐기기 시작했는가? 확실히 저명한 무신론자들이 최근에 걱정으로 그들의 양심을 괴롭혔다는 사실이 널리 관측되지는 않았다. 혼수상태에 빠지지 않고서는, 리처드 도킨스, 샘 해리스, 대니얼 데닛 또는 크리스토퍼 히친스가 (확고한 무신론자가 되기 전에) 이미 걱정하지 않고 있던 것보다 (확고한 무신론자가 된 이후에) 더 걱정하지 않게 되었다고 상상하기 어렵다. 그러니 그들이 기운이 넘쳐나는 이유를 무신론으로 돌리기는 어렵다.

벌린스키는 다음과 같이 계속한다.

> 그러나 무신론을 새로운 교리상의 책무로 여기는 사람들은 무신론이 가져온다는 불안의 완화가 그럴듯하다고 생각하지 않을 것이다. 무신론에 의해 다루어지는 가장 큰 우려가 하나님의 분노라면, 하나님이 존재하지 않는다는 사실이 잠정적으로만 확인된다는 점에 비춰볼 때 무신론자들은 성급하게 자신들의 우려를 끝낸 것 같다. 다른 유익이 무엇이든, 일반적으로 무신론은 인간의 최악의 두려움을 누그러뜨려주는 입장으로 받아들여지지 않는다. 그리고 저명한 무신론자들의 저술들이 나타내는 바와 같이, 염려하기를 멈춘 사람들은 단지 생각을 멈추었기 때문에 염려하지 않을 뿐이다.[13]

이들 저명한 무신론자들 중 한 명인 장 폴 사르트르는 이렇게 말했다. "무신론은 오래 되었고, 견고하며, 잔혹한 사업(business)이다." 그러므로 염려는 하나님에 대한 신앙의 결과라기보다는 하나님에 대한 거절의 본질적인 부분이 아니겠는가? 그러니 무신론의 버스에 올라타기 전에 이 버스가 정확히 어디로 가고 있는지 물어보는 것이 현명하지 않겠는가? 버스 옆면에 적힌 구호들 때문에 버스의 목적지를 보지 못할 수 있다.

그러나 무신론자들의 포스터 유세는 여기서 끝나지 않는다. 2009년에 리처드 도킨스와 영국 인본주의자 협회는 행복해 보이는 두 명의 어린이들을 보여주는 포스터를 만들었다. 이 포스터에는 "내게 (그리스도인이라는) 딱지를 붙이지 마세요. 내가 어른이 된 뒤에 스스로 결정할 수 있게 해 주

13 Fixed Point Foundation의 허락을 받아 게재함.

세요"라는 글이 적혀 있었다. 그러나 천진난만한 행복을 상징하기 위해 무신론자들에 의해 선정된, 이를 드러내고 환히 웃고 있는 이 어린이들이 경건한 그리스도인 가정의 자녀들이었다는 사실은 무신론이 기쁨의 전제 조건이라는 첫 번째 포스터 유세의 주장에 정면으로 배치된다. 이 어린이들의 아버지가 논평한 바와 같이, 그 무신론자들이 그들의 가정 배경을 알지 못하고서 이 아이들이 행복하고 자유로운 것으로 판단했다는 점은 상당한 칭찬이었다.[14]

나는 뒤에 내가 왜 아이들에게 딱지를 붙이지 말고 그들이 스스로 선택하게끔 하려는 무신론자들의 욕구에 대해 딱하게 생각하는지에 관해 언급할 것이다. 부모가 그들이 믿는 것을 자녀들에게 가르치는 문제는 물론 다른 사안이다.

현재로서는 리처드 도킨스가 무신론자 버스의 주된 운전자인 것 같다. 나는 그와 마찬가지로 과학자(사실은 수학자)다. 나는 그와 마찬가지로 진리를 믿으며, 나도 그와 마찬가지로 옥스퍼드 대학교 교수다. 그러나 나는 그와는 달리 유신론자, 정확하게는 그리스도인이다. 나는 하나님의 존재에 대해 도킨스처럼 염려하는 것이 아니라 오히려 즐거워한다. 만일 내가 버스에 표어를 달아야 한다면 이런 내용이 될 것이다. "하나님이 존재한다는 확실한 증거가 있다. 그러니 그를 신뢰하고 진정한 기쁨을 경험하라." 물론 나는 하나님이 무신론자들에게는 잠재적인 걱정거리일 수도 있다는 것을 안다. 결국 루크레티우스가 수백 년 전에 언급한 바와 같이, 만일 하나님이 존재한다면 무신론자들은 언젠가는 그를 만나게 될 것이다. 때가 되면 그

14 Ruth Gledhill, *The Times*, 21 November 2009, 14.

보다 더한 일을 만나게 될 것이다.

리처드 도킨스와 나는 두 차례 공개 토론을 벌였는데, 2007년에 앨라배마주 버밍햄에서 열린 첫 번째 토론에서는 그의 베스트셀러 저서 『만들어진 신』의 몇 가지 주요 주제들에 대해 토론했다.[15] 두 번째 토론은 "과학이 하나님을 매장했는가?"(Has Science Buried God)였는데, 이는 내 저서 『신을 죽이려는 사람들』[16]의 부제(副題)다. 이 두 번째 토론[17]은 2008년에 옥스퍼드대학교 자연사 박물관에서 열렸으며, 이 장소는 1860년에 토머스 헨리 헉슬리가 다윈의 『종의 기원』(*The Origin of Species*)에 관해 사무엘 윌버포스 주교와 의견을 교환한 곳이다. 토론의 배경은 이례적이고 극적이었다. 도킨스와 나는 등받이가 없는 의자에 앉아 있었고, 박물관의 전시품인 티라노사우루스 렉스 공룡 뼈의 거대한 머리와 턱들이 우리들 위에 우뚝 솟아 있었다. 티라노사우루스 렉스는 확실히 멸종되었다. 이 점에 대해 도킨스와 나는 동의한다. 도킨스는 또한 하나님이 멸종되었다고, 아니 보다 정확하게는 하나님은 결코 존재한 적이 없다고 생각한다. 나는 이에 대해 동의하지 않는다.

또한 나는 자신을 반대론자로 묘사하는 크리스토퍼 히친스와 두 번의 공개 토론을 벌였다. 우리의 첫 번째 만남은 2008년 에든버러 페스티벌 때 어셔 홀(Usher Hall)의 많은 청중 앞에서 이루어졌는데, 그때 다룬 안건은 "새로운 유럽은 신무신론을 선호해야 한다"였다.[18] 그 토론이 끝난 뒤

---

15 *The God Delusion Debate*, a Fixed Point DVD, www.fixed-point.org. 또한 www.dawkinslennoxdebate.com도 보라.

16 John C. Lennox, *God's Undertaker: Has Science Buried God?* 2판, Oxford, Lion Hudson, 2009.

17 *Has Science Buried God?* A Fixed Point DVD, www.fixed-point.org.

18 *Can Atheism Save Europe?* A Fixed Point DVD, www.fixed-point.org.

에, 처음에는 이 문제에 대해 결정하지 않았다고 했던 많은 청중들이 이 제안을 기각하자고 동의해서 많은 사람들을 놀라게 했다. 곧이어 사회자였던 BBC의 제임스 노티는 이 안건이 채택되지 못했다고 선언했으며, 히친스는 이에 대해 정중하게 인정했다. 청중 중 리처드 도킨스는 의견의 이동에 기여하지 않았다. 그는 이 결과가 전혀 달갑지 않은 듯했다.

나는 2009년 3월에 히친스와 다시 만나서 이전과 마찬가지로 치열한 재대결을 벌였다. 이번에는 앨라배마주 버밍햄 소재 샘포드 대학교의 소크라테스 클럽이 개최한 훨씬 더 큰 행사였다. 그곳에서의 이슈는 히친스의 베스트셀러의 주제인 "하나님은 위대한가?"였다.[19] 물론 이번에는 투표를 하지 않았다.

나는 호주에서 2008년 8월에 「시드니 모닝 헤럴드」가 주최한 IQ² 토론[20]에서 "종교가 없다면 세상은 더 살기 좋아질 것이다"라는 주제에 대해 (특히) 물리학자 빅터 스텐저와도 토론했다. 나는 같은 해에 시드니 과학 주간 행사에서 「스켑틱 매거진」 편집인 마이클 셔머를 만나서 "하나님은 존재하는가?"라는 문제에 대해 토론했다. 나는 2009년 7월에는 호주 TV 방송에서 옥스퍼드 명예 화학 교수인 피터 앳킨스와 온건한 긴 토론을 벌였다.[21] 또한 2011년 4월에는 "기독교가 진실인가?"라는 주제에 대해 UCLA 법학 교수인 대니얼 로웬스타인과도 매우 온화한 공개 토론을 벌였다.[22]

---

19 *Is God Great?* A Fixed Point DVD, www.fixed-point.org.

20 IQ² 은 「시드니 모닝 헤럴드」가 후원하는 일련의 공개 토론이다.

21 *Duelling Professors*, http://www.youtube.com/watch?v=Yx0CXmagQu0.

22 www.veritas.org/Media.aspx#!/v/925.

그것이 내가 이 책을 쓰게 된 동기다. 각각의 논쟁과 토론에서 나는 그 날의 논쟁에서 '이기기' 위해 단순한 수사나 감정에 호소하기보다는 신무신론자들이 제공하는 설명에 대한 믿을 만하고 합리적인 대안을 공개적으로 제시하고자 했다. 내가 성공했는지 여부는 청중들에게 달려 있다. 그러나 이러한 공개적인 행사들은 주장을 충분히 펼치도록 허용하지 않는다. 그래서 나는 그러한 토론들에서 다뤄진 중심 주제들에 대해 책에서 보다 자세하게 설명할 가치가 있을 것이라고 생각했다.

나는 이미 내 책 『신을 죽이려는 사람들』에서 과학적 측면에 대해 길게 서술했으며, 다른 책 『빅뱅인가 창조인가』(*God and Stephen Hawking: Whose Design is it Anyway?*)[23]에서 스티븐 호킹 및 레오나르드 믈로디노우와의 논쟁들을 다루었다. 그들이 화제가 되고 있기 때문에 나는 이 책에서 이 주장들에 대해 짧게 언급할 것이다. 그러나 주된 논쟁은 과학에 한정되지 않는다. 참으로, 도덕성과 종교가 위험하다는 주장이 종종 일반 대중의 주의를 사로잡고 있다. 이 책에서는 이 이슈들이 우리의 주요 관심사가 될 것이다.

다른 저자들이 그 길을 닦았다. 앨리스터 맥그래스와 조안나 맥그래스는 『도킨스의 망상』(*The Dawkins Delusion?*, 살림출판사 역간)[24]에서 많은 주요 주장들을 인상적으로 분석했으며, 키스 워드는 『왜 신의 존재가 거의 확실한가?』(*Why There Almost Certainly Is a God*)[25]에서 그렇게 했다. 보다 쉬운 책으로는 데이비드 로버트슨이 쓴 『도킨스의 편지들』(*The Dawkins Letters*)이 훌륭

23 John C. Lennox, *God and Stephen Hawking*, Oxford, Lion Hudson, 2011.
24 Alister & Joanna McGrath, *The Dawkins Delusion?* London, SPCK, 2007.
25 Keith Ward, *Why There Almost Certainly Is a God*, Lion Hudson, 2008.

한 안내서다.[26] 보다 최근에는, 데이비드 벤틀리 하트가 『무신론자들의 망상: 그리스도인들의 혁명과 교회사 새로 보기』(*Atheist Delusions: The Christian Revolution and Its Fashionable Enemies*, 한국기독교연구소 역간)[27]에서 역사에 대한 신무신론자들의 접근법이 피상적임을 매우 효과적으로 드러낸다. 그런데 하필 왜 또 다른 책을 추가하느냐고 물어볼 수도 있다.

신무신론자들은 "무신론자"들의 "인식을 높이고", 무신론자들이 자신들의 대열에 합류되기를 원한다. 따라서 그들은 자신들의 대변인 목록에 끊임없이 사람들을 추가한다. 그들은 개종자들을 얻기 위해 밖으로 나간다.[28] 이 이슈들이 중요하고 대중이 높은 관심을 보이고 있기 때문에 기독교인들을 포함한 모든 사람들의 "인식을 높이기" 위해 신무신론의 주장들을 가급적 다양한 각도에서 분석할 가치가 있다.

이러한 분석이 도움이 되기를 바라는 마음에서 이러한 각도들 중 하나를 제공하는 것이 내 목표다. 수동적인 분석이 중요하기는 하지만, 이 책은 단지 그러한 분석의 산물만은 아니다. 이 책은 신무신론자들 및 그들의 아이디어들과의 공개 토론의 산물이다. 나는 신무신론이 과학을 존중하고, 지각이 있는 모든 사람들의 자동적인 기본 입장(default position)이 아니라고 확신하는 사람들에게 내 견해를 추가하기 위해 공개적인 영역 안으로 들어갔다. 나는 무신론은 역설적이게도 막무가내로 다른 사람들을 무시하는 맹목적 신앙의 고전적인 예에 해당하는 신앙 시스템이라고 생각하는데, 나처럼 생각하는 사람들이 많다. 나는 이 사실에 관해 대중의 인식을 높이는 일

26 David Robertson, *The Dawkins Letters*, Fearn, Christian Focus Publications, 2007.

27 David Bentley Hart, *Atheist Delusions,* New Haven and London, Yale University Press, 2009.

28 *GD*, 141.

에 대해 작은 기여를 하고 싶다.

그러나 내가 책을 쓰는 데는 또 다른 이유가 있다. 토론은 필연적으로 무신론자의 주장과 그들에 대한 반응을 중요시하는데, 이는 대안에 대한 긍정적인 제시가 불충분한 경향이 있음을 의미한다. 아마도 이것이 충분한 증거가 없다는 버트런드 러셀의 유명한 주문을 신무신론자들이 끊임없이 읊조리는 이유일 것이다. 이에 비추어 나는 이 책에서 기독교에 대한 무신론자의 반대에 대응할 뿐만 아니라, 긍정적으로 기독교의 진리에 대한 상세한 증거를 제시하려고 한다.

공개적인 토론과 사적인 대화 자리에서 만났던 무신론 세계관을 대표하는 자들을 포함하여, 이 주제에 관해 여러 해 동안 내 생각을 자극해 준 많은 사람들에게 감사를 표현하고 싶다. 또한 내 연구 조교인 사이먼 웬햄과 타이프 사본 작성에 귀중한 도움을 준 바바라 해밀턴에게도 감사 드린다.

더 브라이츠 집단의 비난

신무신론자들은 자신들을 차별화되고 가치 있는 계몽운동의 후예로 여기며, 그들은 지금까지 무신론에 부정적인 이미지가 붙어 있다고 생각해서 이러한 부정적인 이미지를 버리기 위해 자신들을 "더 브라이츠"(the Brights, 영리한 사람들이라는 뜻)라고 불렀다. 크리스토퍼 히친스는 그러한 "자만적이고 당혹스러운 제안"에 반대한 공을 인정받을 가치가 있다.[29] 그리스도인들이 그들과 마찬가지로 어리석게 잘난 체하며 스스로를 "똑똑한 사람들"(the Clevers) 이라고 부르면 사람들이 어떻게 반응할지 상상해보라.

의심할 나위 없이, 영리한 사람들에게 동의하지 않는 사람은 정의상 "우둔한 사람들"이나 "둔한 사람들" 또는 심지어 "어두운 사람들"이라고 불릴 것이다. 그러나 데닛은 반드시 그럴 필요는 없으며, 초자연 현상을 믿는 사람들은 자신을 "초자연주의자"(Supers)라고 불러야 한다고 말한다.[30] 그러므로 "영리한 초자연주의자"는 모순어법이 될 것이다.

히친스는 다소 무미건조한 이 오만에 대해 반대했는데 그의 반대는 무시되어왔다. 그리고 더 브라이츠는 여러 언어로 이 이름으로 된 전용 웹 사이트를 만들고 사이버 공간에서 자기들의 주장을 펼쳤다. 그곳에서는 이 용어를 다음과 같이 설명한다. "영리한 사람(Bright)은 자연주의 세계관을 지닌 사람이다. 영리한 사람의 세계관에는 초자연적 요소와 신비적 요소가 없다. 영리한 사람의 윤리와 행동들은 자연주의 세계관에 기초한다."

계몽주의의 자녀들인 더 브라이츠는 자신들을 합리적 이해라는 새로운 시대의 선각자로서 종교적 미신과 오류의 어둠을 쫓아내는 존재로 본다. 미셸 옹프레는 마치 18세기 전에는 높은 수준의 지적 토론을 펼칠 역량이 없었던 것처럼, 그리고 알래스데어 매킨타이어가 지적하는 바와 같이[31] 계몽 운동 프로젝트가 도덕성의 기초를 제공할 능력에 있어서 실패작이 아니었던 것처럼, 그들의 목표를 다음과 같이 설명함으로써 그의 기억력이

29 *GNG*, 5.

30 Dennett, *Breaking the Spell*, 21.

31 Alasdair MacIntyre, *After Virtue*, London Duckworth, 2003.

다소 제한되었음을 보여준다. "우리는 18세기에게 그 이름을 주었던 빛의 정신, 계몽의 정신으로 돌아갈 필요가 있다." 마치 계몽주의가 우리를 지금까지 가장 피를 많이 흘린 세기인 20세기로, 곧 인간의 사악함이 끝장을 볼 때까지 이어진 폭력 혁명으로 안내한 것이 아니라, 야만 상태에서 평화로 가는 길로 데려가기라도 했다는 듯이 말이다.[32] 더 브라이츠 집단은 종교에 대해 무모하게 비난할 때 위와 같은 사실을 고려하기를 원하지 않는 것 같다. 그러나 우리는 그렇게 해야 하고, 또 그렇게 할 것이다.

신무신론자들에게 새로운 점은 무엇인가?

신무신론은 상당히 오래 되었으므로 그들은 이제 시간이라는 측면에서는 더 이상 새롭지 않다. 그들의 주장은 보다 중요한 지적인 측면에서는 사실상 새로운 적이 전혀 없었다. 그러나 그들의 어조와 강조점이 새로워졌다. 신무신론자들은 그들의 선배들보다 훨씬 더 요란하고 훨씬 더 날카롭다. 그들은 또한 더 공격적이다. 이러한 어조의 변화는 그들이 더 이상 단순히 하나님의 존재를 부인하는 데 만족하지 않는다는 사실에 집중된다. 예를 들어 크리스토퍼 히친스는 이렇게 말한다. "나는 무신론자라기보다는 신에 대해 반대하는 사람이다. 나는 모든 종교들이 거짓말을 달리 표현한 것들이라는 의견을 유지할 뿐만 아니라, 교회의 영향과 신앙심의 효과는 명

32 Ward, *Why There Almost Certainly Is a God*, 8장을 보라.

백히 해롭다는 입장을 유지한다."[33] 따라서 신앙 자체에 대한 공격을 포함하도록 무신론자들의 의제가 확대되었다. 그들은 이 특징이 종교에 대한 자신들의 "존경의 상실"을 표현하는 방식이라고 설명한다. 리처드 도킨스가 이를 가리켜 "나는 우리가 종교를 존경하도록 세뇌되어온 데 완전히 질렸다"고 표현하는 것처럼 말이다. 크리스토퍼 히친스는 대단히 포괄적이면서도 매우 거친 표현인 "종교는 모든 것을 해친다"는 말로 자신의 입장을 요약한다.[34] 바바라 브래들리 해거티는 내셔널 퍼블릭 라디오에서 히친스가 (토론토 대학교에서 가득 찬 청중의 찬성 소리에 답하여) "나는 종교를 조롱, 증오와 경멸로 대해야 한다고 생각하며, 그 권리를 주장합니다"라고 말했다고 보도했다.[35] 샘 해리스는 "기독교라는 가장 헌신된 형태의 지적, 도덕적 허세를 파괴"하려 한다.[36]

왜 공격하는가?

무슨 일이 일어난 듯하다. 사실이 그랬다. 9/11에 쌍둥이 빌딩이 무너졌다. 독일의 선도적 주간지인 「슈피겔」(Der Spiegel)에 의하면 2001년의 끔찍한 사건으로 인해 신무신론이 탄생했다. "모든 것이 하나님 책임이다"라는 제목의 머리기사는 이렇게 말한다.[37] "뉴욕과 워싱턴에 대한 공격이 없었

33 Christopher Hitchens, *Letters to a Young Contrarian*, New York, Basic Books, 2001.

34 *GNG*, 13.

35 *A Bitter Rift Divides Atheists*, Barbara Bradley Hagerty, NPR, 19 October 2009.

36 Harris, *Letter to a Christian Nation*, ix.

37 *Der Spiegel*, 26 May 2007, 56–69.

더라면 신무신론도 없을 것이다." 도킨스는 훗날 같은 잡지사와 가진 인터뷰에서 9/11이 자신을 "급진주의자로 만들었다"고 말했는데,[38] 이는 자신이 전에 다음과 같이 한 말을 확인한 것이다.

> 내가 "간섭하지 않는 종교"에 대해 가졌던 존경심의 마지막 흔적은 2001년 9월 11일의 연기와 숨 막힐 것 같은 먼지 속에 사라졌고, "국가 기도일"에 신부들과 목사들이 약간 떠는 듯한 마틴 루터 킹의 말투를 흉내 내며 애초에 문제를 야기한 바로 그 힘에 대한 경의를 표하기 위해 서로 양립할 수 없는 신앙을 가진 사람들에게 손을 잡고 단결하자고 촉구할 때 사라졌다.[39]

논리는 단순하다. 도킨스는 이렇게 말한다. "존 레논이 '이매진'(Imagine)이라는 노래를 부른 것처럼 종교가 없는 세상을 상상해보라. 자살 폭탄 공격자, 9/11, 7/7(2005년 7월 7일 러시아워 시간에 영국 런던에서 대중교통을 상대로 일어났던 자살 폭탄 테러 사건—역자 주), 십자군, 마녀 사냥, 인도의 분할, 이스라엘/팔레스타인 전쟁, 세르비아/크로아티아/무슬림 학살, 그리스도를 죽인 자들이라는 이유로 자행된 유대인 박해, 북 아일랜드의 '골칫거리들', '명예 살인', 반짝이는 옷을 입고 머리를 부풀려 장식하고서 잘 속는 사람들의 돈을 갈취하는('하나님은 당신이 고통을 느낄 때까지 계속 바치기를 원한다') TV 전도사들이 없다고 상상해보라. 고대의 유물들을 폭파시킬 탈레반이 없고, 신성모독죄로 인한 공개 참수가 없고, 여성이 속살을 약간 드러냈다

38 *Der Spiegel*, 10 September 2007.

39 Richard Dawkins, *A Devil's Chaplain*, London, Phoenix, 2004, 185.

고 해서 여성의 살갗에 채찍질을 가하는 것이 없다고 상상해보라."[40]

이 메시지는 극단주의자들이 저지른 광신적 테러 행위에 의해 공포를 느끼는 세상에서 강한 호소력이 있다. 그러한 폭도들을 제외하면 어느 누가 그런 공포가 없어진 세상을 좋아하지 않겠는가? 우리들 대부분은 종교의 측면들에 문제, 그것도 아주 중대한 문제가 있다는 신무신론자들의 말에 주저하지 않고 동의할 것이다. 어떻게 젊은이들에게 즉시 낙원에 들어가기 위해 인간 폭탄이 되라고 장려하는 종교적 극단주의자들을 "존경"할 수 있겠는가? 신무신론자들이 특히 정치적 올바름에 의해 공개 담론이 마비된 사회에서 이런 문제에 관심을 기울이는 것은 옳은 일이다.

책들의 장마다 신무신론자들은 종교와 관련된 공포와 악의 비극적인 역사—무고한 희생자들을 죽이고 불구로 만드는 근본주의 이슬람 자살 폭탄 공격자들의 극악한 행동, 아이들의 천진함을 빼앗고 종종 그들에게 잔인하고 영구적인 심리적 충격을 가하는 성직자들의 입에 담지 못할 아동 학대, 제례 의식의 무서운 세뇌, 발칸반도의 인종 청소, 북아일랜드에서 벌어지는 극단적 개신교도들과 로마 가톨릭교도들 간의 유괴와 총격 등—를 무시무시할 정도로 자세하게 설명한다. 실로 지금 우리가 살아가는 세상을 대충 둘러보기만 해도 서로 다른 종교 집단들 사이에 전쟁이 있을 뿐만 아니라 같은 종교 집단 내의 다양한 분파들 사이에서도 치열한 싸움이 벌어지고 있음을 알 수 있다. 그것은 아주 구역질나도록 장황한 설명이다. 종교는 확실히 아주 큰 문제인 것처럼 보일 것이다.

신무신론자들은 "그렇다면, 종교가 문제라면 해법은 명백하다. 종교를

---

40 *GD*, 23-24.

없애면 된다"고 말한다. 그들은 문명사회는 이제 더 이상 현 상태에 안주하기에는 너무도 위험해지고 극단화된 종교를 향해 너그럽게 미소 짓는 사치를 부릴 여유가 없다고 말한다. 그러므로 종교는 제거되어야 한다. 예를 들자면 노벨상 수상자 스티븐 와인버그는 서슴없이 다음과 같이 말한다. "세상은 종교라는 오래된 악몽으로부터 깨어날 필요가 있다.…종교의 세력을 약화시키기 위해 우리 과학자들이 할 수 있는 모든 것을 해야 한다. 그리고 그것은 사실 문명화에 대한 우리의 가장 큰 기여가 될 수도 있다."

간결하게 표현하자면, 이것이 신무신론자들의 목표다. 그리고 관찰력이 있는 독자라면 와인버그의 말에서 전체주의적으로 들리는 "모든 것"이라는 단어를 놓치지 않을 것이다.[41] 도킨스는 비록 다음 문장에서 자신은 이것이 주제넘은 낙관주의에 지나지 않을 수도 있음을 인정함에도 불구하고 목표를 이렇게 말한다. "이 책이 내가 의도한 효과를 낸다면, 종교가 있는 독자들은 이 책을 다 읽고 나서 무신론자가 될 것이다."[42] 그는 신실한 무신론자들을 규합하고 그들에게 자신이 믿는 바를 위해 (앞으로 보게 되겠지만, 그렇지 않다는 그들의 항의에도 불구하고 사실이 그렇다) "앞으로 나오라"고 격려할 뿐만 아니라 다른 사람들을 개종시키기도 해서, 즉 신무신론의 매력을 묘사함으로써 다른 사람들의 "인식을 높이기"도 해서 인구통계 지형에서 무신론이 차지하는 공간을 늘리기를 원한다.

41 그런데도 신무신론자들은 하나님을 전체주의라고 비난한다.

42 *GD*, 28.

종교적 지형

이 지형이 어떤 모습인지에 대해 어느 정도 감을 잡기 위해 2007년에 BBC의 아나운서 존 험프리스가 의뢰한 영국 "유가브"(YouGov) 조사를 살펴보자. 이 조사에 의하면 조사 참여자 2,200명 가운데 16%는 자신이 무신론자라고 응답했고, 28%는 하나님을 믿었으며, 26%는 "무언가"를 믿었지만 그게 무엇인지 확실하지 않았고, 9%는 스스로를 불가지론자로 여겼는데 험프리스 자신도 그중에 포함되었으며, 5%는 자신도 믿고 싶고 믿는 사람들이 부럽지만 믿을 수 없다고 했고, 3%는 "기타"라고 응답했다.[43] 이 수치들을 BBC가 의뢰한 "세계는 하나님에 대해 어떻게 생각하는가?"라는 제목하에 이전(2004)에 10개국을 대상으로 한 국제 설문 조사라는 보다 넓은 맥락에서 살펴보면 흥미롭다.[44]

전체적으로, 조사 참여자들의 8%는 자신을 무신론자로 여겼다. 영국은 무신론자 비율이 16%로 평균의 2배이며, 가장 높은 무신론자 비율을 보였다. 미국에서는 하나님을 믿지 않는다고 응답한 사람이 약 10%였는데, 2005년 갤럽 조사에서는 이 수치가 훨씬 낮은 5%였다. 최근의 설문 조사들을 인터넷 상에서 취합해본 결과 그것이 아무리 비논리적으로 보일 수 있다 할지라도, 사람들은 적극적으로 자신이 "무신론자다"라고 말하기보다는 자신이 "하나님을 믿지 않는다" 라고 소극적으로 표현하는 것을 더 편안해 하는 것 같다. 예를 들어 2001년에 수행된 "미국 종교 정체성

---

43 http://www.timesonline.co.uk/tol/comment/faith/article2368534.ece.

44 http://nrews.bbc.co.uk/1/hi/programmes/wtwtgod/3518375.stm.

조사"(American Religious Identification Survey; IRIS)에 의하면, 14%가 종교가 없다고 응답했음에도 불구하고 미국에서 무신론자 수치는 고작 0.4%다.[45]

이 수치들이 동조자를 얻기 위한 무신론자들의 노력이 어려운 과업이라는 지표로서 아무리 흥미롭다 해도 그들의 무신론이 옳은지 여부라는 중심 이슈는 단순히 통계 분석에 의존해서 해결되지는 않을 것이다. 진리를 확정하기 위해서는 그보다 더 탄탄한 증거가 필요하다.

신무신론과 진리

신무신론의 한 가지 참신한 특징은 신무신론이 최소한 진리의 영역에서 포스터모더니스트의 상대주의에 큰 영향을 받지 않았다는 점이다. 리처드 도킨스는 재미있게도 이렇게 기록한다. "3만 피트 상공에서 자신이 문화 상대주의자라고 얘기한다면 그는 위선자다."[46] 샘 해리스는 그리스도인 독자들에게 다음과 같이 말한다. "나는 당신들과 내가 서로 동의하는 점이 많다는 것을 인정하고자 한다. 예를 들어 우리는 우리 중 어느 한쪽이 옳으면 다른 쪽은 그르다는 데에 동의한다." 그러므로 신무신론자들은 인간의 마음에 이해될 수 있는 진리가 있다고 믿는다. 그들은 중간 배제 법칙(law of the excluded middle)을 받아들인다. 예를 들면 이 우주는 존재하는 모든 것이거나 그렇지 않다. 하나님은 존재하거나 존재하지 않는다. 예수의 부활은

45 www.gc.cuny.edu/faculty/research_briefs/aris/key_findings.htm.

46 Richard Dawkins, *River Out of Eden*, New York, Basic Books, 1995. 또한 앞에서 인용한 책 중 그의 *A Devil's Chaplain*, 17-22도 보라.

일어났거나 일어나지 않았다. 이 점에서 그들은 신념에 있어서는 완전히 모더니스트다. 이는 특히 애초에 우리가 무엇에 관해 말하고 있는지를 명확히 할 수 있음을 의미한다. 우리는 최소한 합리적인 토론에 대한 어느 정도의 토대를 갖고 있다.

하나님 대신에

2006년에 캘리포니아주 라호이아 소재 소크 연구소(Salk Institute)에서 "신앙을 넘어: 과학, 종교, 이성 그리고 생존"이라는 주제에 관한 컨퍼런스가 열렸다. 이 컨퍼런스의 검토 과제는 다음과 같은 3개의 질문들을 다루는 것이었다. "과학이 종교를 제거해야 하는가?", "과학은 종교 대신에 무엇을 들여 놓을 것인가?", "하나님 없이도 선할 수 있는가?" 강사들 중에는 리처드 도킨스와 스티븐 와인버그 같은 선도적인 신무신론자들이 있었다. 「더 뉴 사이언티스트」는 이 컨퍼런스가 매우 중요하다고 판단하고 50회 특집판에서 "하나님 대신에"라는 제목의 기사 안에 이에 대한 보고서를 포함시켰다.[47]

이 제목은 신무신론자들의 목표는 단순히 우주에서 하나님을 추방함으로써 세속화 과정을 완성하기만 하는 것이 아니라 하나님 대신 무언가를 두는 것임을 드러낸다. 그리고 단지 사회가 하나님을 다른 무언가로 대신해야 하는 것이 아니라 과학이 그렇게 해야 한다. 확실히 과학을 제외하고

47 *New Scientist*, 18 November 2006, 8-11.

인간의 사고나 활동의 어느 영역도 유용한 기여를 하기에 적합하지 않다. 과학이 왕이다. 물론 과학은 인간에 의해 실천되는 일단의 학문들이다. 따라서 신무신론자의 궁극적인 목표는 이 과학자들이 다른 모든 인간이 무엇을 믿어야 하는지뿐만 아니라 무엇을 경배해야 하는지에 대한 최종 중재인이 되게 하는 것으로 보일 것이다. 그들은 하나님을 대체하기 원한다는 점을 기억하라. 이보다 큰 전제주의의 그늘을 발견할 수 있는가?

라호이아 컨퍼런스 의제에서 다루어진 처음 두 개의 질문들은 무신론의 선전이 과학을 최고 자리에 등극시킨다는 보다 넓은 목적의 일부임을 보여준다. 이 목표는 다윈의 『종의 기원』 출판 이후 T. H. 헉슬리가 벌인 운동과 매우 흡사하다. 헉슬리는 다윈의 이론을 기독교의 장악력을 느슨하게 하고 과학의 지배를 통한 사회의 세속화를 이룰 주요 무기로 보았다. 1874년에 벨파스트에서 열린 유명한 영국과학협회 회의는 이 주제를 분명히 했는데, 이 회의에는 헉슬리, J. D. 후커(식물학자) 그리고 존 틴들(영국과학협회 회장, 그는 대기 가스 전공이었다)이 주 강사로 참여하였다. 틴들은 이렇게 말했다. "모든 종교 이론들은 과학의 통제에 굴복하고 모든 사고를 과학의 통제에 양도해야 한다."[48]

48 David C. Lindberg and Ronald L. Numbers (편), *Where Science and Christianity Meet*, Chicago, University of Chicago Press, 2003, 198-200을 보라.

도덕적 차원

그러므로 신무신론자들은 불가피하게 도덕성과 윤리 이슈를 다뤄야 한다. 그래서 세 번째 질문(하나님 없이도 선할 수 있는가?)은 얼핏 보기에는 조화되지 않는 듯이 보임에도 불구하고 이 질문이 컨퍼런스의 의제에 들어간 것이다. 컨퍼런스 개최자들은 최소한 서구에서는 수백 년 동안 도덕성의 근원은 유대–기독교 전통이었다는 명백한 사실을 다뤄야 함을 확실히 느꼈다. 신무신론자들은 종교를 없애기 원한다. 종교에 대한 그들의 주된 공격은 종교가 지적으로뿐만 아니라 도덕적으로 그르다는 것이기 때문에 그들은 도덕성의 근원에 대한 대안 제시라는 문제를 해결해야 한다.

그러므로 신무신론자들의 의제에 들어 있는 주된 요소들을 다음과 같이 표현할 수 있다.

1. 종교는 위험한 망상이다. 종교는 폭력과 전쟁으로 이어진다.
2. 그러므로 종교를 없애야 한다. 과학이 그 일을 할 것이다.
3. 하나님 없이도 선해질 수 있다. 무신론은 완벽하게 적절한 윤리의 토대를 제공할 수 있다.

몇 가지 정의들

먼저 "무신론"과 "종교"라는 용어의 의미에 대해 뭔가 말할 필요가 있다. 옥스퍼드 영어사전(OED)에 의하면, 무신론은 "신의 존재에 대한 불신 또는 부인"이다. OED는 샤프츠베리(1709)의 다음과 같은 말을 인용한다. "완벽한 무신론자가 된다는 것은…아무런 설계 원칙 또는 정신도 믿지 않고 우연 이외에는 사물의 원인, 척도, 또는 법칙도 믿지 않는 것이다." 도킨스는 (스티븐 와인버그를 인용해서) 자신의 하나님 개념을 다음과 같이 정의한다. "'하나님(신)'이라는 단어가 완전히 무용지물이 되지 않으려면 이 단어는 사람들이 일반적으로 이해하는 방식으로 사용되어야 한다. 즉 '우리가 경배하기에 적절한' 초자연적 창조주를 가리키는 말로서 말이다."[49] 그러므로 도킨스가 표명하는 반감은 그가 "초자연적인 신들"이라고 부르는 존재들에게만 해당한다. 그들은 망상의 신들(gods)이며 (도킨스에 의하면 계몽된) 과학자들과 철학자들의 신(God)과는 구별되어야 한다. 여기서 "신"이라는 용어는 자연법칙 또는 비록 인간의 지성보다는 뛰어나지만 궁극적으로는 (하나님보다) 지능이 낮은 다른 존재들처럼 우주의 원시 물질로부터 진화한 일종의 자연적 지성에 대한 동의어가 되었다. 따라서 신무신론자들의 주된 (공격) 표적은 우주의 창조자이자 유지자인 성경의 초자연적 하나님이다.

나는 신무신론자들은 단순히 무신론자이기만 한 것이 아니라는 사실에 주의를 끌기 위해 "표적"(target)이라는 용어를 사용한다. 그들은 아마도 자신은 하나님을 믿지 않지만 자신에게 방해가 되지 않는다면 다른 사람들이 하나님을 믿는 것은 괜찮다고 생각하는 유형의 무신론자와 대비하여 반(反)유신론자라고 묘사하는 것이 나을 것이다.

그들의 반(反)유신론의 당연한 결과로서 신무신론자들은 "종교"라는

49 *GD*, 33.

단어에 대해 특히 유대교, 기독교, 이슬람이라는 거대한 유일신 종교를 염두에 두는데 그중에서도 주된 강조는 기독교에 놓여 있다. 힌두교와 같은 범신론적 종교들과 유교 및 불교의 특정 종파와 같이 철학으로 분류될 수도 있는 종교들은 신무신론자들의 문헌에서 (거의) 아무런 역할도 하지 않는다.

나는 북아일랜드에서 자랐기 때문에 세계의 문제들에 대한 유일한 해법은 종교를 없애는 것이라고 생각하는 사람들을 이해할 수 있다. 그러나 내가 북아일랜드에서 자라났음에도 확신 있는 기독교인으로 남아 있다는 바로 그 이유 때문에 나는 아마도 신무신론자들이 내리는 진단과 그들이 제안하는 해법의 양 측면에서 그들의 논리에 들어 있는, 불안을 조성하고 위험한 불균형을 수정하는 일에 기여할 수도 있을 것이다.

나만 그런 불안을 느끼는 것이 아니다. 많은 무신론자들도 이에 대해 불안하게 생각한다. 앞에서 언급한 내셔널 퍼블릭 라디오 보도[50]에서 브래들리 해거티는 무신론자의 공격성 상승은 무신론자들 사이에서 보편적으로 인정되지 않았음을 지적한다. 그녀는 신무신론자들에 대한 폴 커츠의 반응을 다음과 같이 인용한다. "나는 그들을 근본주의 무신론자들로 간주한다. 그들은 종교에 적대적이며 아주 비열하다. 그들은 매우 선한 무신론자들이자 하나님을 믿지 않는 매우 헌신적인 사람들로 출발했다. 그러나 이처럼 공격적이고 호전적인 단계의 무신론으로 나아가면, 그것은 득보다는 피해를 더 많이 입힌다." 여기서 재미있는 점은 폴 커츠가 "과학, 이성, 조사의 자유 그리고 인문주의자의 가치에 기반을 둔 세속적인 사회 증

50 *A Bitter Rift Divides Atheists*, Barbara Bradley Hagerty, NPR, 19 October 2009.

진"을 사명으로 하며, 종교적 신념에 비판적인 경구들을 제출할 참가자들을 초대하는 "신성모독 경연대회" 주최자인 탐구 센터(Center for Inquiry)의 설립자라는 점이다. 해거티는 커츠가 "궁정 쿠데타"에 의해 탐구 센터에서 쫓겨났다고 주장한다고 보도했다.

무신론자들은 확실히 신무신론자들의 공격적인 접근법을 둘러싸고 의견이 나뉘어 있으며 일부는 이를 당황스럽다고 생각한다. 그들의 당황은 철학자 마이클 루스가 맥그래스의 책 『도킨스의 망상?』[51]에 대한 지지글을 썼을 때 느낀 당혹감과 맥을 같이한다. "『만들어진 신』은 내가 무신론자라는 데 대해 당황하게 하는데 맥그래스는 그 이유를 보여준다." 그래서 애초에 신무신론자들이 모든 무신론자들을 대표하는 것이 아님을 깨달을 필요가 있다. 사실 많은 내 무신론자 친구들과 지인들이 신무신론자들의 공격성으로부터 거리를 두려고 애쓰는 것도 놀랄 일이 아니다.

불가지론자 단체도 신무신론자들의 맹공에 불편해한다. 저명한 BBC 라디오 사회자 존 험프리스는 그의 책 『우리는 하나님을 의심한다』(*In God We Doubt*)[52]에서 신무신론자들의 주된 사상을 제시하고, 이에 대해 명확하게 반대하는 답변을 보인다. 그의 논지는 다음과 같다.[53]

1. 신자들은 대체로 순진하거나 어리석다. 또는 최소한 무신론자들만큼 똑똑하지 않다.

   답변: 이는 명백히 사실이 아니며, 신경 쓸 가치가 거의 없다. 리처

51 McGraths, *The Dawkins Delusion?*

52 John Humphrys, *In God We Doubt*, London, Hodder and Stoughton, 2007.

53 나는 명확히 하기 위해서 Humphrys의 논평과 진술을 엮었다.

드 도킨스는 그의 베스트셀러 『만들어진 신』에서 지성과 신앙 사이의 반비례 관계를 보여주기 위한 멘사의 "연구"를 산출하는 것으로 만족하고 있다. 그는 또한 왕립협회의 극소수 회원들만 인격적인 신을 믿는다고 주장했다. 그게 어떻다는 말인가? 일부 신자들은 의심할 나위 없이 어리석지만(창조론자들이 그 증거다), 내가 만나본 한두 명의 무신론자들은 전구를 갈아 끼우는 것조차 믿고 맡기지 못할 정도였다.

2. 그리스도인들은 인생을 헤쳐 나갈 버팀목이 필요하기 때문에 불쌍하다.

   답변: 우리 모두 그렇지 않은가? 어떤 사람은 성경 대신 술을 사용한다. 그것은 아무것도 증명하지 않는다.

3. 그들은 또한 죽음이 끝이라는 점을 받아들일 수 없기 때문에 불쌍하다.

   답변: 그럴지도 모른다. 그러나 그것이 그들이 틀렸음을 의미하지는 않는다. 요양소나 암 병동에 무신론자가 몇 명이나 있는지 세어보라.

4. 그들은 믿도록 세뇌되었다. 예를 들어 "그리스도인 아동" 따위는 없다. 그들의 부모가 세례를 받게 한 아동이 있을 뿐이다.

   답변: 사실이다. 그리고 많은 아동들이 나이가 들어서 이를 거부한다. 그러나 성인이 되어서도 기독교 신앙을 유지하는 사람들 역시 많다.

5. 그들은 믿으라고 위협받았다.

   답변: 많은 경우에 이 또한 사실이지만 실제로 누군가를 위협해서

믿게 할 수는 없다. 단지 믿는 체할 뿐이다.

6. 다음 번 대규모 테러가 일어나기 전에 종교적 신념을 없애지 않으면, 우리가 알고 있는 문명이 파멸할 것이다.

   답변: 물론 과격한 이슬람 종교 지도자들은 위험하며 극단적 이슬람주의는 심각하게 받아들이기에는 위협이 된다. 그러나 우리는 4천 년 가량 단일신 종교와 함께 살아왔으며 문명에 대해 단일신 종교보다 더 큰 위협이 되는 것들도 있다.

7. 나를 믿어라. 나는 무신론자다.

   답변: 당신을 믿어야 하는 이유가 무엇인가?

   험프리스는 빈정대듯이 다음과 같이 덧붙인다. "나는 이처럼 적은 목록으로 그들의 견해를 지나치게 단순화한 데 대해 사과하지 않는다. 그들은 항상 신자들에게 그렇게 하고 있다." 그 말은 확실히 사실이다!

물론 더 많은 것을 말할 필요가 있다. 그러나 매우 지성적인 사람으로서 종교와 연결되지 않은 존 험프리스(그는 자신을 의심하는 사람이라고 분류한다) 편에서의 이러한 반응은 왜 많은 사람들이 신무신론자들의 메시지에 대해 불편해 하는지를 보여주는 데 도움이 된다. 그들은 신무신론자들의 메시지가 균형을 잃어버렸으며 종종 많은 곳에서 극단적임을 발견한다. 그 메시지는 근거가 없거나 노골적으로 틀렸다. 도킨스는 우리에게 비판적이 되라고 끊임없이 부추긴다. 그러나 우리는 그 자신이 비판하려고 선택하는 대상과 비판이라는 말에 대해 매우 선택적으로 이해하고 있음을 알게 될 것이다.

종교를 제거하려는 시도의 역설

신무신론자들이 신앙을 말살하기 위해 노력하면서 진화론에 중요한 역할을 부여한다[54]는 점은 역설적이다. 그러나 진화는 그들에게 협조적이지 않은 것 같다. 「선데이 타임즈」[55]는 과학 편집인 존 리크가 쓴 "자연은 '신앙심이 있는 것을 선호'하기 때문에 무신론자들은 죽어가고 있는 종족이다"는 제목의 글을 실었다. 그는 독일 예나 대학교의 마이클 블룸이 이끈 「종교성의 번식상 우위」(*The Reproductive Advantage of Religiosity*)라는 제목의 82개 국가에 대한 연구를 보도하는데, 이 연구는 최소 주 1회 예배하는 부부는 2.5명의 자녀를 둔 반면, 전혀 예배하지 않는 부부의 자녀는 1.7명으로 이는 자기들을 대체하기에도 불충분한 숫자라는 사실을 발견했다. 리크는 종교는 사람들을 감염시키고 돈과 건강 리스크 측면에서 커다란 비용을 부과하는 정신적 바이러스와 같다는 도킨스의 주장과, 이와 반대로 진화는 신자들을 매우 선호해서 시간이 지남에 따라 종교적인 경향이 우리의 유전자에 내면화되게 되었다는 블룸의 연구를 대조한다.

진화에 관해 신무신론자들이 옳다면 모든 사람들 중에서 그들이 자신의 유전자를 퍼뜨리는 데 가장 열성을 보이리라고 생각할 수 있다. 그런데 그들은 그렇게 하지 않는다.

그렇다면 우리는 (그들이 멸종할 때까지) 기다리기만 하면 되는가?

그러나 아마 그렇지 않을 것이다. 왜냐하면 신무신론자들은 자신들의

---

54 이 논쟁에서 진화가 수행하는 역할은 내 저서 *God's Undertaker*에서 보다 자세히 논의된다.

55 2 January 2011.

유전자를 퍼뜨리는 데는 흥미를 잃었지만, 그들은 자신들의 “문화 인자”의 보급을 아직 포기하지 않았기 때문이다.

1장

하나님과 신앙은 이성과 과학의 적인가?

"일신론은 지성을 혐오한다."
"신은 이성, 지성과 비판적 자세부터 시작해서 자신에게 맞서는 모든 것을 죽인다."

미셸 옹프레

"신앙은 어떤 정당화도 요구하지 않으며 어떤 논쟁도 허용하지 않는다는 바로 그 이유 때문에 해악이다."

리처드 도킨스

"이것들은 너희가 믿을 수 있도록 기록되었다."

사도 요한

미셸 옹프레는 신은 죽지 않았다고 생각한다. 그러나 유신론자들은 성급하게 환호하지 않아야 한다. 왜냐하면 그는 다음과 같이 설명하기 때문이다.

> 지어낸 이야기는 죽지 않으며, 환상은 결코 사라지지 않고, 동화는 자신을 반박하지 않는다.…산들바람, 바람, 향기는 죽일 수 없다. 꿈이나 야망은 죽일 수 없다. 인간에 의해, 인간 자신의 본질적인 형상으로 만들어진 신은 우리 모두 멸종으로 향하는 길을 가고 있다는 사실에도 불구하고 매일의 삶을 견딜 수 있게 해주기 위해서만 존재한다.…우리는 환상을 암살하거나 죽일 수 없다. 사실은 환상이 우리를 죽일 가능성이 더 크다. 왜냐하면 신은 이성, 지성과 비판적 자세부터 시작해서 자신에게 맞서는 모든 것을 죽이기 때문이다. 다른 모든 것들은 연쇄반응을 따른다.[1]

그렇다면 옹프레에게는 이성의 적은 바로 이 허구의 신이다. 그런데 허구의 신들은 이성의 적일 수 있지만 성경의 하나님은 확실히 그렇지 않다. 성

1 *IDA*, 12, 13.

경에서 십계명의 바로 첫 계명이 "네 온 마음을 다해 주 네 하나님을 사랑하라"는 지시를 포함하고 있다. 이 지시는 우리에게 하나님이 이성의 적으로 여겨져서는 안 된다고 말해주기에 충분하다. 결국 인간의 마음 자체를 창조주 하나님이 만들었다. 인간이 창조의 정점이라는 것이 성경의 견해다. 인간만이 하나님의 형상대로 지음 받은 이성적 존재로서 하나님과 관계를 맺을 수 있고, 하나님에 의해 자신들이 그 안에서 살고 있는 우주를 이해할 수 있는 능력이 주어졌다.

이에 부합하게 성경은 과학에 적대적이기는커녕 과학을 적극적으로 장려한다. 성경이 과학에게 최초의 위임을 주었다고 말할 수 있다. 과학의 모든 분야(실로 모든 지적 학문 분야들)에 근본적인 활동 중 하나는 이름을 짓는 것, 따라서 사물과 현상을 분류하는 것이다. 모든 지적인 학문 분야들에는 자신의 특수한 단어 사전이 있다. 창세기에 의하면 하나님이 생물학 분야에서 인간에게 동물들의 이름을 지으라고 말함으로써 이 프로세스를 시작했다.[2] 분류학은 이렇게 시작되었다. 자연은 하나님의 마음에 의해 설계되었고 인간의 마음은 하나님의 형상을 따라 만들어졌기 때문에, 이는 시간이 지나면서 자연을 (최소한 부분적으로나마) 인간이 이해할 수 있는 합리적인 통일체로 보도록 확대되었다.

사실 알프레드 노스 화이트헤드 같은 사람들이 지적해왔듯이 성경적 세계관이 16세기와 17세기의 과학의 급속한 발흥(發興)과 밀접한 관계가 있다는 강력한 증거가 있다. C. S. 루이스는 다음과 같이 요약한다. "인간은

---

2 창세기에서 이 단계의 중요성을 주목하기 바란다. 지금까지는 이름을 제공한 이는 하나님이었다(창세기 1장을 보라. "그리고 하나님이 ~라고 불렀다").

법칙을 주신 분을 믿었기 때문에 자연법칙을 기대했고, 자연법칙을 기대했기 때문에 과학적으로 되었다." 보다 최근에는 옥스퍼드 대학교의 과학 및 종교 교수 피터 해리슨이 화이트헤드의 명제를 보다 가다듬어 인상적인 주장을 펼쳤다. 그는 일반적인 유신론뿐만 아니라 종교개혁자들에 의해 사용된 특수한 성경 해석 원칙들도 과학의 발흥에 중대한 공헌을 했음을 보여준다.[3]

성경은 창조가 비필연적(contingent)이라고 가르친다. 즉 하나님은 세상을 자신이 원하는 대로 그리고 원하는 방식으로 만들 자유가 있다. 따라서 우주가 어떻게 생겼는지 그리고 어떻게 작동하는지 발견하기 위해서는 이에 대해 살펴보아야 한다. 아리스토텔레스가 생각했던 것처럼 추상적인 철학 원칙들로부터 시작해서는 우주의 성격을 결정할 수 없다. 그는 우주가 반드시 특정한 선험적 원칙[4]들에 순응해야 한다는 입장을 보였는데, 이 견해가 수백 년 동안 사람들의 사고를 지배했다. 이 원칙들 중 하나는 완벽한 운동은 반드시 원운동이어야 한다는 것이었다. 아리스토텔레스는 달보다 멀리 있는 것은 모두 완벽하기 때문에 행성들은 원운동을 해야 한다고 생각했다. 그리스도인이었던 케플러는 아리스토텔레스의 형이상학적 제약에서 벗어나 화성의 움직임에 대한 데이터(티코 브라헤에 의해 이미 수집되어 있었다)가 말하도록 허용한 뒤에야, 행성들은 실제로 똑같이 "완벽한" 타원형으로 움직인다는 사실을 발견했다.

우리는 케플러가 자신이 형이상학적 제약에 의해 지적으로 구속당하

3 Peter Harrison, *The Bible, Protestantism, and the Rise of Science*, Cambridge, Cambridge University Press, 1998.

4 즉 특정 상황에 적용하기 **전에** 이미 가지고 있는 확신, 신념 및 원칙들과 관련이 있는 추론.

도록 허용하기보다는 기꺼이 증거가 이끄는 곳으로 따라간 점을 칭찬한다. 그 제약이 수백 년 동안 확립된 지혜였을지라도 말이다. 그러나 세계적으로 저명한 철학자 안토니 플루가 생명의 복잡성이라는 증거에 기초해서 유신론으로 개종했다고 선언했을 때 그에게 항의가 빗발쳤다. 자연주의 패러다임을 벗어나기란 아리스토텔레스의 패러다임을 벗어나기만큼이나 많은 어려움으로 가득 차 있는 듯하다. 자신이 지성적이라고 자부한다면 온건한 반응을 보였어야 할 사람들이 플루에 대해 제기하는 대체로 비합리적인 항의는, 선험적 자연주의는 사실상 지성적인 사람들로 하여금 우주의 몇 가지 특징들이 지적 설계를 가리킨다는 주장을 고려하지 못하게 한다는 분명한 증거다. 그러한 설명이 증거에 대한 가장 논리적이고 명백한 해석 방법일지라도 말이다.

우주의 기원에 관해 현재 가장 널리 받아들여지고 있는 빅뱅 모델로 이끈 아이디어를 냈던 사람도 무신론자가 아니라 유신론자였다. 벨기에의 성직자이자 천문학자인 조르주 르메트르(1894-1966)는 수백 년 동안 지배해왔고 당시에 아인슈타인마저도 유지하고 있던(이 또한 아리스토텔레스의 영향이다) 영원한 우주 이론에 도전했다. 르메트르는 아인슈타인의 상대성 이론을 우주론에 멋지게 적용했으며 1927년에 우주가 확장하고 있다는 사실에 관한 허블 법칙의 전신(前身)을 연구했다. 그는 계속해서 1931년에 "원시 원자" 가설을 제안했는데 이를 통해 우주가 "어제가 없었던 날"에 시작했다고 주장했다. 알렉산드르 프리드만과 마찬가지로 르메트르는 우주가 확장하고 있어야 함을 발견했다. 그러나 르메트르는 프리드만보다 더 나아가 창조와 같은 사건이 일어났어야 한다고 주장했다. 흥미롭게도 아인슈타인에게는 그 주장이 너무도 기독교의 창조 교리를 상기시키기 때문에 그는 이에 대해 의심했다. 아서 에딩턴(1882-1944)도 마찬가지였는데 그는 케임브리지 대학교에서 르메트르를 가르쳤으며 르메트르의 1927년 연구를 우주론에 현존하는 문제들에 대한 "탁월한 해법"이라고 여겼다. 그럼에도 창조라는 아이디어는 에딩턴에게는 너무 벅찼다. "철학적으로 현재의 자연 질서의 시작 개념은 혐오스럽다.…나는 진짜 빠져 나갈 구멍을 찾고 싶다."[5]

훨씬 뒤인 1960년대에 당시 「네이처」의 편집인이던 또 다른 저명한 과학자 존 매독스 경이 빅뱅 이론을 지지하는 추가적인 증거의 발견에 똑같이 부정적으로 반응했다. 시작은 "우리의 세계의 궁극적 기원"을 시사하며, 성경의 창조 교리를 믿는 사람들에게 그들의 신앙에 대한 "충분한 정당성"을 주기 때문에 그에게는 시작이라는 아이디어는 "절대로 받아들일 수 없는" 것이었다.[6] 다소 역설적이게도 16세기에는 과학이 하나님에 대한 신앙을 위협하는 것으로 보여서 과학의 진보에 저항한 사람들이 있었는데, 20세기에는 시작에 관한 과학 모델들이 하나님에 대한 신앙의 타당성을 높일 수도 있기 때문에 저항을 받고 있다.

과학에 적대적인 자세는 성경적 세계관과 맞지 않으며 나도 신무신론자들처럼 그런 자세에 반대한다. 그렇다고 해서 어떤 종교인도 과학에 적대적인 태도를 보이지 않는다는 말은 아니다. 슬프게도 종교인들 중 그런 태도를 보이는 사람들이 있다. 기독교적 관점에서 그런 견해는 변명할 수 없으며 아직도 그런 사람들이 있다는 것은 통탄할 일이다. 반면에 신무신

---

5 Sir Arthur Eddington, *The End of the World: From the Standpoint of Mathematical Physics*, Nature, 127, 1931, 450.

6 Sir John Maddox, *Nature*, 340, 1989, 425.

론자들은 자신들이 과학적이라고 자처하지만 유감스럽게도 언제나 그런 것은 아니다. 증거가 자신들의 물질주의적 또는 자연주의적 전제를 위협할 때는 특히 그렇다. 그럴 경우에는 신무신론자들도 다른 사람과 마찬가지로 과학에 적대적으로 될 수 있다.[7]

흔히 창조주를 믿는 과학자들의 우주 모델은 검증할 수 있는 예측을 생성하지 못하기 때문에 그들은 비과학적이라고 주장되고 있는데, 이에 대해 간략히 언급하고자 한다. 위에서 언급한 매독스의 말은 창조주를 믿는 우주 모델이 검증 가능한 예측을 생성할 수 있음을 보여준다. 매독스는 시작이라는 개념에 적대적이었는데, 그것은 바로 창세기의 창조 모델이 그러한 시작을 명확히 포함하고 있었고, 자신은 그 모델이 과학적으로 확인되는 것을 환영하지 않았기 때문이었다. 그러나 증거에 직면하자 그의 이의는 기각될 수밖에 없었다. 마이크로파의 배경인 은하의 적색 편이와 우주 창조의 메아리(cosmic echo of creation) 발견은 성경 기사가 시사했던 명백한 예측, 즉 시공간에 시작이 있었다는 사실을 확인했다.

매독스의 반응은 리처드 도킨스의 반응과 대조된다. 앨라배마에서 열린 토론에서 내가 도킨스에게 시공간에 시작이 있다는 점을 제시했을 때 그는 이에 대해 신경을 쓰지 않았다. 그의 반응은 시작은 있었거나 없었을 것이기 때문에 성경이 옳을 확률이 50%라는 것이었다. 그러나 성경 기사가 단지 추측의 문제일 뿐이라는 근거 없는 가정은 차치하더라도 추측을 올바로 할 확률이 문제가 아니다. 과학자들이 성경이 옳지 않기를 간절히

7 신무신론자들이 과학을 사용한 사례에 대해 더 알고 싶을 경우 내 저서 *God's Undertaker*를 보라.

원했기 때문에 빅뱅 이론은 격렬한 저항을 받았다. 빅뱅이라는 표준 모델을 확립하기까지는 설득력 있는 막대한 증거들이 필요했다. 역설적이게도, 시작이 있었다는 성경의 가르침을 확인하는 우주의 빅뱅 모델이 현재는 이 이론의 발전과 관련된 탁월한 이론 물리학자의 한 사람인 스티븐 호킹에 의해 하나님을 몰아내기 위해 사용되고 있다.

스티븐 호킹과 하나님

호킹은 레오나르드 믈로디노우와 공동으로 저술한 그의 최근 저서 『위대한 설계』에서 하나님이 우주를 창조했다는 전통적인 신앙에 대담한 도전을 제기한다. 호킹에 의하면 (하나님의 뜻이 아니라) 물리학 법칙이 지구상에 어떻게 생명이 존재하게 되었는지에 대한 참된 설명을 제공한다. 그는 빅뱅은 이 법칙들의 불가피한 결과였다고 주장한다. “중력과 같은 법칙이 있기 때문에 우주는 무(無)로부터 스스로를 만들어낼 수 있고, 또 만들어낼 것이다.”[8]

호킹은 몇 가지 심각한 오해와 논리적 오류를 범하는 잘못을 저지르고 있다. 첫째, 하나님에 대한 그의 관점은 결함이 있다. 그가 말하는 바에 비춰서 판단해볼 때 호킹은 확실히 하나님을 과학적으로 설명하지 못하는 사안에 대해 이를 하나님께 원인을 돌리는 “틈새의 하나님”(God of the Gaps)으로 생각한다. 따라서 그는 물리학이 하나님이 발견될지도 모르는 최후의

---

8 Hawking and Mlodinow, *The Grand Design*, 180.

장소인 창조의 순간을 제거했기 때문에 물리학에는 하나님에 대한 여지가 없다는 결론을 내린다.

그러나 주요 유일신 종교 중 어느 쪽에서도 이렇게 믿지 않는다. 그들에게는 하나님은 만물의 창조주다. 하나님은 우주를 창조했고 우주가 존재하도록 계속 보존한다. 하나님이 없다면 물리학자들의 연구 대상이 아무것도 없을 것이다. 그러므로 하나님은 특히 우리가 이해하는 우주와 이해하지 못하는 우주 모두의 창조주다. 그리고 물론 우리가 이해하는 부분이 하나님의 존재와 활동에 대한 증거를 제공해준다. 내가 엔지니어링이나 예술 작품을 더 많이 이해할수록 이 작품들 배후에 존재하는 천재에 대해 찬탄하는 것과 마찬가지로, 내가 창조주가 한 일을 더 많이 이해할수록 창조주에 대한 내 경배도 증가한다.

하나님에 대한 호킹의 부적절한 견해는 철학 전반에 대한 그의 태도와 잘 연결될 수 있을 것이다. 그는 "철학은 죽었다"고 썼다.[9] 그러나 이 말 자체가 철학적 진술이다. 이는 확실히 과학의 진술이 아니다. 그러므로 철학은 죽었다는 말 자체가 모순이다. 이는 논리적으로 앞뒤가 맞지 않는 고전적인 예다. 이뿐만이 아니다. 호킹의 책이 하나님의 존재와 같은 궁극적인 질문들을 해석하고 과학을 이에 적용하는 한에 있어서 그것은 철학을 훨씬 뛰어넘는 형이상학에 관한 책이다.

철학이 죽었다고 상상하는 것은 현명한 일이 아니다. 자신이 철학에 관여하려 할 때에는 특히 더 그렇다. 위에서 인용한 "중력과 같은 법칙이 있기 때문에 우주는 무로부터 스스로를 만들어낼 수 있고, 또 만들어낼 것

---

9 Hawking and Mlodinow, *The Grand Design*, 5.

이다"라는 호킹의 핵심적인 단언을 예로 들어보자. 확실히 그는 중력이 (또는 아마도 중력 법칙만이) 존재한다고 가정한다. 이는 아무것도 없는 무가 아니다. 그러므로 우주는 무로부터 창조된 것이 아니다. 이보다 더 치명적인 것은 "우주는 무로부터 스스로를 만들어낼 수 있고, 또 만들어낼 것이다"는 말이 자가당착이라는 점이다. 만일 내가 "X가 Y를 창조한다"고 말한다면 이는 Y가 존재하기 위해서는 애초에 X가 존재함을 전제한다. 만일 내가 "X가 X를 창조한다"고 말한다면, 이는 X의 존재를 설명하기 위해 X의 존재를 전제하는 것이다. 우주의 존재를 설명하기 위해 우주의 존재를 전제하는 것은 논리적으로 앞뒤가 맞지 않는다. 이것은 세계적으로 유명한 과학자가 한 말이더라도 헛소리는 헛소리라는 것을 보여준다. 이는 또한 철학을 조금만 알았더라면 도움이 될 수도 있었음을 보여준다.

호킹의 하나님 개념과 철학 개념 모두가 부적절하기 때문에 그는 우리에게 하나님과 물리 법칙 사이에서 선택하라고 요구하는 추가적인 실수를 저지른다. 여기서 그는 물리 법칙과 인격적인 행위자(personal agency)라는 아주 이질적인 두 가지를 혼동한다. 그는 우리에게 그릇된 대안들 사이에서 선택하라고 요구한다. 이는 범주의 오류에 대한 고전적인 예다. 물리학과 하나님 사이에서 선택하라는 그의 요구는 확실히 제트 엔진을 설명하기 위해서 물리 법칙과 [세계 최초로 제트 엔진을 발명한] 항공 엔지니어 프랭크 휘틀 경 중 하나를 선택하라고 요구하는 것만큼이나 터무니없는 짓이다.

케임브리지 대학교에서 호킹의 선임자였던 아이작 뉴턴 경이 중력 법칙을 발견했을 때에는 이런 실수를 하지 않았다. 그는 "이제 중력 법칙이 있으니 하나님이 필요 없다"고 말하지 않았다. 그가 한 일은 과학 역사에서 가장 유명한 책인 『수학 원리』(*Principia Mathematica*)를 써서 이 책이 "생각하는 사람들이 하나님을 믿도록 설득"하리라는 희망을 표명한 것이었다.

여기서의 요점은 물리 법칙은 제트 엔진이 어떻게 작동하는지 설명해 줄 수는 있지만 애초에 제트 엔진이 어떻게 존재하게 되었는지는 설명하지 못한다는 것이다. 물리 법칙 자체에 의해서는 제트 엔진이 만들어질 수 없었다는 것은 자명하다. 그 과업은 휘틀의 지성과 창의적인 엔지니어링 작업을 필요로 했다. 생각해보면 물리 법칙과 프랭크 휘틀이 만난다 해도 그 자체만으로는 제트 엔진을 만들어낼 수 없었다. 이 법칙들에 종속되고 휘틀이 작업에 사용할 물질들 역시 필요했다. 여기에 사용되는 물질은 소박한 재료일 수도 있지만 법칙들이 그것을 만들어내지는 않는다.

과학자들만 우주가 존재하게 하지 않은 것은 아니다. 과학이나 수리 물리학 법칙도 그렇게 하지 않았다. 그런데 호킹은 그렇게 생각하는 것 같다. 그는 『시간의 역사』에서 어떤 이론이 우주를 존재하게 했을 수도 있다고 제안하면서 그런 설명을 암시했다.

> 수학 모델을 구축하는 과학의 통상적인 접근법은 "왜 이 모델이 묘사하려고 하는 우주가 있어야 하는가?"라는 질문에 대답할 수 없다. 왜 번거롭게 우주가 존재하는가? 통합된 이론이 너무도 설득력이 있어서 우주가 스스로 존재하게 되는가? 아니면 창조주가 필요한가? 그리고 그렇다면 창조주는 우주에 다른 영향을 주는가?[10]

---

10 Hawking, *A Brief History of Time*, 174.

그러나 **이론** 또는 **물리 법칙**이 우주를 존재하게 했다는 아이디어는 이치에 맞지 않는다. 아니면 내가 뭔가를 놓치고 있는 것인가? 과학자들은 자연 현상을 묘사하는 수학 법칙들과 관련된 이론을 개발하기를 기대하며, 지금까지 이 분야에서 큰 성공을 거둬왔다. 그러나 우리가 발견하는 법칙들 자체로는 창조는 고사하고 아무것도 일어나게 할 수 없다.

물리 법칙들은 자체로는 아무것도 창조할 수 없다. 법칙들은 주어진 특정 상황하에서 일반적으로 일어나는 일들에 대한 (수학적) 묘사일 뿐이다. 뉴턴의 중력 법칙이 중력을 창조하지 않는다. 그것은 심지어—뉴턴 자신이 깨달은 바와 같이—중력을 설명하지도 않는다. 실상 물리 법칙들은 아무것도 창조하지 못할 뿐만 아니라 어떤 것도 일어나게 할 수 없다. 예를 들어 뉴턴의 유명한 운동 법칙들은 결코 당구공이 녹색 당구대를 가로지르게 한 적이 없다. 이 일은 사람이 당구대와 자신의 근육의 운동을 사용해서만 할 수 있다. 운동 법칙은 우리가 동작을 분석하고 향후 공의 움직임의 궤적을 알 수 있게 해주지만(외부의 간섭이 없다는 전제하에) 이 법칙들은 공을 존재하게 하기는 고사하고 공을 움직일 수도 없다.[11]

그런데 유명한 물리학자 폴 데이비스는 호킹에 동의하는 것 같다. "우주나 생명의 기원에 어떤 초자연적인 존재도 끌어들일 필요가 없다. 나는 신의 만지작거림이라는 아이디어를 좋아한 적이 없다. 내게는 일련의 수학 법칙들이 매우 영민해서 이 모든 것들을 존재하게 할 수 있다고 믿는 것이 훨씬 더 감동을 준다."[12]

---

11 나는 무질서에 대한 고려(chaotic considerations, 최초 상태에 대한 민감도)가 공의 처음 몇 번의 움직임을 제외하면 이 예측을 실제적으로 불가능하게 한다는 것을 잘 알고 있다.

12 Clive Cookson, "Scientists Who Glimpsed God," *Financial Times*, 29, April 1995, 20을 보라.

그러나 우리들 대부분이 살고 있는 보통의 세계에서는 "1+1=2"라는 간단한 연산 법칙은 그 자체로는 결코 아무것도 존재하게 하지 않았다. 이 법칙은 확실히 내 은행 계좌에 한 푼도 입금해주지 않았다. 내가 1,000파운드를 은행 계좌에 입금하고 나중에 또다시 1,000파운드를 입금하면 내 계좌에 어떻게 현재 2,000파운드가 예치되어 있는지 연산 법칙이 합리적으로 설명해줄 것이다. 그러나 내가 내 은행 계좌에 한 푼도 입금하지 않는다면 [아무리 연산 법칙이 있어도] 내 계좌는 영원히 무일푼 상태로 남아 있게 될 것이다.

C. S. 루이스는 오래 전에 이를 알았다. 그는 자연법칙에 대해 이렇게 말한다.

> 법칙들은 어떤 사건도 만들어내지 않는다. 법칙들은 모든 사건들이 (그것들이 일어날 수 있도록 유발될 수 있을 경우에만) 순응해야 하는 패턴을 진술한다. 산술 규칙들이 모든 금전 거래들이 (당신이 돈을 받을 수 있을 경우에만) 순응해야 하는 패턴을 진술하듯이 말이다. 따라서 어떤 의미에서는 자연법칙은 시공간의 모든 영역에 적용된다. 다른 의미에서는 이 법칙들은 바로 실제 우주 전체, 즉 진정한 역사를 구성하는 실제 사건들의 끊임없는 흐름은 빠뜨린다. 그것은 다른 곳에서 와야 한다. 법칙이 이를 만들어낼 수 있다고 생각하는 것은 단순히 덧셈을 함으로써 실제 돈을 만들 수 있다고 생각하는 것과 마찬가지다. 모든 법칙들은 최종적으로 다음과 같이 말한다. "A가 있으면 B를 얻게 될 것이다. 그러나 먼저 A를 붙잡아라. 법칙이 당신을 위해 그것을

해주지는 않을 것이다."[13]

똑똑한 수학 법칙이 스스로 우주와 생명을 존재하게끔 하는 엄격한 자연주의 세계는 완전히 (과학의) 허구다. 이론들과 법칙들은 물질/에너지를 존재하게 하지 않는다. 그럼에도 이론과 법칙에 그런 능력이 있다는 견해는 위에서 인용한 호킹의 질문인 "아니면 창조주가 필요한가?"에 암시된 다른 가능성으로부터의 필사적인 도피로 보인다(그것이 도피가 아니면 무엇인지 알기 어렵다).

호킹이 철학을 그처럼 무시하지 않는다면 자연법칙들이 하는 일은 구조적 규칙성을 **묘사**하는 것인데, 그 법칙들이 우리에게 세계[가 존재하는 이유]를 **설명**한다는 아이디어는 "모더니즘의 기만"이라는 비트겐슈타인의 말을 이해했을 것이다. 노벨 물리학상 수상자 리처드 파인만은 이 문제를 더 깊이 파고 든다. "점검해야 할 규칙들이 있다는 사실이 일종의 기적이다. 중력의 역(逆)제곱법칙과 같은 규칙을 발견할 수 있다는 것은 모종의 기적이다. 그것은 전혀 이해되지 않지만, 예측을 가능하게 해준다. 이는 당신이 아직 수행하지 않은 실험에서 어떤 일이 일어나리라고 예상할 수 있는지를 말해 줌을 의미한다."[14] 이 법칙들이 수학적으로 형성될 수 있다는 바로 그 사실이 아인슈타인에게는 물리적 우주를 넘어서 "인간의 영혼보다 매우 우월한 영혼"을 가리키는 끊임없는 경이의 원천이었다.

호킹은 "왜 아무것도 없는 것이 아니라 무언가가 존재하는가?"라는

---

13 C. S. Lewis, *Miracles*, London, Fontana, 1974, 63.

14 Richard Feynman, *The Meaning of it all*, London, Penguin, 2007, 23.

질문에 전혀 대답하지 못했다. 그는 중력의 존재는 우주의 탄생이 불가피함을 의미한다고 말한다. 우주의 탄생 배후에 있는 창조의 힘은 무엇인가? 누가 수학적으로 묘사할 수 있는 속성과 잠재력을 지닌 우주를 그곳에 두었는가? 이와 유사하게, 호킹이 자신의 자발적 탄생 이론을 지지하면서 "우주로 하여금 존재하게 하기" 위해서는 불을 밝힐 "푸른 화지(blue touch paper)"만 필요했다고 주장할 때 나는 다음과 같이 질문하고 싶어진다. "이 푸른 화지는 어디에서 나왔는가?" 푸른 화지가 우주를 존재하게 했다면 그것은 분명히 우주의 일부가 아니다. 그렇다면 하나님이 아니라면 누가 그것에 불을 밝혔는가?

현대 천문학의 아버지로 여겨지고 있는 앨런 샌디지는 추호의 의심도 없이 다음과 같이 답변한다. "나는 그러한 질서가 혼돈으로부터 나올 가능성이 별로 없음을 알았다. 무언가 조직화하는 원칙이 있어야 한다. 하나님이 내게는 신비이지만 존재의 기적, 즉 "왜 아무것도 없는 것이 아니라 무언가가 존재하는가?"에 대한 설명이다."[15]

자연의 배후에 신적 지성이 존재한다는 확실한 증거를 피하기 위해 무신론 과학자들은 창조의 힘을 질량/에너지 그리고 자연법칙과 같이 점점 더 믿을 수 없는 후보들에 귀속시킬 수밖에 없다. 사실 호킹은 하나님을 제거하지 못한 것만이 아니다. 그는 지각이 있는 사람이라면 아무도 믿지 않는 틈새의 하나님조차도 제거하지 못했다. 틈새의 하나님을 추방하기 위해 그가 전개하는 이론 자체가 매우 사변적이고 검증될 수 없다.

15 Alan Sandage, *New York Times*, 12, March 1991, B9. 또는 http://www.nytimes.com/1991/03/12/science/sizing-up-the-cosmos-an-astronomer-s-quest.html을 보라.

다른 모든 물리학자들과 마찬가지로 호킹은 자신의 책에서 설명하는 바와 같이 설계에 대한 강력한 증거에 직면한다.

> 우리 우주와 그 법칙들은 모두 우리를 지원하기 위해 맞춰진 설계를 갖고 있는 것으로 보이는데 우리가 존재하기 위해서는 변경의 여지가 거의 남아 있지 않다. 그것은 쉽게 설명되지 않으며 자연히 "왜 그런 식으로 되었는가?"라는 질문을 제기한다.…아주 많은 자연법칙들의 극단적인 조율에 대한 비교적 최근의 발견은 최소한 우리 중 일부는 이 위대한 설계는 어떤 위대한 설계자의 작품이라는 오래된 생각으로 돌아가게 할 수도 있다.…그것은 현대 과학의 대답이 아니다.…우리 우주는 각각 다른 법칙들을 가지고 있는 많은 우주의 하나인 것 같다.[16]

그래서 우리는 다중 우주(multiverse)에 도달한다. 간략하게 말하자면 여기서의 아이디어는 우주가 하도 많다 보니(혹자는 무한히 많다고 제안한다), 일어날 수 있는 것은 무엇이든지 어떤 우주에서는 일어날 것이라는 것이다. 그래서 그 주장은 우리 우주와 같은 우주가 최소한 하나쯤 있다고 해서 놀랄 일이 아니라고 한다.[17]

나는 호킹이 다시금 하나님과 다중 우주라는 대안을 제공하는 덫에 빠졌음을 간략히 언급해둔다. (멸시 받는 종족인) 철학자들이 지적해왔듯이 신학적 관점에서 보면 하나님은 자신이 원하는 만큼 얼마든지 많은 우주들을

16 Hawking and Mlodinow, *The Grand Design*, 164.

17 이 개념에 관해 더 알고 싶으면 내 저서 *God's Undertaker*, 69-77을 보라.

창조할 수 있다. 다중 우주 개념 자체는 하나님을 배제하지 않는다.

그러나 호킹의 다중 우주로 돌아가보자. 여기서 그는 과학을 넘어서 자신이 자기 책의 서두에서 죽었다고 선언한 철학의 영역 안으로 옮겨간다. 더구나 호킹은 자신이 현대 과학의 대변자라고 주장한다. 과학계에서 비중 있는 인사들 중 호킹의 견해를 지지하지 않는 사람들이 있기 때문에 호킹의 주장은 다중 우주에 관해 그릇된 인상을 준다.

예를 들어 탁월한 이론 물리학자 존 폴킹혼 교수는 다중 우주 개념을 거부한다.

> 이러한 추측들이 무엇인지 인식하자. 그런 추측들은 엄격한 의미에서 물리학이 아니라 형이상학이다. 순수하게 과학적 측면에서는 우주의 앙상블을 믿을 이유가 없다. 구성 개념상 이들 다른 세계들은 우리가 알 수 없다. 이 하나의 세계는 그렇게 되도록 의도한 창조주의 의지의 산물이기 때문에 이런 모습을 띠고 있다는 것이 지적으로 동등한 존중을 받을 수 있는 설명 중 하나다.[18]

나는 리처드 도킨스가 캔터베리의 대주교이고—크리스토퍼 히친스가 교황이며, 빌리 그레이엄이 올해의 무신론자로 뽑히는 세상을 포함해서—존재할 수 있는 다른 모든 우주들이 실제로 존재한다고 믿는 것이 대안이라면, 하나님을 믿는 것이 훨씬 더 합리적인 선택이라고 덧붙이고 싶다.

물리 법칙들이 왜 이 모습인가를 설명하는 호킹의 궁극적인 이론은 M-이론이라고 불린다. 이는 11개 차원에서 진동하는 현들과 같이 매우 정

18 Sir John Polkinghorne, *One World*, London, SPCK, 1986, 80.

교한 개념들과 관련된 초대칭적(supersymmetric) 중력 이론이다. 호킹은 이를 자신 있게 "아인슈타인이 발견하기를 기대했던 통일된 이론"이라고 부른다. 그러나 유신론자가 아닌 (위에 인용했던) 폴 데이비스는 M-이론에 대해 이렇게 말한다. "그것은 검증할 수 없다. 우리가 생각할 수 있는 장래에조차 검증할 수 없다."[19] 옥스퍼드 대학교의 물리학자 프랭크 클로즈는 한술 더 뜬다. "M-이론은 정의되지도 않았다.…우리는 '아무도 M이 무엇을 나타내는지 알지 못하는 것 같다'라는 말을 듣기도 한다. 그것은 아마도 '신화'일 것이다." 클로즈는 이렇게 마무리한다. "나는 M-이론이 신에 관한 논쟁에 찬반 어느 쪽이건 조금도 기여하는 바가 없다고 생각한다."[20] 스위스의 대형 강입자 충돌기(Large Hadron Collider)에서 연구하는 존 버터워스는 이렇게 말한다. "M-이론은 매우 사변적이며 확실히 증거가 있는 과학의 영역에 있지 않다." 그러나 버터워스는 M-이론이 검증될 수 없었음에도 이 이론은 종교적 의미에서의 믿음을 요구하지 않았으며, 과학적 직감에 더 가까웠다고 주장한다.[21]

잠깐! 과학적 직감은 이를 확립해줄 수도 있는 리서치를 추구할 믿음을 요구하지 않는가? 호킹은 (이를 지지할 증거가 별로 없는 믿음일지라도) M-이론을 믿지 않는다는 말인가?

확실히 우리는 신앙에 대해 뭔가를 진지하게 생각할 필요가 있다. 그러나 그러기 전에 호킹에 관한 논의를 다음과 같이 요약할 수 있을 것이다.

---

19 Hannah Devlin, "Hawking: God Did Not Create the Universe," *The Times Eureka*, 12 September 2010.

20 *Eureka*, 12, September 2010, 23.

21 Hannah Devlin, "Hawking: God Did Not Create the Universe," 12 September 2010.

삼단논법 형태의 다음과 같은 주장이 제시되어 있다.

M-이론이 사실이라면 신은 없다.

M-이론은 사실이다.

그러므로 신은 없다.

우리는 두 번째 전제가 사실이건 아니건, 첫 번째 전제가 틀렸음을 살펴보았다. 두 번째 전제는 확립되지 않았다. 어떤 이들은 검증할 수 있는지 여부는 고사하고 이 주장은 잘 정의되지도 않았다고 생각한다. 위대한 설계는 여전히 흔들림 없이 위대한 설계자를 가리킨다.[22]

이제 신앙이라는 매우 중요한 문제로 넘어가 보자.

신앙이란 무엇인가?

신앙의 본질에 관해 특히 무신론자들은 많은 것을 혼동한다. 이러한 혼동은 "신앙"(faith)이라는 말이 여러 의미를 띠게 되었으며 종종 어떤 의미를 의도했는지 확실히 하지 않고서 사용되고 있다는 데서 기인한다. 사전에서부터 시작해보자. 옥스퍼드 영어 사전에 따르면 "신앙"이라는 단어는 라틴어 피데스(*fides*, 이 단어에서 "fidelity"(충절)가 나왔다)에서 파생되었다. 그러므

22 이에 관해 더 많은 이슈를 알고 싶으면 내 글 *God and Stephen Hawking*, Oxford, Lion Hudson, 2011을 보라.

로 이 단어의 기본적인 의미는 "신뢰"(trust), "의존"(reliance)이다. "라틴어 *fides*에는—신약성경에서 번역된 그리스어의 어원상의 동족어 *pistes*와 같이—아래와 같은 기본적인 의미가 있다. 1. 믿음(belief)·신뢰, 2. 믿음·증거·표시(token)·서약(pledge)·약속(engagement)을 낳는 것, 3. 객관적 측면에서의 신뢰·성실(troth)·신뢰의 준수·충성."

따라서 옥스퍼드 영어 사전에 따르면 "신앙"이라는 단어에 부여된 주된 의미는 증거 또는 권위에 대한 의존으로부터 나오는 확신, 의존 그리고 믿음이다. 그러므로 "나는 과학을 믿는다", "나는 과학을 신뢰한다", "나는 과학에 대한 믿음을 갖고 있다"는 모두 본질적으로 같은 의미다. 그리고 거의 모든 사람들이 그러한 신앙/믿음/신뢰가 정당화된다고 여긴다는 점을 주목해야 한다.

신무신론자들의 글을 읽기 시작할 때까지는 이 모든 말들이 무난해 보인다. 한편으로는 그들은 신이 존재하지 않는다고 **믿는다**고 말한다. 다른 한편으로는 그들은 **신앙**이 없다고 말한다. 리처드 도킨스는 "무신론자들에게는 신앙이 없다. 그리고 이성만으로는 사람을 아무것도 존재하지 않는다는 완전한 확신에 이르게 할 수 없었다"고 주장한다.[23] 그는 다음과 같이 생각한다. "**신앙**은 소아마비 바이러스에 필적하지만 근절하기가 더 어려운, 세계에서 가장 큰 해악들 중 하나라고 할 수 있다. 증거에 기초하지 않은 믿음인 신앙은 모든 종교의 주요 악이다."[24] 그에 의하면 "과학적 믿음은 공개적으로 점검할 수 있는 증거에 기초한다. 종교적 신념은 증

23 *GD*, 74.
24 Richard Dawkins, "Is science a religion?" *The Humanist*, Jan/Feb 1997, 26-39.

거가 결여되어 있을 뿐 아니라 증거로부터의 독립성은 지붕에서 외쳐지는 종교의 즐거움이다."[25] 미셸 옹프레는 종교의 신자들이 "증거를 보기를 원하지 않기 때문에 믿을 수 없을 만큼 고지식하다"고 비난한다.[26]

이런 진술들은 우리를 사안의 중심으로 들어오게 한다. 도킨스는 여기서 "과학적 **믿음**"과 "종교적 **신앙**"을 대조한다. 이는 도킨스가 "신앙"은 "믿음"과 같은 것이 아니라, 증거가 없는 경우의 믿음이라는 특별한 종류의 믿음을 의미한다고 생각함을 보여준다. 많은 무신론자들이 이처럼 특이한 견해를 공유하는 것 같은데 줄리언 바지니가 이런 부류에 속한다. 그는 "무신론이 신앙의 입장인가?"라고 질문한다. 그의 대답은 "아니오"다.

> 무신론자의 입장은 증거와 가장 잘 설명할 수 있는 논증에 근거한다. 무신론자는 믿을 충분한 이유가 있는 것을 믿고 믿을 이유가 별로 없는—설령 믿을 이유가 있다고 해도 어느 이유도 강력하지 않은—초자연적 실체를 믿지 않는다. 무신론자의 입장이 신앙의 입장이라면 요구되는 신앙의 양은 아주 적다. 이를 초자연을 믿는 사람들과 대조해보면 진정한 신앙의 입장이 무엇인지 알 수 있다. 초자연에 대한 믿음은 믿을 수 있는 강력한 증거가 결여된 것에 대한 믿음이다.

바지니는 이로부터 다음과 같이 추론한다. "따라서 무신론자의 상태와 종교의 믿음은 아주 딴판이다. 종교의 믿음만이 존재한다고 믿을 충분한 증

---

25 Richard Dawkins, *Daily Telegraph* Science Extra, 11 September 1989.
26 *IDA*, 28.

거가 없는 실체의 존재를 가정하기 때문에[27] 종교적 믿음만이 신앙을 요구한다."[28] 그러므로 바지니에게는 "신앙의 입장"은 정의상 증거 없는 믿음이다. 달리 말하자면 신무신론자들에게는 "믿음"은 중립적인 용어(이는 증거로 정당화될 수도 있고 그렇지 않을 수도 있다)인 듯한 반면 그들은 "신앙"을 정당화되지 않는 믿음을 지칭하는 특별한 용어로 사용한다.

더구나 바지니는 "신앙", "믿음" 또는 "신뢰"라는 용어와 그러한 "신앙", "믿음" 또는 "신뢰"의 토대라는 아주 별개의 사항들을 혼동한다. 요점은 바지니가 생각하는 것과는 달리 옥스퍼드 영어 사전에 의하면 "신앙"이라는 말의 일반적 용법은 그 신앙을 정당화할 수 있는 증거의 강약에 대한 암시를 포함하지 않는다는 것이다. 그 관점에서 볼 때 무신론, 불가지론 그리고 유신론은 모두 "신앙의 입장"이며 그들 각자에게 다음과 같이 질문할 수 있다는 것이 훨씬 더 정확할 것이다. "어떤 증거들이 그들을 지지하며 어떤 증거들이 그들에 반하는가? 그들에게는 어떤 근거가 있는가?" "신앙"은 특별한 종교적 용어이며(이 단어의 뜻은 그렇지 않다) 이 용어가 특별한 종류의 믿음, 즉 증거가 없이 믿는 것(신앙은 그렇게 하지 않는다)만을 의미한다는 특이하고 암묵적인 재정의로부터 그런 혼동이 생긴다.

예를 들어 옥스퍼드 영어 사전 대신 대중적인 메리엄 웹스터의 온라인 사전을 보면 "신앙"을 아래와 같이 설명한다.

1. a: 의무 또는 사람에 대한 충실: 충성심(loyalty); b (1): 자신의 약속에 대

27 이는 미결 문제를 논거로 이론을 세우는 다소 뻔뻔한 말임을 언급해둔다.

28 Julian Baggini, *Atheism—A Very Short Introduction*, Oxford, Oxford University Press, 2003, 32, 33.

한 충의 (2): 의도의 진실성. 2. a (1): 신에 대한 믿음과 신뢰 그리고 충성심 (2): 종교의 전통적인 교리에 대한 믿음; b (1): **아무 증거가 없는 무언가에 대한 확고한 믿음**(강조는 덧붙인 것임) (2): 완전한 신뢰.

그렇다면 웹스터 사전에 의하면 증거가 없는 무언가에 대한 확고한 믿음에 대해 "신앙"이라는 단어를 쓸 수 있다. 그러한 용법의 가장 유명한 예는 신앙은 "그것이 사실이 아님을 아는 것을 믿는 것"이라는 마크 트웨인의 말일 것이다. 신무신론자들은 모두 마크 트웨인을 추종한다. (마크 트웨인을 인용하는) 어느 선도적인 무신론자 웹사이트는 이렇게 말한다. "간단히 말해서 신앙은 믿음 또는 신뢰를 의미한다. 신앙은 특별한 종류의 믿음이다. 그것은 강력하고, 대체로 흔들리지 않으며, 증거나 증명을 요구하지 않는다. 믿음이 매우 강하고 증거나 실제적인 추론과 관련되지 않을 경우, 그것이 곧 신앙이라는 데 대해 대부분 동의할 것이다."[29]

그러나 근거를 결여한 믿음으로 생각되는 신앙은 근거가 있는 믿음으로 생각되는 신앙과는 아주 다르다. 그러므로 혼동을 피하기 위해, 근거 없는 믿음을 가리킬 때에는 훨씬 더 보편적이고 모호하지 않은 용어인 "맹목적 신앙"이라는 말을 사용하는 것이 도움이 될 것이다. "신앙"을 묘사하기 위해 형용사 "맹목적인"을 사용하는 것은 신앙이 필연적으로, 또는 언제나 또는 참으로 일반적으로 맹목적인 것은 아님을 나타낸다. 그럼에도 바지니는 신앙이 항상 맹목적이라고 생각하는 것 같다. "믿음에 대한 그러한 근거가 있다면 신앙이 필요 없다. 신선하고 깨끗한 물을 마시면 좋다고

---

29 http://atheistempire.com/atheism/faith.php

믿는 내 믿음을 정당화하는 것은 신앙이 아니라 증거다. 큰 건물의 창문 밖으로 뛰어 내리는 것은 좋은 아이디어가 아니라고 내게 말해주는 것은 신앙이 아니라 경험이다."[30] 위 인용문의 첫 번째 문장에서는 "신앙"이 "믿음의 근거"와 대조된다. 두 번째 문장에서는 신앙이 "증거"와 대조되며, 세 번째 문장에서는 "경험"과 대비된다. 이는 마크 트웨인이 보여준 자세와 똑같으며 옥스퍼드 영어 사전을 진지하게 받아들이는 사람에게는 터무니없게 들린다. 왜냐하면 "내 믿음을 정당화하는 것은 내 신앙이 아니다"고 말하는 것은 "믿음은 믿음을 정당화하지 않는다. 또는 달리 말하면 신앙은 신앙을 정당화하지 않는다"라고 말하는 것과 마찬가지이기 때문이다. 이는 전혀 말이 되지 않는다.

일반적인 말로 하자면 바지니는 아마도 자신은 이러이러한 증거의 토대 위에서 신선하고 깨끗한 물을 마시는 것에 대한 신앙을 가지고 있고, 큰 건물에서 뛰어내리는 것은 좋지 않다고 말해주는 그의 경험을 신뢰한다(또는 이에 대한 신앙을 가지고 있다)는 것을 의미할 것이다. 신앙을 행사하지 않기는커녕 두 경우 모두 그는 신앙을 행사하고 있다.

이에 비춰볼 때 신앙 또는 믿음의 **타당성**(validity), 또는 **정당성**(warrant)은 그 믿음이 기초하고 있는 증거의 강도에 의존한다. 실로 대부분의 사람들에게는 그것이 상식적인 견해다. 사람들은 무언가를 믿으라는 요청을 받으면—특히 그 사안이 자신에게 중요할 경우—뒷받침하는 증거가 무엇인지 알기 원할 것이다. 은행 매니저는 그러한 신뢰의 토대가 되는 충분한 증거를 보지 않는 한 잠재적인 차입자가 상당한 금액의 대출을 요청할 경우

---

30 Baggini, *Atheism*, 31.

그에 대한 신앙을 갖지(신뢰하지, 믿지) 않을 것이다.

2009년 금융위기를 생각해보자. 위기가 발생하기 전에는 많은 사람들이 대다수의 은행 간부들의 정직성을 믿었기 때문에 은행 시스템에 대한 신앙을 가지고 있었다. 그런데 순전한 탐욕에서 위험한 사업에 도박을 걸어 우리의 돈을 날려버린 일부 고위 은행가들에게는 윤리적으로 책임감 있는 리스크 관리가 그들의 강점이 아니라는 점이 발견되었다. 따라서 경제가 마비될 정도로 그들에 대한 신뢰의 토대가 잠식되었고, 은행들은 구제 금융을 받아야 했다. 은행가들에 대한 대중의 신뢰는 맹목적이었음이 밝혀졌다. 사실 자신의 능력에 대한 은행가들의 신뢰조차 맹목적이었음이 드러났다. 그 결과 은행들은 대중의 신앙과 확신을 회복해야 하는 매우 어려운 과제에 직면했다. 은행 시스템은 신뢰(신앙)의 토대가 회복되기까지는 다시 움직일 수 없었다.

이것이 우리에게 말해주는 바는 무엇인가? 우리는 모두 맹목적 신앙과 증거에 기초한 신앙을 어떻게 구별하는지 안다. 우리는 신앙은 이를 뒷받침하는 증거가 있을 때에만 정당화된다는 것을 잘 알고 있다. 우리는 자동차를 살 때 열심히 번 돈을 아무 차량에나 허비하지 않는다. 우리는 제조회사의 신뢰성 등급을 점검한다. 우리는 비슷한 차를 보유하고 있는 친구들에게 점검한다. 달리 말해서 우리는 특정한 차량 구매에 대해 신앙을 가지려는 우리의 결정을 정당화할 이유, 즉 증거를 찾는다.

우리는 테러리즘에 기름을 끼얹는 맹목적 광신은 말할 것도 없고, 차량 구입과 같은 일상사에서조차 맹목적 신앙은 위험할 수 있다는 것을 안다. 우리들 대부분은 확실히 리처드 도킨스의 다음과 같은 말에 동의할 것이다. "아이들이 질문하지 않고 어른들이 전수해주는 신앙의 미덕을 배우는 대신 그들의 믿음을 통해 묻고 생각하도록 배운다면, 확실히 자살 폭탄 공격자가 없어질 것이다."[31]

사람에 대한 믿음

"신앙"과 "믿음"이라는 단어를 일상적으로 사용할 때 "무언가에 대한 믿음(belief)"과 "누군가에 대한 믿음(belief in)"을 구분하는 경향이 있다. 여기서도 우연히도 잘 속는 사람이 아니라면 다른 사람에 대한 신뢰 역시 증거에 기초한다는 것이 명백하다. 나는 리처드 도킨스와의 첫 번째 토론에서 신앙은 맹목적이라는 그의 주장에 대해 이 점을 지적했다. 나는 도킨스에게 그의 부인에 대한 그의 신앙에 관해 물었다. 그의 본능적이고 긍정적인 반응은 내게 그가 신앙은 일반적으로 증거에 근거한다는 것을 잘 알고 있음을 확인해줬다. 사실 도킨스는 자기 딸에게 쓴 편지에서 이를 다소 자세하게 설명한다.

> 사람들은 마음속 깊은 곳의 감정을 믿어야 하며 그렇지 않으면 "내 아내는 나를 사랑한다"와 같은 것들에 대해 결코 확신할 수 없다고 말한다. 그러나 이는 나쁜 논거다. 누군가가 너를 사랑한다는 많은 증거가 있을 수 있다. 네가 너를 사랑하는 누군가와 하루 종일 있게 되면 너는 작은 증거들을 많이 보고 들을 것이다. 그리고 그 증거들은 모두 합쳐진다. 그것은 사제들이 계시라고

---

31 *GD*, 348.

부르는 느낌과 같은 순전히 내부의 감정이 아니다.[32] 내부의 감정을 뒷받침하는 외부의 사항들이 있다. 눈길, 부드러운 어조, 작은 호의들과 친절들—이 모든 것들이 실제 증거다.

때로는 사람들이 증거에 근거하지 않는데도 누군가가 자신을 사랑한다는 강한 내적 감정을 느끼는데, 그러면 완전히 틀리게 될 가능성이 높다. 실제로는 유명한 영화 스타는 그들을 만난 적도 없는데 그 스타가 자신을 사랑한다는 강력한 내적 감정을 느끼는 사람들이 있다. 그런 사람들은 마음이 병들어 있다. 내적 감정은 증거에 의해 뒷받침되어야 한다. 그렇지 않다면 그 감정을 신뢰할 수 없다.[33]

맞는 말이다! 증거에 기반을 둔 신앙은 신무신론자들에게조차 낯선 개념이 아니다.

이 모든 예들에서 우리는 신앙은 증거의 결여를 보충하는 어떤 것이 아니며 따라서 신앙의 강도는 증거의 강도와 반비례 관계에 있지 않다는 점을 주목해야 한다. 신앙은 또한 "증거 또는 논거의 일반적인 지지가 결여된 믿음을 뒷받침"하지도 않는다.[34] 우리 모두 잘 아는 바와 같이 오히려 그 반대다. 문서 또는 사람을 믿을 수 있는 증거를 더 많이 볼수록 그 문서

32 (성경적 의미에서의) 계시는 감정이 아니라, 하나님이 우리에게 인간의 독자적인 지성으로는 접근할 수 없었을 것들을 보여줄 수 있고, 또 보여줘왔다는 주장과 관련됨을 지적할 가치가 있을 것이다. 또한 계시는 이성을 배제하지도 않는데 왜냐하면 계시가 말이 되는지 알아보고 계시가 참되다는 주장에 대한 증거를 고려하기 위해서는 이성이 사용되어야 하기 때문이다.

33 Dawkins, *A Devil's Chaplain*, 288-289.

34 Baggini, *Atheism*, 33.

나 사람에 대한 신뢰가 강해질 것이다.

이 모든 점에 비춰볼 때 신무신론자들이 신앙에 대한 마크 트웨인의 정의를 신앙의 유일한 정의로 채택해서 증거가 신앙을 정당화하기보다는 신앙을 몰아낸다고 생각하는 것은 참으로 놀랍다. 크리스토퍼 히친스는 이에 대한 또 다른 고전적인 예를 제공한다. "누군가가 어떤 것에 대한 신앙을 가지고 있다면 그 무언가가 진리나 가치를 가지고 있을 가능성은 상당히 줄어든다." 그렇다면 과학은 퇴출된다! 또한 내가 앨라배마주에서 열린 토론인 "하나님은 위대한가?"에서 그에게 지적한 바와 같이 크리스토퍼 히친스도 퇴출된다. 결국 크리스토퍼 히친스가 자신의 존재에 관해 믿을 충분한 신앙을 가지고 있다고 전제할 때 그의 주장은 내게 그가 실제로 존재할 가능성은 상당히 줄어든다고 말하는 격이 될 것이다. 그런 "논리"는 그다지 인상적이지 않다. 그렇지 않은가? 더욱이 신앙에 관해 히친스가 말하는 내용은 그 자체가 신앙의 표현이기 때문에 스스로를 논박한다. 그는 그 말을 믿고 당신이 그 말을 믿기를 기대한다. 그러니 그 말이 사실이라면 그 말에 진리가 있을 가능성은 줄어든다! 그 말은 자가당착이다. 그 말은 논리적이지 않다.

사실 히친스는 이 이슈에서 거의 완전히 혼동하고 있는 것 같다. 다음과 같은 그의 놀랍도록 어리석은 말을 고려해보라. "우리의 믿음은 믿음이 아니다. 우리의 원칙들은 신앙이 아니다."[35]

이처럼 신앙에 관한 고질적인 혼란의 한층 깊은 뿌리는 계몽주의 철학자인 임마누엘 칸트에게까지 거슬러 올라갈 수 있다. 그는 그릇되게 신앙

---

35 *GNG*, 5.

과 지식을 분리했는데 이는 그 후 끝없는 문제를 야기했다. 칸트는 이렇게 썼다. "나는…신앙에 여지를 두기 위해서는 지식을 부인하는 것이 필요함을 발견했다."[36] 많은 사람들은 칸트의 말이 신의 존재에 대한 설득력 있는 증거가 있다면 신앙의 여지가 남지 않게 되리라는 것을 의미한다고 생각했다.

이처럼 해괴한 주장이 매우 보편적이지만 이 주장은 완전히 잘못되었다. 예컨대 옥스퍼드 대학교 그린 칼리지의 전 학장이자 저명한 전염병학자인 리처드 돌 경은 흡연이 폐암을 유발한다는 것을 의심할 나위 없이 입증했다. 그러므로 우리는 흡연이 폐암을 유발한다는 것을 안다고 말할 수 있다. 이 지식이 신앙의 여지를 전혀 남겨놓지 않는가? 물론 이 지식은 신앙의 여지를 남겨 놓는다. 돌의 연구를 신봉하고 담배를 끊어서 자신의 건강에 대한 잠재적 리스크를 크게 줄인 사람들이 있다. 과학적 결과를 신봉하지 않은 사람들도 있다. 이 사실을 알고 담배 한 갑을 살 때마다 이를 상기했으면서도 말이다. 물론 그들의 신앙의 결여는 비뚤어졌으며 흔히 치명적이기도 하다. 그런데도 그들은 계속 담배를 피운다. 지식이 신앙을 몰아낸다고 말하는 것은 생각이 매우 뒤죽박죽이 되어 있음을 드러낸다. 결국 사실과 사람에 대한 지식은 그들에 대한 우리의 믿음을 강화시키지, 그 반대가 아니다.

---

36 Immanuel Kant, *Critique of Pure Reason*, 29 Bxxix-xxx.

하나님에 대한 신앙은 맹목적인가 아니면 증거에 기반을 두고 있는가?

우리가 보아온 것처럼 맹목적 신앙이 존재하며, 그것은 위험할 수 있다. 그러므로 우리의 다음 질문은 "기독교 신앙[37]이 그와 같은가?[38] 기독교 신앙은 마크 트웨인이 말하는 신앙인가?"다. 바지니는 그렇다고 말하며, 성경 자체가 신앙은 증거가 없는 무언가를 믿는 것을 의미한다고 말한다. 이를 뒷받침하기 위해 바지니는 "의심하는" 도마가 부활 후 예루살렘에서 예수를 만난 이야기를 인용한다. 요한은 그의 복음서에서 다른 제자들이 예수를 보았을 때 도마가 그들과 함께 있지 않았으며 자기에게 볼 수 있고 만질 수 있는 증거가 주어지지 않는 한 그들의 이야기를 받아들이기를 거절했다고 말한다. "내가 그의 손의 못자국을 보며 내 손가락을 그 못자국에 넣으며 내 손을 그 옆구리에 넣어 보지 않고는 믿지 아니하겠노라."[39]

이 이야기는 다음과 같이 계속된다.

> 여드레를 지나서 제자들이 다시 집 안에 있을 때에 도마도 함께 있고 문들이 닫혔는데 예수께서 오사 가운데 서서 이르시되 "너희에게 평강이 있을지어다" 하시고 도마에게 이르시되 "네 손가락을 이리 내밀어 내 손을 보고 네 손을 내밀어 내 옆구리에 넣어 보라. 그리하여 믿음 없는 자가 되지 말고 믿는

---

37 여기서 "신앙"이라는 단어가 보다 보편적으로는 일단의 교리를 묘사하는 데 사용된다는 점을 주목해야 한다.

38 나는 기독교인으로서 저술하고 있다. 다른 종교의 대표자들이 자신들에 대한 신무신론자들의 공격에 대해 대응하는 것도 공정하고 올바르다.

39 요 20:25.

> 자가 되라." 도마가 대답하여 이르되 "나의 주님이시요, 나의 하나님이시니이다." 예수께서 이르시되 "너는 나를 본 고로 믿느냐? 보지 못하고 믿는 자들은 복되도다" 하시니라.[40]

바지니는 다음과 같이 해석한다. "이처럼 기독교는 증거가 없는 것을 믿는 것이 좋다는 원칙을 지지하는데 이는 증거가 없는 신앙 체계에 대한 다소 편리한 좌우명이다."[41]

조금만 더 생각하면 알 수 있겠지만 이는 완전히 근거가 없고 사실 다소 어리석은 추론이다. 이 텍스트는 도마가 **보았기** 때문에 믿었다고 말한다. 이 말이 (나 자신을 포함해서) 수백만 명의 사람들이 예수를 자신의 눈으로 직접 보지 않았음에도 예수를 믿을 때 증거 없이 믿는다는 것을 의미하는가? 물론 그렇지 않다! 보는 것은 오직 한 가지 종류의 증거일 뿐이다. 다른 많은 종류의 증거들이 있는데 이에 대해서는 뒤에서 자세히 살펴볼 것이다. 지금은 바지니의 해석은 당신이 중력이나 원자를 **본** 적이 없기 때문에 그것들의 존재에 대한 당신의 믿음은 증거에 근거하지 않았다거나, 또는 당신이 나폴레옹을 본 적이 없기 때문에 나폴레옹이 워털루 전투를 수행했다는 당신의 믿음은 맹목적이라고 제안하는 수준임을 언급해두기만 하자. 그런데 바지니는 철학자이면서도 그런 한심한 말을 한다.[42]

바지니는 글을 쓰기 전에 요한복음에서 도마와 관련된 사건 직후에 요

---

40 요 20:26-29. 신무신론자들은 "믿다"와 "신앙"이 동등함에도 불구하고 번역에서 "신앙"이라는 용어가 아니라 "믿다"라는 용어가 사용된 것을 주목할지도 모른다.

41 Baggini, *Atheism*, 33.

42 Baggini만이 아니다. 철학자 A. C. Grayling도 신앙에 관해 마찬가지로 혼동하고 있다. 이 책 86을 보라.

한 자신이 신앙의 개념을 어떻게 이해했는지 설명하는 진술을 읽어 보라는 충고를 받았으면 좋았을 것이다. "예수께서 제자들 앞에서 이 책에 기록되지 아니한 다른 표적도 많이 행하셨으나 오직 이것을 기록함은 너희로 예수께서 하나님의 아들 그리스도이심을 믿게 하려 함이요 또 너희로 믿고 그 이름을 힘입어 생명을 얻게 하려 함이니라."[43] 요한은 여기서 그가 책을 쓴 목적을 말하고 있다. 이 책은 표적들—그들 자신을 초월하는 실재를 가리키고 따라서 성육신한 하나님으로서의 예수의 정체성에 대한 증거가 되는 특별한 일들—을 수집한 것을 기록한다. 예컨대 예수는 많은 군중을 먹이기 위해 빵 조각을 늘리고, 그가 한 일을 사용해서 자신이 보다 깊은 차원에서 "생명의 떡"임을 가리킨다. 요한은 그러한 표적의 수행을 통해 예수가 제공한 증거 때문에 사람들이 예수를 믿었다고 기록한다.[44] 그리고 요한은 그 증거가 우리들처럼 그 사건들을 직접 목격하지 않은 사람들에게 충분하다고 여겼다. 요한에 의하면 그리스도에 의해 요구되는 믿음(=신앙)은 전혀 맹목적이지 않다. 맹목성은 이를 알 수 없는 사람들에게 해당한다.

영국의 저명한 문학 비평가 테리 이글턴은 신랄하게 말하는 특징이 있다.

> 도킨스는 모든 신앙은 맹목적 신앙이며, 기독교인과 이슬람교도의 자녀들은 아무것도 묻지 말고 믿도록 양육된다고 생각한다. 문법 수업 시간에 나를 괴롭혔던 멍청한 목사들조차도 그렇게 생각하지 않았다. 정통 기독교에서는 이성, 논쟁 그리고 정직한 의심이 믿음에 항상 중요한 역할을 수행해왔다.[45]

---

43 요 20:30-31.

44 예컨대 요 2:11, 3:2, 4:41, 4:53, 6:14.

45 *Times Higher Education Supplement* review of *GD*, 1 September 2006. 또는 http://www.lrb.

신앙과 사기: 신앙은 망상인가?

신무신론이라는 왜곡시키는 렌즈를 통해서 보면 신앙은 현혹된 종교적인 사람들 또는 도킨스가 조롱하듯이 지어낸 "신앙적인 머리"(faith-head) 안에서만 발견될 수 있는 심리적 일탈이다. 그의 견해로는 신앙은 망상일 뿐만 아니라 비난받을 만한 일이다. "신앙은 어떤 정당화도 요구하지 않으며 어떤 논쟁도 허용하지 않는다는 바로 그 이유 때문에 해악이다."[46] 그의 견해로는 신앙은 또한 미친 짓이다. 도킨스는 『선(禪)과 오토바이 정비술』(*Zen and the Art of Motorcycle Maintenance*)의 저자 로버트 피어시그를 인용한다. "한 사람이 망상으로 고통을 당할 때에는 그것은 정신 이상이라고 불린다. 많은 사람이 망상으로 고통을 당할 때에는 그것은 종교라고 불린다."[47]

물론 하나님에 대한 신앙이 망상이라고 생각했던 사람은 리처드 도킨스가 처음이 아니다. 황제에게 재판 받기 위해 호위를 받으며 로마로 항해하기 전에, 기독교의 사도 바울은 가이사랴에서 로마 총독 포르키우스 페스투스와 헤로데 아그리파 왕 앞에 소환되어 복음에 대해 최후의 변론을 했다. 잘 알려진 바와 같이 페스투스는 다음과 같이 말하면서 바울의 변론에 끼어들었다. "바울아, 네가 미쳤도다. 네 많은 학문이 너를 미치게 한다."[48] 바울이 기독교 초창기에 망상이라는 비난을 받았다면 우리가 오늘날 이러한 또 다른 비난의 물결을 보고 있다 해도 아마 놀랄 일이 아닐

co.uk/v28/n20/terry-eagleton/lunging-flaiilng-mispunching을 보라.

46 *GD*, 347.

47 *GD*, 28.

48 행 26:24.

것이다.

옥스퍼드 영어사전에 의하면, "속이다"(delude; 라틴어 *de-ludere*는 '착각하게 하다, 조롱하다, 속이다'라는 뜻)는 원래는 단지 "그릇된 것이 참된 것으로 받아들여지도록 마음 또는 판단을 속이다"를 의미했다. 그러나 오늘날 이 단어는 거의 언제나 정신질환이 의심됨을 암시한다. 망상(delusion)은 "고착된 그릇된 믿음", "특히 정신질환의 한 가지 증상으로서 강력한 반대 증거가 있음에도 불구하고 간직되고 있는 끈질긴 그릇된 믿음"이다.

도킨스는 신앙을 이 진술의 첫 번째 부분에 속하는 것으로 분류한다는 것을 주목해야 한다. 그리고 이 의미에서는 날아다니는 스파게티 괴물에 대한 신앙, 그리고 아일랜드 사람일 경우 레프러콘에 대한 신앙 등 신앙이라는 미명하에 자행되고 있는 일부 행동들은 기만적이라는 것도 확실하다. 참으로 신무신론자들은 하나님에 대한 신앙을 산타클로스나 이빨 요정에 대한 신앙과 같은 범주로 분류하기를 좋아한다. 그러나 이는 다소 어리석은 일이다. 앨리스터 맥그래스는 다음과 같이 상기시킨다.

> 어렸을 때 (아주 잠깐 동안) 나는 산타클로스를 믿었다. 그러나 나는 머지않아 진정한 상황을 조사했다. 믿는 체하는 것이 상당한 이점이 있다는 것을 알았기 때문에 나는 상당 기간 동안은 산타의 존재에 대한 의심을 속으로만 간직해두었다. 나는 어른이 산타클로스나 이빨 요정을 믿게 되었다는 얘기를 들어본 적이 없다. 나는 하나님을 믿게 된 많은 성인들을 알고 있다. 그러니 이들 사이에는 커다란 차이가 있다. 그러나 여전히 다음과 같은 질문을 할 가치가 있다. "왜 이빨 요정에 대한 신앙이 망상인가?" 답은 명백하다. 이빨 요

정은 존재하지 않는다.[49]

이는 우리로 하여금 쉽게 간과되는 다음과 같은 한 가지 핵심 이슈로 이끈다. 만일 하나님이 존재하지 않는다면, 하나님에 대한 신앙은 확실히 망상이다. 그러나 하나님이 존재한다면 어떤가? 그렇다면 무신론이 망상이다. 그러므로 물어야 할 진정한 질문은 "하나님이 존재하는가?"다.

이 점은 매우 중요하므로 나는 이를 다른 방식으로 표현하고, 동시에 또 다른 이의에 대면하고자 한다. (하나님에 대한 신앙은 환상이라고 생각했던 지그문트 프로이트[50]에 의해 영감을 받은) 많은 무신론자들은 자기들이 사람들이 왜 하나님을 믿는지를 매우 간단하면서도 설득력 있게 설명할 수 있다고 주장한다. 그들은 하나님에 대한 믿음은 실제 세계와 그 불확실성에 대처할 수 없다는 사실로부터 발생한다고 주장한다. 미셸 옹프레는 "종교는 사람들이 현실을 직면하기를 원하지 않기 때문에 창안되었다.[51]…그들은 위안을 얻기 위해 이성을 갖기보다는 신앙을 가짐으로써 영구적으로 유아적 정신 자세에서 벗어나지 못하는 대가를 치를 것이다"[52]라고 말한다.

그렇다면 무신론자들에게는 하나님은 하늘에 우리의 상상력을 투사해서 창조된, 그리고 위로와 안전에 대한 우리의 욕구에 의해서 창조된 소원 성취이자 공상의 아버지다. 이 견해에서는 천국은 죽을 때 멸절한다는

---

49 Alister McGrath, *Dawkins' God: Genes, Memes, and the Meaning of Life*, Oxford, Blackwell, 2005. 87.

50 Sigmund Freud, *The Future of an Illusion (Die Zukunft einer Illusion, 1927)*. 영어 번역 James Strachey, New York, London, W.W. Norton & Company, 1975.

51 *IDA*, 23.

52 *IDA*, 27.

인간의 공포에 대처하기 위한 발명품이며, 종교는 단지 삶을 실제 모습 그대로 직면할 필요가 없게 만들기 위한 심리적 탈출 기제일 뿐이다.

독일의 정신과 의사 만프레트 뤼츠는 그의 베스트셀러 『신: 가장 위대한 존재의 간략한 역사』(*God: A Brief History of the Greatest One*)[53]에서 이와 같이 프로이트 식으로 신에 대한 믿음을 설명하면 아주 일리가 있다고 지적한다. **하나님이 존재하지 않을 경우에만** 말이다. 그러나 그는 계속해서 같은 맥락에서 **하나님이 존재한다면** 동일한 프로이트의 주장이 바로 무신론이 위로를 주는 망상, 실재를 직면하는 것으로부터의 도망, 어느 날 신을 만나 자신의 삶에 대해 설명해야 될 필요가 없기를 바라는 욕구의 투사라는 것을 보여줄 것이라고 말한다. 예를 들어 폴란드의 노벨상 수상자 체스와프 미워시는 다음과 같이 썼다. "죽고 나면 아무것도 없다는 믿음이 진정한 민중의 아편이다. 우리의 배신, 탐욕, 비겁함, 살인에 대해 심판 받지 않을 것이라는 생각은 커다란 위안이다."[54] 따라서 만일 하나님이 존재한다면 무신론은 자신의 삶에 대한 궁극적인 책임을 지지 않기 위한 심리적 탈출 기제로 볼 수 있다.

뤼츠는 그의 주장이 함의하는 바가 "**하나님이 존재하는지 여부에 관해 프로이트는 어떤 도움도 줄 수 없다**"는 것이라고 역설한다.[55] 무신론자들이 프로이트를 원용하려면 그들은 하나님의 존재를 부정하는 다른 근거도 내놓아야 한다. 마찬가지로 그리스도인들이 프로이트를 원용하려면 그들은

---

53 Manfred Lütz, Gott: *Eine kleine Geschichte des Grössten*, München, Pattloch, 2007.

54 New York Review of Books http://www.nybooks.com/articles/archives/1998/nov/19/discreet-charm-of-nihilism/을 보라.

55 Lütz, *Gott: Eine kleine Geschichte des Grössten*—Lütz는 Jung과 Frankel에 대해서도 마찬가지임을 자세하게 논증한다.

하나님을 믿는 다른 근거들도 내놓아야 한다. 프로이트만으로는 진정 문제가 되는 "하나님이 존재하는가? 존재하지 않는가?"라는 질문에 도움을 주지 않는다.

물론 나는 신앙은 망상일 뿐만 아니라, 신무신론의 항의를 점화하는 데 기여했던 9/11 같은 끔찍한 폭력과 테러 행위를 초래한 사악한 망상이라는 신무신론자들의 주장을 잘 알고 있다. 이 비난에 대해서는 2장에서 자세하게 살펴볼 것이다. 그러나 먼저 신앙과 과학의 관계에 관해 생각해 볼 필요가 있다.

신앙과 과학

지금까지 살펴보았던 것처럼 신무신론자들은 신앙을 특별히 종교적 용어로 간주하며(실상은 그렇지 않다), 그들은 신앙을 증거가 없는 믿음이라고 정의한다(실상은 그렇지 않다). 이는 불가피하게 그들을 또 다른 심각한 오류, 즉 무신론이나 과학은 신앙과 관련이 없다는 사고로 이끈다. 그런데 역설적이게도 무신론은 "신앙의 입장"이며, 과학 자체도 신앙 없이는 존재할 수 없다. 우주의 합리적 이해 가능성을 믿지(신앙을 가지지) 않고서는 과학 연구를 수행할 수 없기 때문에 앞에서 인용한 "무신론자에게는 신앙이 없다"[56]는 도킨스의 말은 이중으로 어리석다. 왜냐하면 다른 모든 과학자들과 마찬가지로 도킨스 자신이 우주에 대해 합리적으로 이해할 수 있다는

56 *GD*, 51.

점을 **믿지 않으면(신앙을 가지지 않으면)** 과학에 관여할 수 없기 때문이다. 앞에서 지적했던 것처럼 그 자신이 "과학적 **믿음**(강조는 덧붙인 것임)은 공개적으로 점검할 수 있는 증거에 기초한다"고 말하기까지 한다.[57] 그렇다면 신앙은 과학의 중심에 위치한다.

결국 대부분의 과학자들이 알고 있듯이 과학의 목적은 우주의 물질과 작동에 우리 인간의 질서 감각(sense of order)을 부과하는 것이 아니라, 우주 자체의 질서와 이해 가능성을 밝혀내고 발견하는 것이다. 물론 이는 과학자들이 조사를 시작하기 전에 우주에 고유한 질서와 이해 가능성이 있다고 항상 **전제**해왔음을 의미한다. 과학자들이 그러한 질서와 이해 가능성이 존재한다고 믿지 않았더라면 과학 연구는 결코 그 질서들을 발견하지 못할 것이고, 과학자들의 연구는 성과가 없고 무의미해질 것이다.

물리학자 폴 데이비스는 유신론자는 아니지만 올바른 과학적 자세는 본질적으로 신학적이라고 말한다. "과학은 과학자가 본질적으로 신학적 세계관을 채택할 때에만 진보할 수 있다." 그는 "가장 무신론적인 과학자조차 자연에는 우리에게 최소한 부분적으로라도 이해될 수 있는 법칙과 같은 질서의 존재를 **신앙 행위의 하나로**(강조는 덧붙인 것임) 받아들인다"[58]고 지적한다. 알베르트 아인슈타인은 다음과 같은 유명한 말을 했다.

> 과학은 진리와 이해를 향한 열망에 푹 젖어 있는 사람에 의해서만 창조될 수 있다. 그러나 이러한 감정의 원천은 종교에서 나온다. 존재하는 세상에 타당

57 *Daily Telegraph* Science Extra, 11 September 1989.

58 Templeton Prize Address, 1995, http://www.origins.org/articles/davies_templetonaddress.html.

한 규칙이 합리적일 가능성, 즉 이성이 이해할 수 있을 가능성도 여기에 속한다. **나는 이 심원한 신앙이 없는 과학자를 상상할 수 없다**(강조는 덧붙인 것임). 이 상황은 이미지로 표현될 수 있다. 종교가 없는 과학은 절름발이이며 과학이 없는 종교는 시각 장애자다.[59]

리처드 도킨스는 하나님을 믿는 사람들이 마치 아인슈타인이 하나님을 믿기라도 하는 것처럼 아인슈타인을 인용하는 데 대해 아주 민감하다. 그는 『만들어진 신』의 서두 부근에서 아인슈타인은 "유신론자라고 불리는 것에 대해 거듭 화가 났다"고 말하며 이에 관해 큰 소란을 피운다. 도킨스는 아인슈타인을 무신론적 과학자로 분류하지만[60] 스피노자에 대한 그의 공감 때문에 아인슈타인을 범신론자 편에 두는 듯하다. 그러나 도킨스가 자신의 출처로 인용하는 바로 그 책은 아주 다른 인상을 준다.[61] 아인슈타인 자신이 명시적으로 말했다. "나는 무신론자가 아니고 자신을 범신론자라고 부를 수 있다고도 생각하지 않는다."[62] 그러므로 아인슈타인이 자신은 인격적인 하나님을 믿지 않는다고 말한 것은 사실이지만, 도킨스는 확실히 아인슈타인을 무신론자라고 부를 자격이 없다.

더욱이 아인슈타인은 우리에게 아래의 내용을 인식하라고 촉구하였지만 도킨스는 그렇게 하지 않는다.

---

59 Max Jammer, *Einstein and Religion*, Princeton, University Press, 1999, 94를 보라.

60 *GD*, 34.

61 특히 Jammer, *Einstein and Religion*, 50을 보라.

62 Jammer, *Einstein and Religion*, 48.

> 과학 탐구에 진지하게 관여하는 사람은 누구나 우주의 법칙에 하나의 영, 즉 인간의 영보다 훨씬 더 우수한 영 그리고 우리가 그 영과 대면하면 우리가 겸손하게 비천함을 느껴야 할 영이 분명히 존재한다고 확신하게 된다. 이와 같은 방식으로 과학 탐구는 특별한 종류의 종교적 감정으로 이끄는데 이는 실로 보다 순진한 사람의 종교성과는 아주 다르다.[63]

그러나 내가 아인슈타인을 인용해서 말하고자 하는 주된 요점은 그는 명백히 모든 신앙은 맹목적 신앙이라는 신무신론자들의 망상을 가지고 있지 않았다는 것이다. 아인슈타인은 우주의 합리적 이해 가능성에 대한 과학자의 "심오한 신앙"에 대해 말한다. 그는 그러한 신앙이 없는 과학자를 상상할 수 없었다. 따라서 도킨스는 아인슈타인을 유신론자로 분류하지 않을 수는 있지만 그럼에도 아인슈타인이 가졌던 그 심오한 신앙을 공유해야 한다. 그렇지 않다면 아인슈타인은 아마도 도킨스를 과학자로 분류하지 않을 것이다.

과학의 맥락에서의 신앙에 관한 이야기는 신무신론자들의 특이한 신앙 개념에 들어맞지 않기 때문에 그들의 귀에 거슬린다. 그들은 과학에서 신앙 개념을 제거하려고 결심해서 불행한 결과를 가져온다. 철학자 A. C. 그레일링의 글은 이에 대한 하나의 예다("의심하는 도마" 이야기에 대한 그의 오해는 우연히 바지니의 오해와 가치 있는 짝을 이룬다). 그레일링은 「뉴 사이언티스트」 지의 칼럼니스트로서 쓴 자신의 첫 번째 글의 제목을 "그렇지 않다,

---

63 *Letter from Einstein to Phyllis Wright*, 24 January 1936, Albert Einstein Archive 52-337. Walter Isaacson, *Einstein*, London, Simon and Schuster, 2007, 388에서 인용됨.

과학은 '신앙'에 의존하지 않는다"[64]로 정했다. 그는 아인슈타인을 이해하기는커녕 아인슈타인의 글을 읽어보지도 않은 것 같다. 그보다는 그는 신 무신론자들의 맹목적 신앙 문화인자(blind-faith-meme), 갈고리, 줄 그리고 봉돌을 삼킨 듯하다. 그는 자신이 이해하는 대로 과학적 방법을 신앙과 대조한다. "동기가 잘 부여되고, 증거에 기반을 두고, 예측한 바에 대한 검증의 효과성에 의해 뒷받침되는 가정을 하는 것은 신앙의 정반대다. 신앙은 증거가 없거나 반대되는 증거에 직면한 뭔가를 믿기로 하는 헌신이다."

이 말은 바지니의 말을 다시 듣는 것 같다. 그레일링의 첫 번째 주장은 그가 자신의 두 번째 주장에서 정의하는 방식으로 신앙을 정의함으로써 미결 문제를 논거로 이론을 세우는 경우에만 옳은 말이다. 그러나 "믿음"과 "신앙"이라는 용어들이 긍정적인 의미로 사용되는 일련의 상황들을 생각하기는 쉬운 일이다. 과학자들은 뉴턴의 법칙들[65]이나 유전에 대한 유전학적 토대를 믿는데(유전학적 토대에 관한 신앙을 가지는데) 이는 이러한 법칙들이 관찰과 실험에 근거한 증거로 뒷받침되기 때문이다. 그리고 그 신앙은 과학적 방법에 대한 과학자들의 신앙에서 나오는데 이는 그레일링이 자가당착적으로 "신앙과 정반대"라고 묘사했던 과학의 한 측면이다. 결국 앞에서 보았듯이 동기가 잘 부여되고, 증거에 기반을 둔 **가정**을 하는 것은 신앙이 일반적으로 행사되는 방식에 지나지 않는다. 어떻게 당신이 거래하는 은행의 매니저로 하여금 당신을 신뢰하게 만들 수 있는지, 또는 당신이 비

---

64 *New Scientist*, 8 November 2007.

65 나는 물론 Einstein은 Newton보다 진보했다는 것을 안다. 그러나 Newton의 법칙들은 여전히 인간을 달에 보내기 위해 필요한 계산을 할 수 있을 만큼 충분히 정확함을 잊지 말아야 한다.

행기를 타기로 하는 결정을 내린 토대가 무엇인지에 대해 생각해보라.

그러므로 신앙은 과학에 필수적이다. 실로 과학 연구가 이미 많은 성공을 거두었음에도 불구하고 아직도 과학 연구를 추구할 가치가 있다고 생각될 경우 과학자들은 우주의 합리적 이해 가능성을 그들의 **근본 신조** 또는 **기본 가정**으로 **믿어야** 한다. 과학자들은 인간의 정신이 우주에 접근할 수 있다고 **믿는다**는 점에서 모두 신앙인들이다. 그리고 케임브리지 대학교에서 내게 양자역학을 가르쳐 준 존 폴킹혼 교수는 이해 가능성을 믿지 않고서는 물리학을 시작할 수 없다는 단순한 이유로, "물리학은 우주의 수학적 이해 가능성에 대한 물리학의 신앙(그가 신앙이라는 말을 명시적으로 사용하는 것을 주목하라)을 설명하기에 무력하다"고 지적한다.

더욱이 소립자의 행동은 현재로서는 우리의 이성, 직관 그리고 상상력을 넘어서는 양자 현상을 제시한다. 이에 대해서는 다양한 이론들이 제안되었지만 어느 이론도 일반적으로 받아들여지지 않고 있다. 인간의 양심도 마찬가지다. 아직 아무도 이를 이해하지 못하고 있으며 어떤 이론도 일반적인 합의를 이끌어내지 못했다. 이런 경우 리서치가 계속되려면 자연의 질서와 이해 가능성에 대한 신앙뿐 아니라, 자연의 이해 가능성이 이해할 수 없는 혼동 속으로 사라져버리지 않으리라는 신앙도 요구된다(주지하는 바와 같이 현재 우리가 파악하고 있는 것보다 높은 수준의 이해 가능성이 관여할 수도 있지만 말이다). 그러므로 신앙은 아직 증명되지 않았지만 여전히 언제나 그래왔던 것처럼 우주에 대한 과학적 탐구의 선결 조건이다. 그러므로 과학을 비합리적이라고 비난할 것인가? 물론 그렇지 않다.

신앙, 증거(evidence) 그리고 증명(proof)

독자들은 이번 장에서 아직 "증명"이라는 단어가 사용되지 않았음을 알아차렸을 것이다. 증명이라는 말을 아직 사용하지 않은 한 가지 이유는 증명의 의미에 관해 혼란이 있기 때문이다. 내 전공 분야인 순수 수학 분야에서는 "증명"은 엄격한 의미를 갖고 있어서 어떤 수학자가 다른 사람에게 "그것을 증명하라"고 말할 경우, 그들은 인정된 논리 규칙을 통해 인정된 공리로부터 완벽한 논거를 펼침으로써 증명하는 사람의 주장이 다른 모든 수학자들에게서도 받아들여지리라고 기대할 수 있는 결론을 제시하리라고 기대한다. 여기에는 잠정성이라는 게 없다. 결과를 엄격하게 증명하지 못하면 이를 발표할 수 없다.[66]

물론 그렇다고 해서 절대로 실수가 발생하지 않는다는 것을 의미하지는 않는다. 그러나 실수들은 대개 신속히 제거되는데 결과가 상당히 재미있을 경우에는 특히 더 그렇다. 극단적으로 특수한 경우에는 정확히 무엇이 증명을 구성하는지에 관해 문제가 있는 영역들도 있다. 예를 들어 1만 쪽 분량의 주장을 하는데 소수의 전문가만 이해하는 증거를 타당한 것으로 받아들일 수 있는가?[67]

여기서 우리에게 중요한 것은 그처럼 수학적으로 엄격한 증명은 다른 학문이나 경험 분야에서는 심지어 소위 "하드" 사이언스(자연과학)에서조차 입수할 수 없다는 것이다. 그곳에서는 "증명"이라는 용어를 변호사들

66 보다 깊은 수준에서는 Kurt Gödel의 연구가 보여준 바와 같이 수학 안에 불확실성들이 있지만, 이곳에서 이에 대해 논의하는 것은 논점을 벗어난다.

67 내 전공 분야인 대수학 분야에서 유한 단순군(finite simple group)의 분류가 그런 경우다.

이 특정 주장이 사실이라고 합리적인 사람을 확신시키기에 충분히 강력한 증거가 있음을 의미하는 "합리적인 의심의 여지가 없는 증명"에 대해 말할 때 이 용어를 사용하는 것과 유사한 방식으로 보다 덜 엄격하게 사용한다.

그렇다고 해서 모든 것이 동일하게 잠정적이라거나, 아무것도 확신할 수 없다거나, 또는 어떤 결론에도 도달할 수 없다는 뜻은 아니다. 이와는 반대로 비록 절대적으로 확실하게 말할 수는 없지만 우리 자신의 생명까지도 예컨대 조종사나 외과 의사 같은 다른 사람들에게 맡기기에 충분한 증거가 있다고 생각하는 상황이 많이 있다. 나는 당신에게 내 아내가 나를 사랑한다는 것을 수학적으로 "증명"할 수는 없다. 그러나 40년이 넘게 결혼생활을 해온 증거에 비춰서 나는 내 아내가 나를 사랑한다는 사실에 내 생명이라도 걸 것이다. 이처럼 우리의 삶에는 합리적인 의심의 여지없이 그리고 자신 있게 믿을 수 있는 것들이 있다.

하나님에 대한 신앙 그리고 인간의 인식 능력

신앙의 성격에 관한 우리의 분석에 비춰볼 때 미셸 옹프레의 견해는 틀렸을 뿐 아니라 거만한 것 같다. "근심을 가져오는 합리성보다는 마음의 평화를 가져오는 신앙이 낫다. 영구적인 정신적 유아상태라는 대가를 치르고서라도 말이다."[68] 그것은 신무신론자들의 글에 많이 있는, 일반적인 그릇된 대조의 고전적인 예다. 그것은 또한 세상에서 가장 위대한 (과학적) 정

68 *IDA*, 1.

신의 소유자들 중 일부에 대한 모욕이기도 하다. 우리가 정말로 미국 국립보건연구소 이사이자 전 인간 게놈 프로젝트 책임자인 프랜시스 콜린스가 "영속적인 정신적 유아상태"에 갇혀 있고, 노벨상을 수상한 미국의 물리학자 윌리엄 필립스가 지적으로 다소 문제가 있으며, 영국 기상청 이사이자 노벨상을 수상한 기후변화 정부간 패널(IPCC) 수장인 옥스퍼드 대학교 물리학 교수 존 하우튼(왕립협회 회원) 경이 망상적인 신앙의 머리를 지닌 사람이라고 생각할 수 있는가? 그들은 확신을 지닌 그리스도인들이기 때문에, 신무신론자들에 따르면 그런 사람들임에 틀림없다.

도킨스는 옹프레와 같은 맥락에서 하나님을 믿는 과학자는 "학계에서 그들의 동료들에게 재미있는 당혹(amused bafflement)의 대상"이라는 의견을 갖고 있다.[69] 내 경험은 전혀 그렇지 않다. 그리고 어떤 경우에든 그것은 과학 아카데미의 회원이 자기 동료들에 대해 말하기에는 적절하지 않다. 신무신론자인 학자들은 같은 기준에 의해 자기들이 최소한 자신들의 일부 동료들에게는 재미있는 당혹의 후보가 될 수도 있다는 점을 깨닫지 못하는 것 같다. 그런 동료들은 무신론은 신무신론자들이 고백하는 과학적 합리성에 잘 들어맞지 않는다고 생각하고 싶어질 수도 있다. 가장 큰 역설 중 하나는 합리성과 과학에 잘 들어맞지 않는 것은 신에 대한 신앙 일반, 특히 기독교가 아니라는 것이다. 합리성과 과학의 면전에서 불편하게 느껴야 하는 것은 신무신론이다. 신무신론은 우주의 모든 측면들을 인도되지 않은 자연 과정이라고 환원주의적으로 설명함으로써 합리성 자체의 뿌리를 캐낸다. 그러나 과학은 합리성에 근거를 두고 있으며 과학자들이 결론에 도

---

69 *GD*, 125.

달하기 위해서는 반드시 합리성을 신뢰해야 한다.

과학자들은 우주의 합리적 이해 가능성에 대한 그들의 신앙을 어떤 증거에 기초시키는가?

맨 먼저 주목할 점은 인간의 이성이 우주를 창조하지 않았다는 것이다. 우리가 극단적인 이상주의자들이 아닌 한(이는 많은 과학자들에게 사랑받아 왔던 입장이 아니다) 이 점은 너무도 명백해서 얼핏 보기에는 사소해 보일 수도 있다. 그러나 우리의 인식 능력의 타당성을 평가할 때에 이 점이 실제로는 매우 중요하다. 인류는 우주를 창조하지 않았을 뿐만 아니라 우리의 추론 능력을 창조하지도 않았다. 우리는 합리적 능력을 사용해서 추론 능력을 개발할 수 있지만 우리가 이 능력을 발생시키지는 않았다. 그런데 어떻게 우리의 작은 머리 안에서 일어나는 일들이 실재에 대한 참된 설명에 대한 근사치라도 제공해줄 수 있겠는가? 어떻게 수학자라는 인간의 마음에서 생각된 수학 방정식이 저 우주의 작동들에 상응할 수 있겠는가? 이러한 아이디어를 심사숙고한 뒤에 아인슈타인은 이렇게 말했다. "우주에 대해 유일하게 이해할 수 없는 한 가지는, 우주가 이해가능하다는 점이다." 노벨 물리학상 수상자인 유진 위그너는 이와 유사한 성찰의 결과로 "자연과학에서 수학의 비합리적인 효과성"이라는 제목의 유명한 논문을 쓰도록 자극을 받았다.[70]

---

70 Eugene Wigner *Communications in Pure and Applied Mathematics*, Vol.13, No. 1 (February

우리가 다루고 있는 질문은 결국 다음과 같이 요약된다. 우리의 이성에는 어떤 권위, 따라서 어떤 신뢰성이 있는가? 우리의 인식 능력은 우리에게 진리를 발견하고, 인식하고, 믿을 수 있도록 의도적으로 설계되었는가? 나는 "설계된"이라는 말에 즉시 숨이 막힐 사람들이 있다는 것을 잘 알고 있으며, 또한 무신론자들은 정의상 창조주에 의한 의도적인 설계를 부정한다는 것도 안다. 그러나 무신론자들조차도 이성은—예컨대 심장이 적절한 기능과 목적을 가지고 있는 것과 같은 의미에서—적절한 기능과 목적을 가지고 있다고 믿는다. 심장의 적절한 목적은 피를 몸 전체에 보내주는 것이다. 반면에 암의 증식은 인체 내에서 어떤 적절한 목적이나 기능도 없다. 암은 목적이 없고, 혼란스러운 증식에서 비롯된다.

더욱이 무신론자들이 신의 존재에 대한 믿음은 이성을 잘못 사용한 데서 비롯된다고 단언할 때, 그들은 부지불식간에 이성의 능력은 이 의미에서 진리를 발견하는 목적을 달성하도록 "설계되었다"는 믿음을 드러내는 것이다. 이성에 아무런 적절한 기능이 없다면 아무도 이를 잘못 사용한다해도 비난 받을 수 없다. 그러나 위에서 본 바와 같이 많은 사람들이 "신의 존재에 대해 신자들에 의해 제시된 외견상 합리적인 주장들은 실상은 숨겨져 있고 의식 아래에 있는 소원 성취 기제, 즉 그들에게 인생의 어려움들을 헤쳐 나가는 데 도움이 되는 장치를 스스로 구축하려는 욕구에 의해 견인되고 변질된 반면,[71] 이성이 변질되지 않았다면 이성의 적절한 목적을 성취하고 진리 즉 무신론을 발견할 것"이라는 프로이트의 주장을 추종한다.

1960), New York, John Wiley & Sons, Inc.

71 이 주장이 타당하다면, 같은 맥락에서 무신론도 기각한다.

실로 리처드 도킨스는 현재 종교적 신앙은 진화의 실패에 의해 생긴다는 놀라운 주장을 한다.[72]

그러나 인간의 이성적 능력의 기원에 대해 조사하자마자 무신론자의 입장에 내포된 아이러니가 즉각적으로 명백해진다. 무신론자들은 궁극적으로 인간의 인식 능력(이성 포함)을 낳았던 진화의 원동력은 일차적으로는 진리에는 전혀 관심이 없었고 생존에 관심이 있었다는 입장을 유지한다. 그리고 우리 모두는 도킨스가 "이기적 유전자"라 부르는 것에 의해 동기가 부여되는 개인이나 영리 기관 또는 국가들이 자신이 위협받고 있다고 느끼고 생존을 위해 투쟁할 때 일반적으로 진리에 대해 어떤 일이 일어났는지(그리고 지금도 일어나고 있는지) 알고 있다.

신무신론자들은 자신들의 견해의 회의적인 함의를 전혀 이해하지 못했다. 그들은 본질적으로 생각을 모종의 신경생리학적 현상이라고 간주하지 않을 수 없다. 진화의 관점에서 볼 때 신경생리학은 적응성이 있는 것이 당연하다. 그러나 왜 잠시라도 그 신경생리학에 의해 야기된 믿음이 대부분 진실일 것이라고 생각해야 하는가? 결국 화학자 J. B. S. 홀데인이 오래전에 지적한 바와 같이 내 마음속의 생각들이 내 두뇌 속의 원자들의 운동, 즉 무심하고 인도되지 않은 프로세스에 의해 발생한 것에 지나지 않는다면, 내가 왜 그것이 내게 말해주는 것(그것은 원자들로 구성되었다는 사실을 포함한다)을 믿어야 하는가? 특히 자연주의가 옳다고 믿을 어떤 근거가 있는가? 달리 말하자면 신무신론자들의 인도되지 않은 진화는 그들의 자연주의를

72 John Haught, *God and the New Atheism*, Louisville, Westminster John Knox Press, 2008, 57을 보라.

훼손한다.

스티븐 호킹은 『위대한 설계』를 썼을 때 이를 고려하지 않은 것 같다. "우리 인류(기본적인 자연의 입자들의 단순한 수집에 지나지 않는 존재들)가 우리와 우리의 우주를 다스리는 법칙들에 가까이 오게 되었다는 사실은 위대한 승리다."[73]

무신론자인 존 그레이는 이러한 견해의 함의를 분명히 설명한다. "현대의 인본주의는 인류가 과학을 통해 진리를 알 수 있고 따라서 자유로울 수 있다는 신앙이다. 그러나 다윈의 자연 선택 이론이 사실이라면 이것은 불가능하다. 인간의 정신은 진리가 아니라 진화의 성공에 기여한다."[74]

이에 비춰 다음과 같이 질문하는 것이 당연하다. 신무신론자들이 어떻게 다음과 같은 주장을 할 수 있는가? "우리의 이성적 능력의 진화는 진리를 발견할 목적을 지향하지 않았다는 이론을 믿는 것이 **합리적**이다. 다른 한편 우리의 이성의 능력은 우리의 창조주에 의해 우리가 진리를 이해하고 이를 믿을 수 있도록 설계되고 창조되었다고 믿는 것은 **불합리**하다."

미국의 철학자 앨빈 플랜팅가는 이 입장을 다음과 같이 요약한다.

> 우리가 무심하고 인도되지 않은 자연의 프로세스의 산물이라는 도킨스의 말이 옳다면 그는 우리에게 인간의 인식 능력의 신뢰성을 의심해야 하고, 따라서 불가피하게 인간의 인식 능력이 산출해 내는 (도킨스 자신의 과학과 그의 무신론을 포함한) 모든 믿음의 타당성을 의심할 강력한 이유를 제공한 셈

---

73 Hawking and Mlodinow, *The Grand Design*, 181.

74 John Gray, *Straw Dogs*, London, Granta Books, 2002, 26.

이다. 그러므로 그의 생물학과 자연주의에 대한 그의 믿음은 서로 갈등하며 다투는 것으로 보이는데, 이 갈등은 하나님과는 전혀 관계가 없다.[75]

즉 무신론은 과학적 주장은 차치하고 어떤 종류의 주장이라도 이를 구축하거나 이해하거나 믿기 위해 필요한 바로 그 합리성을 훼손한다. 무신론은 궁극적으로 하나의 커다란 자기 모순적 망상에 지나지 않는다.

R. A. 콜링우드는 한때 물질주의[76]는 "아직 수령하지 않은 수입을 기초로 거액의 수표를 발행하는" 특징이 있다고 말했다. 생각을 단지 신경물리학으로 축소시키는 것은 이러한 경향의 주요 예로서 이는 또한 불가피하게 과학, 합리성 그리고 진리에 대한 믿음 자체의 사망으로 이어진다. 그것은 궁극적으로 허무주의다. 그것이 신무신론에 대해 지불해야 하는 진정한 대가인데, 신무신론자들은 가격표에 이 대가를 표시하지 않는다.

아주 중요한 이 점을 다른 방식으로 표현하자면, 저명한 독일의 철학자 로베르트 슈패만은 신무신론자들은 우리가 신과 과학 사이의 선택에 직면해 있다고 생각하게 하려고 하지만, 실상은 우리는 신과 과학 사이의 선택에 직면한 것이 아니라 신을 믿거나 우주에 대한 이해를 포기하는 것 사이의 선택에 직면해 있다고 지적했다. 즉 신이 없다면 어떤 과학도 있을 수 없다. 슈패만은 무신론자들이 과학 연구를 수행할 수 없다고 주장하는 것이 아니다. 그것은 전혀 옳지 않을 것이다. 그는 우리가 신을 제거할 경우 과학에 대한 합리적인 토대가 없다고 말하고 있다. 실로 [신이 없다면] 진

75 이 주장의 자세한 내용은 http://plato.stanford.edu/entries/religion-science/를 보라.

76 물질주의는 물질(또는 보다 기술적인 용어로는 "질량-에너지")을 떠나서는 어떤 것도 존재하지 않으며 따라서 궁극적 실재는 물질적 우주라는 견해다.

리에 대한 아무런 합리적인 토대도 없을 것이다. 과학과 진리는 보증이 없이 남겨지게 된다.

이에 비해 성경적 유신론은 왜 우주가 (과학적으로) 이해 가능한지에 대한 설명에서 논리가 정연하다. 이 이론은 하나님이 창조주로서 우주와 인간의 정신의 존재 모두에 대해 궁극적으로 책임이 있다고 가르친다. 인간은 하나님의 형상 즉 합리적이고 인격적인 창조주의 형상대로 만들어졌다. 그리고 그것이 바로—최소한 부분적으로라도—인간이 우주를 이해할 수 있는 이유다. 그러므로 이 믿음과 16, 17세기 현대 과학의 대두 사이에 밀접한 관련이 있는 것이 놀랄 일이 아니다. 따라서 비판적이면서 성경적으로 생각하는 것은 도킨스가 상상하는[77] 모순어법이 아니다. 오히려 비판적이면서도 "도킨스처럼" 생각하려고 노력하는 것이 모순어법인 것 같다.

요약

이번 장에서 우리는 왜 신앙의 성격에 관해 그러한 혼란이 있는지 이해하고자 하였다. 우리는 신무신론자들이 본질적으로 신앙을 대부분의 사람들이 맹목적 신앙이라고 생각하는 것으로 정의하는 반면, 옥스퍼드 영어 사전은 신앙과 믿음은 증거를 뒷받침하는 문제와 밀접하게 관련된 동족 개념임을 명확히 한다. 즉 증거에 기반을 둔 신앙은 우리가 그 위에 매일의 삶

---

77 *GD*, 351.

의 기초를 두는 일반적인 개념이다.

다음에 우리는 신무신론자들의 특이한 신앙의 정의는 그들이 과학에서 신앙의 역할을 이해하지 못하게 하고, 과학의 심장부에는 우주가 지적으로 이해 가능하다는 믿음이 있음을 깨닫지 못하게 한다는 것을 보았다. 나아가 우리는 인간의 인식 능력의 기원에 대한 신무신론자들의 견해는 필수불가결한 과학에 대한 신앙의 근거를 그들에게 주지 않는다는 점도 보았다. 참으로 그들이 인간의 사고를 신경물리학으로 축소시키는 것은 궁극적으로 허무주의이며, 진리의 가능성을 파괴하고, 따라서 신무신론자들의 주장을 포함한 모든 주장의 타당성을 훼손한다. 신무신론자들의 신앙은 증거에 기초한 토대가 없음이 판명된다. 그러므로 그들의 견해는 "신앙의 입장"이라는 그들 자신의 (그릇된) 주장에 대한 완벽한 예다. 이와는 대조적으로 성경의 견해는 우리가 과학을 연구할 수 있다는 사실이 완전히 일리가 있도록 한다. 우주와 인간의 마음은 모두 궁극적으로 동일한 창조자에 기원을 두고 있기 때문에 인간의 마음은 우주를 (부분적으로) 이해할 수 있다.

이 지점에서 나는 무신론자의 신앙은 전혀 위대하지 않다는 생각이 든다. 크리스토퍼 히친스의 좋은 어구를 맥락을 탈피해서 인용하자면 신무신론자들은 "정신의 암살자들"이다. 감정적으로는 무신론의 옹호자들이 이를 받아들일 수 없을 것으로 보이지만 인식론적으로는 그들의 무신론은 맹목적이고, 과학에 적대적이며, 논리가 정연하지 않다. 그러나 누군가가 아직도 모든 신앙은 맹목적 신앙이라고 고집을 피운다면 신무신론도 오래된 무신론과 마찬가지로 동등하게 신앙의 문제이기 때문에 그는 신무신론을 물리쳐야 한다. 역설적이게도 신무신론자들은 그들이 경멸하는 것에 대한 고전적인 예다. 즉 그들은 맹목적으로 모든 신앙은 맹목적 신앙이라고 생각하는 특징을 보인다. 또한 그들은 신앙을 파괴하려 함에도 불구하고 오히려 신앙에 의해 견인된다는 것을 알지 못하는 점도 역설적이다. 그들은 세계는 합리적이고 진리는 중요하다고 믿는다. 그들은 그들 자신의 마음은 그들이 말하고 있는 것들을 이해할 수 있다는 신앙을 가지고 있다. 그들은 또한 그들의 논거에 의해 우리를 납득시킬 수 있다는 신앙도 가지고 있다. 만일 그들이 자신들의 견해가 신앙 또는 믿음의 시스템이 아니라고 생각한다면, 그들은 왜 다른 모든 사람들로 하여금 이를 믿게 만들기 위한 증거를 제시하려고 노력하는가? 그들은 자신들의 무신론이 그들이 그토록 원하는 합리적인 토대를 밑으로부터 무너뜨린다는 것을 알지 못하고서 이 모든 일들을 하고 있다.

이 모든 논의의 결론은 하나님에 대한 신앙이 망상이 아니라는 것이다. 그들이 신앙이라는 말에 부여하는 의미 즉 '강력하게 모순되는 증거가 있음에도 불구하고 유지하고 있는 집요한 거짓 믿음'이라는 의미에서 무신론자들의 신앙 개념이 바로 망상이다. 모든 증거에 반해서 (그들은 사전을 찾아보지도 않지 않는가?) 그들은 비합리적으로 모든 신앙을 맹목적 신앙으로 축소시키며 이를 조롱거리로 만든다.

물론 그러한 접근법은 그들에게 진정한 증거에 관한 지성적인 토론을 피할 편리한 길을 제공한다. 무신론자들은 그들의 믿음에 대한 아무런 증거도 가지고 있지 않기 때문에 "신앙의 사람" 또는 "신앙의 머리"는 정의상 의미 있는 것을 말할 수 없다. 그러니 그들의 말을 듣지 말고 그들과 토론하지 말라. 이러한 태도를 지적 게으름 또는 심지어 망상이라고 묘사할 유혹을 받기 쉽다. 그런데 결국 누가 진정한 "신앙의 머리"를 가진 사람으로 판명되었는가?

이 모든 논의의 재미있는 역설은 우리가 잠시 동안 (그러나 단지 잠시 동안만) 신앙을 맹목적 신앙이라고 하는 무신론자들의 정의를 채택할 때 그들의 무신론은 유일하게 진정한 신앙이라는 최고의 지위를 보유하는 것으로 보인다는 점이다.

2장

종교는 해로운가?

"생명의 대립물로 고안된 '신' 개념—생명에 대항하여 소름 끼치도록 단합하여 합성되어서 죽음으로 이끄는, 해롭고, 유해하며, 중상적이고, 매우 적대적인 모든 것."

프리드리히 니체

"종교는 모든 것을 망친다."

크리스토퍼 히친스

"신앙과 영성이 정신적, 신체적 건강에 미치는 유익한 영향은 정신 의학과 의학 일반에서 가장 잘 유지되고 있는 비밀 중 하나다. 이 주제에 관해 방대한 리서치들의 발견사항들이 반대 방향으로 갔다면 그리고 종교가 당신의 정신 건강을 해친다는 점이 발견되었다면, 그것은 지상의 모든 신문들의 1면 뉴스가 되었을 것이다."

앤드류 심스

앞장에서 언급했던 "신앙을 넘어: 과학, 종교, 이성 그리고 생존"이라는 제목의 2006년 컨퍼런스에서 노벨 물리학상 수상자 스티븐 와인버그는 이렇게 말했다. "종교는 인간 존엄에 대한 모욕이다. 종교가 있든 없든 착한 사람들은 좋은 일을 하고 악한 사람들은 악한 일을 할 것이다. 그러나 착한 사람들이 악한 일을 하려면 종교가 필요하다." 종교가 해롭다는 이러한 인상이 확산되고 있는 것 같다. 서문에서 인용되었던 2007년 영국의 유가브 여론 조사에 의하면 응답자 2,200명 중 거의 절반(42퍼센트)은 종교가 해로운 영향을 준다고 생각했으며 17퍼센트만이 종교의 영향이 유익하다고 생각했는데, 이는 이상하게도 하나님을 믿는다고 대답한 사람의 비율인 28퍼센트보다 낮은 수치다.[1]

이 수치를 2004년 BBC 10개국 설문 조사인 "세계는 하나님에 대해 어떻게 생각하는가?"[2]라는 보다 넓은 맥락에서 보면 재미있다. 영국에서는 응답자 중 29%가 사람들이 신을 믿지 않으면 세상이 더 나아질 것으로 믿

1 Richard Brooks, *Study Times*, 2 September 2007.

2 http://nrews.bbc.co.uk/1/hi/programmes/wtwtgod/3518375.stm.

은 데 비해, 미국에서는 6퍼센트만이 이러한 견해를 보였다.

2004년과 2007년 사이에 종교가 해롭다고 생각하는 사람의 비율이 크게 높아진 것 같다. 존 험프리스는 그렇게 된 이유에 대해 이렇게 논평한다. "한 가지 이유는 소수의 미친 물라들과 그들의 증오에 가득 찬 수사(rhetoric)들이 주의를 끌었기 때문일 수 있다."[3] 이러한 인식은 이슬람 근본주의자가 종교의 위험에 대해 세상에 경각심을 일으켰다는 신무신론자들의 주장과 궤를 같이한다. 확실히 다양한 종교 신봉자들에게 귀속시킬 수 있는 극악한 행동들에 대해 열을 내며 설명하는 글을 쓰기가 너무도 쉽다. 예를 들어 크리스토퍼 히친스가 쓴 책의 "종교가 사람들을 나아지게 하는가?"[4]라는 장처럼 말이다.

정당화되지 않는 일반화의 위험

그러나 신무신론자들은 위험한 행동의 조장에 대해 마치 모든 종교들이 동등하게 책임이 있는 것처럼 모든 종교들을 가리지 않고 일괄적으로 취급함으로써 놀랍도록 순진하게 자신들의 입지를 훼손한다. 사람들은 자신들의 "과학적 접근법"을 크게 칭송하는 저자들이 그처럼 학자답지 않고 미련하리 만큼 지나치게 단순화하리라고 예상하지 않을 것이다. 이와 관련하여 전에 도킨스를 세계 일류의 지성으로 선정한 「프로스펙트」 지가 그의 책

3 Humphrys, *In God We Doubt*, 117.

4 *GNG*, 13장.

『만들어진 신』(*The God Delusion*)을 "부주의하고, 독단적이며, 산만하고, 자기 모순적이다"라고 묘사한 것을 주목할 필요가 있다. 결국 종교 사상에 대한 첨단의 학문적 연구를 하지 않아도 평화를 사랑하는 아미시파를 이슬람 근본주의와 같은 부류로 분류하는 것은 비난 받을 만하고 너무도 천진하다는 것을 알 수 있다. 그러므로 수백만 명의 온건한 신앙인들은 (이슬람교인들조차) 신무신론자들에 의해 폭력적인 극단주의자들과 나란히 분류되는 데 대해 격렬하게 반대할 것이다. 결국 9/11은 신무신론자들이 기독교를 공격하기 시작하는 다소 이상한 발사대가 되었다.

때때로 도킨스는 온건한 종교와 극단주의자 사이에 진정한 차이가 있음을 이해하는 듯하다. 그는 이슬람에 대해 이렇게 말한다. "만일 당신이 이슬람을 진지하게 받아들이지 않고 이를 적절하게 존중하지 않으면 그들은 중세 이후에 존재했던 다른 어떤 종교보다 물리적으로 더 큰 위협을 가한다."[5] 다른 곳에서 그는 "온건하고 온화한 종교조차도 그 안에서 극단주의가 자연적으로 번성하는 신앙의 풍토를 제공하도록 도움을 준다"고 경고한다.[6]

신무신론자들은 다른 모든 사람들이 무신론자들을 구분하도록 기대하면서 그들 스스로는 종교들을 구분하지 않는 것은 커다란 모순이다. 스스로 평화를 사랑하는 사람들이라고 고백하는 그들 자신은 자체의 세계관을 갖고 있는 스탈린, 마오쩌뚱 그리고 폴 포트와 같은 폭력적 극단주의자들과 동류로 분류되는 것을 좋아하지 않을 것이다. 그런데 왜 신무신론자

---

5 *GD*, 49.

6 *GD*, 342.

들은 온화하고 온건한 무신론이 그 안에서 극단적 무신론이 자연적으로 번성할 수 있는 풍토를 제공해줄 수도 있다는 경고를 해주지 않는가? 20세기에 실제로 그런 일이 일어났음에도 말이다. 우리가 신무신론자들 자신의 지나치게 단순한 기법을 그들 자신에게 적용한다면 곧바로 격렬한 항의를 받게 될 것이다.

무신론자가 아닌 사람들은 무신론자들을 구분하리라고 기대하면서도 신무신론자 자신들은 절대로 종교 집단들 사이를 구분하지 않으려는 이처럼 다소 뻔뻔한 일관성 결여는 신무신론자의 메시지의 지적 신뢰성을 강화하는 데 아무런 도움이 되지 않는다. 심지어 도킨스의 언명을 그들에게 적용하고 그들이 말하는 다른 모든 말들은 무시하고 싶어지기도 한다. 그러나 그러한 유혹에는 저항해야 한다. 왜냐하면 진지한 많은 사람들이 일부 종교들은 명백하게 사악한 활동들에 관련되었다는 악평을 받을 만하다는 데 대해 깊이 우려하는데 이는 옳은 처사이기 때문이다. 그러므로 이 문제를 도를 넘지 않게 다룰 필요가 있다. 키스 워드가 제안하듯이 물어야 할 올바른 질문은 "현 상태의 이 특정 종교가 이 사회의 맥락에서 위험한지" 여부다.[7]

그러나 샘 해리스는 그의 동료의 접근법이 적당하지 않음을 파악한 듯하다. 이는 그가 자신의 준(準)종교적인 개념을 갖고 있기 때문일 수도 있다. 그는 의식적으로 도킨스 및 다른 사람들과 의견을 달리하면서 세계의 종교들 사이의 차이에 주의를 기울이도록 요구한다. 그는 그렇게 하는 주요 이유를 다음과 같이 제시한다.

---

7 Keith Ward, *Is Religion Dangerous?*, Oxford, Lion Hudson, 2006, 55.

이 차이들은 실제로 생사가 달린 문제다. 우리 중에 아미시파에 관해 걱정하느라 밤을 지새우는 사람은 거의 없다. 이는 우연이 아니다. 나는 아미시파가 그들의 자녀들을 적절하게 교육시키지 않음으로써 자녀들을 학대한다는 것을 의심하지 않지만, 그들이 비행기를 납치해서 빌딩으로 날아들 가능성은 없다. 그러나 우리 무신론자들이 이슬람에 관해 어떻게 말하는 경향이 있는지 고려해보라. 그리스도인들은 종종 무신론자들과 세속 세상은 일반적으로 무슬림 극단주의에 가하는 모든 비판을 기독교 극단주의에 대해 적용함으로써 양자를 똑같이 취급한다고 불평한다. 일반적으로 무슬림에게는 그들의 성전(聖戰) 수행자가 있고, 그리스도인에게는 낙태 시술을 하는 의사들을 살해하는 사람이 있다고 말한다. 우리의 그리스도인 이웃들은—그들 중 가장 이상한 사람들조차도—이처럼 공평한 척하기에 격분할 만하다. 왜냐하면 사실은 이슬람은 훨씬 무서웠고, 불필요한 인간의 불행에 대해 기독교가 매우 오랫동안 책임이 있어왔던 것보다 더 큰 책임이 있었기 때문이다. 그리고 세상은 이 사실을 알아차려야 한다. 무슬림 자신들도 이 사실을 알아차려야 한다. 그러면 그들은…할 수 있다.

해리스는 계속해서 이렇게 말한다.

무신론은 지금과 같은 순간에 사용하기에는 너무 무딘 도구다. 이는 마치 우리에게는 인간의 무지와 당혹이라는 [봉우리와 골짜기 그리고 국지적으로 마음을 끌어 당기는 지점이 있는] 지형이 있는데 무신론이라는 개념은 이 지형에서 유신론적 종교와 관련된 부분을 고정시켜두고서 이 지형을 평평하게 만드는 것과 같다. 무신론자로서 일관성이 있으려면 우리는 모든 신앙의 주장들에 똑같이 반대하거나 혹은 반대하는 것으로 보여야 하기 때문이다. 이는 귀중한 시간과 에너지의 낭비이며 그렇지 않았더라면 특정 이슈들에 대해 우리와 동의했을 사람들의 신뢰를 흩어지게 한다.[8]

정말 그렇다. 만일 해리스의 우군들이 이러한 자세를 가지고 구분하는 법을 배우지 않는다면 그들은 아무런 효과를 내지 못할 것이다. 해리스가 말한 바와 같이 그들은 모든 사람의 시간과 에너지만 낭비할 것이다. 우연히도 해리스와 같은 무신론자가 전형적인 무신론자의 태도를 "공평한 척하기"라고 묘사하는 것은 매우 특이한 일이다. "무신론을 인간의 무지와 당혹성"에 대한 탐구로 보는 해리스 자신의 시각적 묘사는 역설적으로 그리고 근시안적으로 자신의 무신론이 그러한 지형의 부분일 수도 있다는 가능성을 고려하지 않지만 말이다.

해리스는 그의 강연에서 "무신론"이라는 용어가 전혀 도움이 되지 않으니 신무신론자들은 이 용어를 완전히 빼내야 한다고 제안하기까지 한다.

우리는 자신을 "무신론자들"이라고 불러서는 안 된다. 우리는 자신을 "세속주의자들"이라고 불러서는 안 된다. 우리는 자신을 "인본주의자", "세속적 인본주의자", "자연주의자", "회의주의자", "반(反)유신론자", "합리주의자", "자유사상가" 또는 "영리한 사람들"이라고 불러서는 안 된다. 우리는 자신을 어떤 용어로도 불러서는 안 된다. 우리는 우리의 여생을 레이더에 포착되지 않

---

8 출처: 2007년 9월 28일에 워싱턴 DC에서 열린 무신론자 연합(Atheist Alliance) 컨퍼런스에서 실시한 강연 편집본

고 살아야 한다. 그리고 그렇게 사는 동안 우리는 나쁜 아이디어를 발견할 때마다 이러한 아이디어들을 부수는 품위 있고 책임 있는 사람들이 되어야 한다.

그는 놀랍도록 순진하다. 그런데 해리스 자신은 다른 모든 사람들과 마찬가지로 세계관을 가지고 있다는 것을 깨닫지 못하는 듯하다. 해리스나 다른 사람이 멋진 중립성으로 무장한 채 나쁜 아이디어들을 부수는 중립적인 기본 입장(default position)은 존재하지 않는다. 해리스가 어떤 아이디어를 나쁘다고 생각한다면 그것은 그가 어떤 다른 아이디어를 좋다고 생각하기 때문이다. 그리고 이런 아이디어들이 모두 모여 그의 세계관을 형성한다. 그 세계관은 자연주의 즉 이 세상이 존재하는 전부라는 믿음이다. 해리스는 무의식적으로 그리고 그릇되게 자기의 세계관이 기본 입장이며, 이성을 사용해서 나쁜 아이디어를 부수는 한 자기의 세계관이 승리할 것이라고 가정한다. 그는 무신론은 이성적으로 판단할 때 두려워할 것이 없다고 확신한다. 해리스에게는 자신의 무신론 자체가 이성의 이름으로 부숴질 필요가 있는 나쁜 아이디어들로 가득 차 있을 수도 있다는 생각은 떠오르지 않는다. 설상가상으로 그의 무신론이 틀렸을 수도 있다.

물론 아이디어들에 대해 토론하기보다는 사람들에게 딱지를 붙이기가 훨씬 쉽다는 의미에서 어느 정도 해리스를 동정해야 한다. 그러나 이 경우에는 그것이 "무신론자" 또는 "자연주의자"라는 딱지가 붙은 사람들의 믿음을 정확히 묘사하기 때문에 그러한 호칭을 단순한 딱지로 보기가 어렵지만 말이다. 그렇다면 아마도 무신론자라는 그의 공식 입장에 대해 주의를 끌기 위해 붉은 색의 "A(무신론자를 뜻하는 Atheist의 머리글자—역자

주)"자 휘장(badge)을 달고 다니는 리처드 도킨스가 더 정직할 것이다. 그리고 일부 신무신론자 웹사이트들은 그러한 휘장을 판매한다.

종교에 대한 그러한 공격은 새로울 것이 전혀 없다. "종교가 문명에 유익한 기여를 했는가?"라는 제목의 논문에서 버트런드 러셀은 이렇게 썼다. "…종교에 대한 내 견해는 루크레티우스의 견해와 같다. 나는 종교를 두려움에서 비롯된 질병이며, 인류에 대한 말로 형용할 수 없는 불행의 원천이라고 생각한다."[9]

그런데 그리스도인인 내가 다른 종교들을 대신해서 말할 수 있는 체하는 것은 이치에 맞지 않을 것이다. 신무신론자들이 특정 종교에 가한 비난에 대해 그 종교의 신봉자들이 스스로 답변하는 것은 확실히 그들에게 달려 있다. 어쨌든 신무신론자들의 관심의 상당 부분이 기독교를 공격하는 것에 향해지고 있다.[10] 도킨스는 그의 주된 공격 대상은 기독교라고 노골적으로 말한다.[11] 그리고 히친스는 그의 무신론은 "프로테스탄트 무신론"[12]이라고 주장하는데 이로써 그는 명예 아일랜드인이 될 자격을 거의 갖췄다. 더구나 해리스는 그의 책 중 한 권을 『기독교 국가에 보내는 편지』[13]라고 부른다. 그러므로 나는 기독교에 집중할 것이다.

하나님과 기독교 신앙에 대해 격렬히 반대한다는 점에서 신무신론자들은 『적 그리스도』에서 아래와 같이 쓴 프리드리히 니체와 주목하리 만큼

---

9 http://www.positiveatheism.org/hist/russell2.htm.

10 Onfray는 그의 책에 보다 광범위하게 『무신론: 기독교, 유대교 및 이슬람에 대한 반대』(*Atheism: A Case against Christianity, Judaism, ad Islam*)라는 제목을 달았지만 말이다.

11 예컨대 Dawkins: "달리 말하지 않는 한, 나는 주로 기독교를 염두에 둘 것이다…." *GD*, 58.

12 *GNP*, 11.

13 Sam Harris, *Letter to a Christian Nation*, New York, Alfred A. Knopf, 2006.(동녘사이언스

맥을 같이한다.

> 나는 기독교를 저주한다. 나는 기독교 교회에 대해 비난하는 사람이 입에 담을 수 있는 모든 비난들 중 가장 끔찍한 비난을 가한다. 내게는 기독교가 상상할 수 있는 모든 부패 중 가장 큰 부패다. 기독교는 궁극적인 부패 즉 가능한 최악의 부패를 진행시키려 한다. 기독교 교회가 손 대는 것마다 모두 다 타락했다. 기독교는 모든 가치들을 쓸모없게 만들어버렸고, 모든 진리를 거짓말로 바꾸었으며, 모든 고결성을 영혼의 야비함으로 바꾸었다.[14]

기독교가 폭력을 낳았는가?

북아일랜드 사람인 나는 종교의 역사가 (분열된 양 당사자 모두에게) 테러리즘의 불꽃에 부채질을 하는 데 사용된 지역에서 특정 분파가 저지른 폭력에 너무도 친숙하다. 역사가들이 지적하듯이 다른 복잡한 정치적·사회적 요인들이 작용하고 있어서 종교적 측면에서만 분석하는 것은 너무 단순하지만 말이다.

그렇다면, 종교의 이처럼 사악한 측면에 대해 뭐라고 말해야 하는가?

먼저 말해둘 것은 나는 신무신론자들처럼 폭력을 단호하게 저주하고 이를 혐오한다는 점이다. 내가 그리스도인으로서 폭력을 싫어함을 주목해야 한다. 왜냐하면 설사 기독교계의 폭력에 대한 무신론자들의 비난이 정

역간)

14 그런 생각들이 어떻게 기독교에 대한 박해의 불꽃에 부채질을 할 수 있는지 쉽게 알 수 있다.

당화될 수 있다 하더라도 그들의 비난은 그리스도 자신의 가르침에 대해서는 타당하지 않기 때문이다. 덴마크의 신학자이자 철학자인 키르케고르가 지적했듯이 기독교계가 기독교와 동일한 것은 아니다. 기독교계의 폭력은 기독교적이 아니었다. 왜냐하면 폭력은 그리스도 자신이 가르친 바에 정면으로 배치되기 때문이다. 어느 때에건 북 아일랜드에서든 발칸 반도에서든 또는 기타 어느 곳에서든 하나님의 이름을 내세우면서 폭력과 잔인한 활동에 관여하는 사람들은—그들이 아무리 그렇지 않다고 말한다 해도—그런 활동을 할 때에는 확실히 그리스도에게 순종하는 것이 아니다. 결국 "그리스도인"이라는 이름은 예수 그리스도의 제자 또는 추종자를 의미한다. 그리스도를 따른다는 것은 그의 계명들을 순종하는 것을 의미한다. 그런데 그의 계명들 중 하나는 그리스도 또는 그의 메시지를 방어하기 위한 폭력의 사용을 명백히 **금지**했다. 그 계명은 복음서 내러티브에서 가장 긴장이 높은 시점인 겟세마네 동산에서 예수가 체포될 때 발해졌기 때문에 아주 잘 알려져 있다.

예수는 그의 추종자들에게 그들의 원수를 미워하지 말고 사랑하라고 가르쳤다. 그리고 그는 자신을 체포하기 위해 무장한 군중이 유다와 함께 겟세마네 동산에 왔을 때 그렇게 행동했다. 그 역사적인 만남에서 그는 자기 제자들에게 특별히 폭력을 사용하지 **못하게 했다**. 예수는 검술을 훈련받지 않은 그의 제자 베드로가 난폭하게 칼을 휘둘러 대제사장의 하인 말고의 귀를 베어버리자 그를 꾸짖었다. 예수는 이렇게 말했다. "네 칼을 도로 칼집에 꽂으라. 칼을 가지는 자는 다 칼로 망하느니라."[15] 예수가 이 점

15 마 26:52.

을 이보다 더 쉽게 얘기할 수는 없었다. 예수의 이름으로 칼, 총 또는 폭탄을 사용하는 것은 그리스도와 그의 메시지 모두를 부인하는 것이다. 예수라면 이런 것들은 결코 사용하지 않을 것이다. 하나님을 위해 손에 무기를 든다는 의미에서, 하나님을 위해 총을 쏘는 것은 기독교의 메시지에 대한 모순이자 모욕이다.

매우 중요한 이 메시지를 역설하기 위해 역사가 누가는 칼을 가지고 예수를 지키려는 베드로의 시도에 대한 예수의 반응이 베드로가 잘랐던 귀를 즉시 도로 붙이는 것이었다고 기록한다. 의사인 누가는 예수가 자신의 힘을 사용해서[16] 귀가 잘린 사람을 치료했다고 말한다. 베드로의 칼질은 그 사람의 청력을 손상시켰다. 그리스도는 그 사람에게 그 능력을 돌려주었다.[17] 그리스도의 다른 모든 기적들과 마찬가지로 물리적 기적도 아무렇게나 일어나지 않는다. 그 기적은 보다 심원하면서도 명백한 진리를 가리킨다. 사람들이 기독교를 방어하기 위해 (그들은 그렇게 생각한다) 물리적 폭력을 행사할 때마다, 그들은 사람들의 신체에 폭력을 행사하는 것 이상으로 그들의 들을 귀를 자르는 데에만 성공해서 그리스도의 진정한 메시지가 들리지 않게 한다. 신무신론의 지적 엘리트들이 최소한 부분적으로는 그리스도께 불순종하는 사람들의 행동 때문에 그리스도의 말씀에 귀를 닫는다는 슬픈 사실은 이에 대한 명백한 증거다.

그러니 이를 큰 소리로 분명하게 말해야 한다. **그리스도가 폭력을 거부했다**는 사실이 신무신론자들의 떠드는 소리를 뚫고 들릴 수 있을 정도

---

16 기적에 대한 논의는 7장을 보라.

17 눅 22:51.

로 크게 말해야 한다. 그는 무고, 고통, 심지어 죽음으로부터 자신을 구하기 위해 폭력을 사용하는 것도 허용하지 않을 것이다.[18] 그는 자신이 체포되고 심리에 넘겨지도록 허용했다. 그는 무슨 혐의를 받았는가? 반국가 테러 행위 조장이었다! 그리스도에 대해서 붙여진 혐의 자체가 기독교에 대한 신무신론자들의 고소, 즉 폭력 선동과 같다는 점은 참으로 이상한 아이러니다.

신무신론자들이 필라투스처럼 신중하기를 바랄 수도 있을 것이다. 필라투스는 곧바로 예수에 대한 혐의가 얼마나 일관성이 없고 허위인지 알게 되었다. 필라투스는 로마 총독으로서 민간의 질서 유지에 대해 로마에 최종 책임을 졌다. 그리고 그는 예루살렘의 유대인 축제, 특히 그 기간 동안 수천 명의 순례자들로 그 지방의 유동 인구가 늘어나는 유월절 축제는 정치적 긴장의 시기라는 걸 아주 잘 알았다. 그는 반역을 두려워해서 대제사장이 이끄는 종교 지도자들이 예수에 대해 제기한 선동 혐의를 매우 심각하게 다루었다. 사실 필라투스는 이 사안을 자신이 직접 심문하기로 했다. 고소인들은 예수가 사람들에게 자신을 유대인들의 메시아적 왕인 그리스도로 여기도록 선동했으며, 예수가 로마 황제의 권력에 대항하여 민중봉기를 일으킬 의도였다고 주장했다. 따라서 그들의 견해로는, 예수는 로마법에 의하면 사형에 해당하는, 로마 제국에 대한 반역죄를 범하고 있었다.[19]

---

18 그러므로 그리스도가 "내가…화평이 아니요, 검을 주러 왔노라"(마 10:43)라고 했을 때, 그는 물리적 검을 의미한 것이 아니라는 점이 명백하다. 그보다는 그에 대한 태도가 사회와 가족 안에서 영적 분리를 가져오게 될 것이다. 일부는 그를 받아들이고, 일부는 그를 거절할 것이다.

19 요 19:12.

그리스도의 사도인 요한은 예수에 대한 필라투스의 심문에 대해 상세하게 알려준다.[20] 필라투스가 죄수 자신의 입으로 직접 듣고 싶었던 첫 번째 사항은 그가 자신을 유대인의 왕으로 간주했는지 여부였다.

"왕"과 "왕국"은 사람마다 의미하는 바가 달랐기 때문에 이 질문에는 단순한 "예" 또는 "아니오"로 답변할 수 없었다. "왕"과 "왕국"이 필라투스가 그리스도에 대해(그의 가르침과 활동에 대해) 붙이고 있는 칭호를 의미하도록 그대로 내버려 둔다면 필라투스는 이 용어들을 정치적 의미로 이해하게 될 것이다. 이 의미에서는 그리스도는 자신이 왕이라는 것을 부인해야 했다. 그리스도는 정치적으로 로마 황제 티베리우스와 경쟁하지 않았다.

그러나 다른 의미에서는 그리스도는 "이스라엘의 왕"이었다. [필라투스 앞에서 심리 받기] 일주일 전에 그는 군중들이 자신에게 "**주의 이름으로 오시는 왕**"이라고 환호하도록 허용했다. 그는 추종자들에게 둘러싸여서 나귀를 타고 예루살렘에 들어감으로써 의도적으로 예루살렘의 왕의 도래를 묘사하는 구약의 예언을 성취했다.[21] 유대 종교 지도자들이 필라투스에게 보고한 것이 이 사건이라면 그리스도는 이 사건이나 또는 이로써 그가 주장한 바에 대해 부인할 의도가 없었다.

그러나 종교 지도자들은 그를 오해했다. 그리스도는 지금 그들이 주장하고 있는 바와 같이 로마 제국주의자들을 자기 나라에서 쫓아내기 위한 성전(聖戰)에서—일단의 자유 투사들이 기원후 66-70년의 전쟁에서 시도한 바와 같이—죽기까지 싸울 준비가 되어 있는 자유 투사 무리의 지도

20 요 18:28-19:16.

21 슥 9:9; 요 12:12-19.

자가 아니었다.

그리스도가 필라투스에게 답변할 수 있는 유일한 방법은 필라투스에게 자기 왕국의 성격과 자신이 이 왕국을 세울 경우의 힘에 대해 설명하는 것이었다. "내 나라는 이 세상에 속한 것이 아니니라. 만일 내 나라가 이 세상에 속한 것이었더라면 내 종들이 싸워 나로 유대인들에게 넘겨지지 않게 하였으리라. 이제 내 나라는 여기에 속한 것이 아니니라."[22]

필라투스는 분명히 그리스도가 겟세마네 동산에서 체포될 때 그의 비폭력적 행동에 대해 알려주는 군대 장교의 보고를 받았을 것이다. 따라서 지금 그리스도가 진실을 말하고 있음이 명확했을 것이다. 그러나 필라투스는 그래도 예수가 정확히 뭐라고 말했는지 확실히 해둬야만 했다. 결국 예수는 방금 자신의 왕국에 대해 언급했는데 이는 그가 자신을 왕으로 생각했음을 암시할 수밖에 없다. 그렇다면 그가 자기의 추종자들에게 체포를 면하기 위해 싸우도록 허락하지 않은 것은 단지 영리한 전술에 지나지 않은 것이었을까? 예수는 무장한 로마 군대에 놀라서 저항해봐야 소용없다고 생각했을 수도 있다. 필라투스가 지금 예수를 놓아준다면 알맞은 조건이 성숙될 경우 그가 후일 무장 봉기를 일으켜서 자기 왕국을 세우려 할 것인가? 필라투스는 어떤 리스크도 감수할 수 없었기 때문에 좀 더 심문했다. "그렇다면 네가 왕이냐?"

예수의 대답은 이 문제를 의문의 여지가 없게 했다. 겟세마네에서의

---

22 요 18:36. 그리스어에서는 이 가상의 조건 문장은 현재, 즉 "내 하인들이 지금 싸우고 있을 것이다" 또는 과거 "내 제자들이 싸웠을 것이다"를 모두 지칭할 수 있다. 그리스어 학자인 David Gooding 교수에 의하면 두 번째 번역이 선호된다. 그리스도는 겟세마네에서 자신이 유대인들에게 체포되지 않도록 싸우려는 그의 제자들을 제지할 때 일어났던 일을 언급하고 있다.

그의 비폭력적인 입장은 일시적인 실용주의가 아니었다. 그것은 그의 왕국 또는 통치의 성격에서 나왔다. 그 왕국이 사람들의 충성을 얻는 힘은 진리였고, 오직 진리일 수밖에 없었다. "네 말과 같이 내가 왕이니라. 내가 이를 위하여 태어났으며 이를 위하여 세상에 왔나니 곧 진리에 대하여 증언하려 함이로라. 무릇 진리에 속한 자는 내 음성을 듣느니라."[23] 그리고 진리를 강제력이나 폭력으로써 사람들에게 강제할 수는 없다는 점은 명백하다. 종교 광신주의자들과 호전적인 무신론자들은 항상 이를 이해하지 못했다.

필라투스는 자리를 뜨기 위해 돌아서면서 "진리가 무엇이냐?"고 물었다. 그가 꼭 빈정대는 것은 아니었다. 필라투스가 추정하기로는 예수가 명백히 의도했던 절대적인 의미에서의 진리는 필라투스가 관여하고 있던 군사 및 정치적인 사안들과 관련이 있는 개념은 아니었을 것이다. 진리는 철학자와 종교적 사색가들을 사로잡았던 종류의 개념이었다. 그러나 진리가 무엇을 의미하는지에 대해 필라투스가 얼마나 불확실했든, 그는 자기 앞에 고소된 죄수는 폭력을 부인하고 오직 진리에만 관심이 있는 자로서 황제의 정치적 경쟁자가 아니라는 점을 확신하기에 충분한 증거가 있다고 생각했음이 분명하다. 필라투스는 이제 그리스도가 로마에 아무런 위협도 가하지 않는다는 데 어떤 의문도 없어서 공개적으로 예수가 무죄라고 선언했다.

물론 그것으로 이 사안이 종결되지는 않았다. 군중과 그 지도자들은 즉각적으로 필라투스를 매우 강력한 감정적 협박에 굴복시켜서 그는 자신의 도덕적 확신과 일치하는 행동을 할 용기를 잃었다. 십자가 처형으로 이

---

23 요 18:37.

끈 것은 그리스도의 유죄가 아니라 필라투스의 도덕적 비겁함이었다.

그래서 우리는 여러 개의 불행한 역설을 보게 된다. 무엇보다도 기독교에 대한 신무신론자들의 고소는 그리스도 자신으로 하여금 심리를 받게 했던 혐의, 즉 폭력을 조장한다는 바로 그 혐의다. 둘째, 그리스도에 대한 혐의는 무신론자들이 아니라 고위직 종교인들, 즉 그리스도 자신도 그 일원인 종교 공동체의 지도자들에 의해 제기되었다.[24] 셋째, 로마 점령군의 최고 지휘자 필라투스는 그리스도가 종교적 폭력 교사 혐의에 대해 무죄라고 선언했다.

그러므로 그리스도는 그의 진리의 메시지를 억지로 강요하려 하지 않았다는 점이 명확하다. 오히려 그는 동료 인간에 대한 사랑과 섬김에서 발현되는 하나님과의 깊은 관계와 관련된 마음의 내적 태도보다는 외적인 제의와 사회적 이득에 보다 더 집중하는 엄격하고, 무분별하고, 착취적인 종교를 공개적으로 맹렬히 비난했다. 예수가 당대의 일부 종교 지도자들에게 했던 이야기들의 예를 들면 다음과 같다.

> 화 있을진저! 외식하는 서기관들과 바리새인들이여, 너희가 박하와 회향과 근채의 십일조는 드리되 율법의 더 중한 바 정의와 긍휼과 믿음은 버렸도다. 그러나 이것도 행하고 저것도 버리지 말아야 할지니라. 맹인 된 인도자여, 하루살이는 걸러 내고 낙타는 삼키는도다.

---

24 그러나 그 공동체의 모든 사람이 이 혐의들을 지지한 것은 아니라는 점을 주목할 필요가 있다. 예수의 초기 추종자들의 절대 다수는 유대인들이었다. 또한 두 명의 저명한 산헤드린 회원인 니고데모와 아리마대 요셉은 적정한 매장을 위해 그리스도의 시신을 달라고 요구함으로써 그리스도에 대한 평결로부터 자신들을 분리시켰다.

> 화 있을진저! 외식하는 서기관들과 바리새인들이여, 잔과 대접의 겉은 깨끗이 하되 그 안에는 탐욕과 방탕으로 가득하게 하는도다. 눈 먼 바리새인이여, 너는 먼저 안을 깨끗이 하라. 그리하면 겉도 깨끗하리라.
>
> 화 있을진저. 외식하는 서기관들과 바리새인들이여, 회칠한 무덤 같으니 겉으로는 아름답게 보이나 그 안에는 죽은 사람의 뼈와 모든 더러운 것이 가득하도다. 이와 같이 너희도 겉으로는 사람에게 옳게 보이되 안으로는 외식과 불법이 가득하도다.[25]

이 모든 논의의 결론은, 신무신론자들이 합리성과 증거에 기반을 둔 사고에 전념한다는 주장은 1세기의 역사에 대한 그들의 태도와 아귀가 맞지 않는다는 것인데, 이는 그들이 기독교의 성격과 역사에 대해 심각하게 잘못 평가하고 있음을 보여준다. 그들은 기독교 변절자들의 해악을 기독교의 가르침과 변명의 여지가 없을 정도로 혼동해서, 폭력이 기독교 신앙의 본질적인 부분이라고 생각한다. 반면에 기독교 신앙 자체는 사실은 폭력과 종교적 착취를 명시적으로 부인한다. 신무신론자들은 그리스도를 비난할 것이 아니라 그에게 박수갈채를 보내야 한다.

25 마 23:23-28.

기독교의 폭력 정도

기독교 역사에 대해서도 많은 오해가 생겨났기 때문에 이제 공정을 기하기 위해 그리스도의 가르침뿐만 아니라 기독교 자체의 역사에 대해서도 주의 깊게 살펴볼 필요가 있을 것이다. 예를 들어 데이비드 벤틀리 하트는 「뉴욕 타임즈」 지에 실린 "인류의 최악의 발명은 무엇인가"라는 질문에 대한 응답들에 대해 이야기한다. 응답자 중 한 사람인 피터 왓슨은 다음과 같이 썼다. "의문의 여지없이 윤리적 일신론이다.…이것이 역사상 대부분의 전쟁들과 편견에 뿌리 박힌 증오에 대해 책임이 있다." 왓슨은 20세기 역사에 대해 전혀 들어보지 않은 것 같다.

그러나 독일의 철학자이자 신학자인 클라우스 뮐러가 다음과 같이 주장하듯이, 역사상 대부분의 전쟁과 관련해서 일신론을 비난하는 견해가 일반적으로 널리 퍼져 있다. "일신론과 불관용이 연결되어 있다는 논제는 오랫동안 유명한 철학 교과서들에서조차 상식으로 여겨져왔다."[26] 이 주장은 진지한 조사를 견뎌내지 못한다. 세계사를 조금이라도 아는 사람들은 누구나 종교적 박해와 불관용은 일신론적 문화에 특이한 것이 아니라는 사실을 안다.

그러나 우리는 너무도 오랫동안 십자군, 종교재판 그리고 마녀박해의 공포에 관한 이야기들로 집중적인 공격을 받아 왔으며, 사람들은 그러한 해악의 정도를 평가하려는 어떤 시도에 대해서도 이를 완전히 부인하지는 않는다 해도 믿지 못하겠다는 반응을 보일 수도 있다. 그럼에도 신무신론

26 Klaus Müller, *Streit um Gott*, Regensburg, 2006, 33 (John Lennonx 역).

자들은 그리스도의 가르침을 잘못 이해했을 뿐만 아니라 그들은 이후의 기독교 역사를 잘못 나타내는 잘못이 있음을 지적할 필요가 있다. 이는 탁월한 역사가 아르놀트 안게넨트의 종합적이고 권위 있는 책 『관용과 폭력』(*Tolerance and Violence*)[27]에서 아주 명확하게 보여지고 있다. 안게넨트의 역사적 분석은 철저함과 정확성으로 인해 "아마도 최근 교회 역사상 가장 주목할 만한 책"이자 "십자군의 사고방식과 기독교의 평화 메시지 사이의 관계 또는 종교 재판의 가혹함과 종교적 관용 사이의 관계에 관해 충실한 토론을 원하는 사람"은 누구도 무시할 수 없는 책이라고 언론의 칭찬을 받았다.[28]

문제는 바로 이것이다. "교회 투사"가 "세상에서 가장 오래되고 가장 큰 범죄 조직인가?"[29] 예를 들어 1540년에서 18세기 중반까지 스페인 종교 재판은 827명을 처형했으며, 로마의 종교 재판은 93명을 처형했음을 알면 상당히 놀랄 만하다.[30] 물론 하나님에 대한 신앙 때문에 한 사람만 처형해도 이에 대해 변명할 수 없다. 그러나 다음 장에서 살펴보겠지만, 소위 계몽된 20세기의 세속 철학의 범죄들은 종교 재판의 범죄보다 훨씬 크다. 신무신론자들은 확실히 세속 철학의 범죄로부터 눈을 돌리기 위해 종교 재판의 범죄에 주의를 집중하려 하는 것 같다. 그들이 역사에 대해 기초지식이 있는 사람을 설득하려 한다면 그것은 아주 어리석은 책략이다.

본서처럼 짧은 책에서 백과사전처럼 상세한 안게넨트의 리서치를 충

---

27 Arnold Angenendt, *Toleranz und Gewalt*, Münster, Verlag Aschendorff, 2009.

28 *Die Tageszeitung*, 5 January 2008.

29 Maarten t'Hart, *Mozart und Ich,* Munich, Piper, 2006

30 Angenendt, *Toleranz und Gewalt*, 15.

분히 묘사할 수는 없지만, 우리의 목적을 위해서는 관심이 있는 독자들에게 이런 책이 있다는 사실을 알려 주는 것으로 충분하다.

아동에 대한 폭력: 아동을 신자라고 부르는 것은 아동 학대에 해당하는가?

리처드 도킨스는 아동에 대한 종교의 태도를 매우 못마땅하게 여긴다. 그 감정이 매우 강하다 보니 그는 충격을 주도록 의도된 비유를 사용한다. 그는 이렇게 질문한다. "아이들이 신앙에 대해 생각해보기에는 너무 어린 나이에 신앙의 소유자라고 부르는 것은 아동 학대가 아닌가?"[31] 그는 단지 부모가 그 종교를 믿는다는 이유로 아동을 "그리스도인 아동", "무슬림 아동" 또는 "힌두 아동" 등으로 부르는 습관에 대해 거세게 항의한다. 그는 아동들이 충분히 나이가 들면 스스로 결정하도록 허용되어야 한다고 말한다.

도킨스는 내가 이를 내 부모님으로부터 배웠다는 것을 알면 놀랄 것이다. 내 부모님은 나를 교회에 데려갔다. 그러나 그들은 또한 나로 하여금 들은 것에 대해 비판적으로 생각하고 이를 다른 세계관들과 비교해보도록 가르쳤다. 지구상의 모든 장소 중 가장 편협한 북아일랜드에서 말이다! 존 레논처럼 "북아일랜드가 없는" 멋진 세상을 상상하기 원하는 사람은 도킨스가 아닌가? 우리는 도킨스가 무슨 뜻으로 그렇게 말하는지 알지만 그가

---

31 *GD*, 354.

북아일랜드의 모든 사람들이 그의 틀에 박힌 이미지대로 행동한다고 생각하는 것은 잘못이다. 내 부모님과 내 많은 지인들은 부모가 그리스도인이라 해도 자녀가 그리스도인으로 태어나지 않는다고 믿었다. 실로 그들은 사람이 출생에 의해서나 유아 시절에 거행된 의식 또는 제의에 의해 그리스도인이 되지 않는다는 점이 확실히 해둬야 할 것 중 가장 중요한 사항 중 하나라고 생각했다.

그 이유는 그들이 신약성경을 진지하게 받아들여서, 신약성경에 의하면 우리는 하나님의 자녀로 태어나는 것이 아니라 그리스도를 주님으로 믿는 개인적인 신뢰 행위에 의해 하나님의 자녀가 되어야 한다는 것을 알았기 때문이다. 신뢰 행위는 증거에 기반을 둔, 자유롭고 강요되지 않은 헌신이다. 유아는 그 조치를 취할 수 없다. 내 부모님들은 세례에 대한 그리스도의 규례는 이미 그리스도의 생명을 받은 사람의 입장에서 이를 표현하는 공개적인 상징으로 주어진 것으로 보았다(신무신론자들이 이 주제에 대해 신약성경이 뭐라고 하는지 읽어보는 수고를 한다면 그들도 이를 알 수 있을 것이다). 세례는 애초에 그 생명을 만들어내기 위해 주어진 것이 아니었다. 사건들의 순서는 명백하다. 사람들은 믿었고 (이에 관한) 공개적인 고백으로서 세례를 받았는데, 물론 그 세례는 그 신앙을 갖고 있음을 공개적으로 표명한다는 것을 나타냈다.

도발적이라는 위험을 무릅쓰고 나는 신무신론자들이 기독교의 가장 큰 혼동 중 하나, 즉 유아, 아동 또는 성인들도 의식에 의해 (때로는 슬프게도 의식이 강제로 시행된다) 그리스도인으로 만들어질 수 있다는 생각에 대해 손가락질하는 데 일리가 있음을 덧붙이고자 한다. 그 결과 많은 사람들이 유아 시절에 그들에게 시행된 의식이 그들을 그리스도인으로 만들었다고 생각한다. 그들이 그리스도에 대한 신앙이 무엇을 의미하는지 전혀 모른다고 인정하는데도 말이다.

그러므로 나는 어떤 아동이 그리스도인 부모의 자녀라고 말하는 것은 그 아동이 그리스도인 아동이라고 말하는 것과 다르다는 도킨스의 말에 동의한다. 그 아동이 그리스도인이 될 경우 그리스도인 아동이 될 수 있지만, 그 아동은 다른 길을 가기로 결정할 수도 있다.

내 부모님은 내게 그들의 신앙을 주입하지 않았다. 그분들은 자녀들에게 이슈들을 스스로 잘 생각해보고 구할 수 있는 증거의 토대 위에서 스스로 결정하도록 격려했다. 그분들은 종교가 "이해하지 않는 데 만족하는 것이 미덕이라고 가르친다"[32]는 도킨스의 주장을 경멸했을 것이다. 그분들은 정반대로 믿었다. 실로 내가 도킨스 등의 기독교에 대한 비판을 더 많이 읽을수록 진상은 반대라는 점이 점점 더 명백해진다. 그리스도인이 된다는 것이 무엇인지에 대해 이해하지 않는 것을 미덕으로 삼는 것은 신무신론인 것 같다.

도킨스의 말들이 다른 종교들에 적용될지는 모르겠으나 그 말들은 내 부모님이 성경을 통해 내게 가르쳐준 기독교에는 전혀 적용되지 않는다. 내 부모님의 가정에서는 (그리고 내 아내의 친정의 가정에서도 역시) 활발하게 토론을 벌였다. 그분들은 자신들이 기독교 신앙에도 불구하고가 아니라 그 신앙 때문에 지성적으로 탐구적이었기 때문에 내게도 그렇게 되라고 격려했다. 그분들에게는 성경은 그에 따라 살아야 할 원리일 뿐만 아니라 매혹적인 많은 생각거리, 토론할 문제들의 마르지 않는 원천이었다. 예를 하나

32 *GD*, 52.

들어보자면 나는 내 부모님께 그분들의 진정한 그리스도인의 사랑, 즉 내게 생각할 여지를 주신 사랑에 대해 커다란 빚을 지고 있다. 그리고 나는 기독교가 내게 무신론보다 생각할 거리를 훨씬 더 많이 주었으며 지금도 주고 있다고 말해야겠다.

그리스도인의 확신은 유전, 의식 또는 강제에 의해 생성되지 않는다. 사실 예수 그리스도는 어린이들의 감정을 해쳤던 종교인들을 가장 심하게 비난했다. 비록 무신론에서는 무신론 저작들에 정경이 없다는 점이 두드러지기는 하지만 무신론자의 가르침에도 같은 말을 할 수 있기 때문에, 우리 모두는 종교의 가르침이든 무신론자의 가르침이든 간에 가르침이 세뇌가 되지 않아야 한다는 경고에 주의할 필요가 있다.

그런데 나는 다른 사람들은 나처럼 운이 좋지 않았다는 것을 알고 있다. 나는 종교를 강요당하고 결코 자신의 의견을 갖도록 허용되지 않았던 사람들의 결과를 직접 보아왔다. 많은 사람들이 그렇게 할 기회가 오자마자 종교를 버리는 것도 놀랄 일이 아니다. 예를 들어 독일민주공화국에서는 강요된 무신론이 규범이었다. 신무신론자들은 이를 정신적 아동 학대라 부르겠는가? 또는 자녀들이 당국에 밀고할까 두려워 부모들이 자녀들에게 자신의 신앙에 대해 말할 수 없었던 중국의 문화 혁명에 대해 생각해볼 수 있을 것이다. 그것은 신무신론자의 사고의 어디에 들어맞는가? 나는 확실히 그런 일이 없는 세상을 상상하고 싶고, 최소한 세상의 일부에서는 이를 제거한 데 대해 기쁘게 생각한다.

용어 자체가 오용될 수 있고 무서운 결과를 가져 올 수 있기 때문에 나는 신무신론자들에게 용어를 책임 있게 사용하라고 간청하고자 한다. 아동 학대는 매우 심각한 범죄로서 사회가 이를 혐오하는 것이 마땅하다. 그런 용어를 부주의하게 사용하는 것은 매우 위험하고 사악한 길, 즉 "종교적 학대" 혐의로 일부 자녀들을 그들의 부모로부터 떼어 놓는 결과로 이어질 수도 있다. 이 말이 공연히 소란을 피우는 것으로 생각된다면 다시 도킨스의 말을 들어보자. 그는 인터뷰 기자에게 이렇게 말했다. "국가가 부모에게서 자녀들을 데려갈 권리를 가져야 한다고 말하는 것은 너무 심할 수도 있다. 그러나 나는 부모들의 권리 그리고 부모들이 자기 자녀들을 세뇌할 권리가 있는지 여부에 대해 매우 주의 깊게 살펴봐야 한다고 생각한다." 이 말은 불길하리 만큼 낯익은 것 같다. 그런데 무신론의 세뇌에 대해서는 어떤가? 그것이 대안인가? 우리는 "부모가 이렇게 할 권리가 있는지 아주 주의 깊게 살펴봐야" 하는가? 도킨스는 아동들과 관련된 자신의 특별한 계명에 대해 다시 읽어볼 필요가 있을지도 모른다.[33]

기독교가 선을 행한 적이 있는가?

그리스도께 불순종하는 사람들의 행위에 집중하다 보니 신무신론자들은 진실로 그리스도를 따르는 사람들에 의해 수백 년 동안 많은 선이 행해졌음을 고려하지 못한다. 예컨대 신무신론자들은 기독교가 서구의 문명화에 끼친 긍정적 영향에 대해 거의 또는 전혀 말하지 않는다.

테리 이글턴은 역사에 대한 이처럼 편협한 태도를 신랄하게 요약한다.

---

33 *GD*, 298.

거의 400쪽에 이르는 책에서 신앙으로부터 인간에게 유익한 점이 하나라도 나왔다는 데 대해 거의 동의할 수 없다는 도킨스의 냉정한 과학적 공정성은 선험적으로도 가능성이 없고 경험적으로도 잘못이다. 이는 인류의 역사에서 그리스도, 부처 또는 알라의 이름으로 다른 사람들을 섬기기 위해 이기심 없이 헌신해온 수많은 사람들을 지워버린다. 그리고 이 일이 편협함에 대항하는 십자군을 자처하는 사람에 의해 일어난다. 그는 사회주의를 강제노동수용소와 동일시하는 사람과 같다.[34]

이글턴만 그렇게 평가하는 것이 아니다. 자신을 "방법론적 무신론자"라고 부르는 독일 정상의 철학자 위르겐 하버마스는 "세속 사회로부터 의미를 창조하기 위한 중요한 자원들을 잘라내지 않으려면 종교를 공개적인 영역에서 불공정하게 제외시키지" 않아야 한다고 경고한다.[35] 그는 계속해서 모든 사람이 하나님의 형상대로 창조되었다는 성경의 가르침을 언급한다. "우리의 맥락에서 이처럼 신의 형상대로 **만들어졌다는 사실**은 종교적으로 음치인 사람들에 대해 뭔가 할 말이 있게 한다." 신무신론자들과는 달리 하버마스는 이러한 성경적 세계관이 문명화된 인간의 번성을 위한 기본적인 선결 조건에 대해 독특하게 기여했다는 데 대해 전혀 의심하지 않는다.

보편적 평등주의로부터 자유, 공동생활의 결속, 자율적인 삶, 해방, 양심

34 *Times Higher Education Supplement review of GD*, 1, September 2006. 또는 http://www.lrb.co.uk/v28/n20/terry-eagleton/lunging-flailing-mispunching을 보라.

35 Jürgen Habermas, *Glaube und Wissen*, Friedenspreis des Deutchen Buchhandels 2001, Frankfurt am Main, 2001, 25.

이라는 개인의 도덕성 그리고 인권과 민주주의가 나오는데, 보편적 평등주의는 유대교의 정의 윤리 및 기독교의 사랑 윤리의 직접적인 유산이다. 본질적으로 변하지 않은 이 유산은 계속해서 비판적 적용과 재해석의 대상이 되어왔다. 오늘날까지 이에 대한 대안은 없다. 그리고 현대 포스트 국가 시대(post-national constellation)의 도전에 비춰볼 때, 우리는 계속 이 전통의 본질에 의존한다. 다른 모든 것은 그저 무의미한 포스트모던 공론(空論)이다.[36]

그 "다른 모든 것"은 신무신론의 많은 것들을 포함하는데 신무신론은 진리로부터 동떨어져 있다는 점에서 참으로 "포스트모던 공론"에 지나지 않는다. 역설적이게도 기독교가 신무신론자를 교육시킨 대학교들을 최초로 세웠다. 기독교가 그들을 돌볼 병원과 말기환자를 위한 의료·간호 시설인 호스피스를 제공했고, 그들에게 자신들의 아이디어를 퍼뜨리도록 허용하는 자유와 인권을 떠받쳤다. 그들이 강의를 꺼리는 장소들이 많이 있는데, 그들에게 강의를 하지 못하도록 막는 것은 기독교가 아닐 것이다.

데이비드 에이크만은 샘 해리스도 자기 나라에서 기독교가 기여한 사항조차 알아보지 못함을 지적한다.

샘 해리스는 미국의 건국자들은 때로는 기독교의 정통성에 대해 드러내 놓고 회의적이었지만, 정치적 자유 자체는 기독교 윤리에 뿌리를 둔 것으로 여겨지는 미덕들에 불가분하게 연결되어 있다고 보았다는 사실을 깡그리 무시한다. 정통 기독교에서 "구속적 특성을 하나도" 발견할 수 없다고 말한 토머

36 Jürgen Habermas, *Time of Transitions*, New York, Polity Press, 2006.

스 제퍼슨 자신이 이렇게 말했다. "우리에게 생명을 준 하나님이 우리에게 자유를 주었다. 우리가 이러한 자유들이 하나님의 선물이라는 확신을 제거할 경우 한 국가의 자유가 안전할 수 있는가?" 이전에 시도되었던 수많은 공화국들의 헌법들을 연구했던 미국 건국자들은 아마도 유신론에 관한 진리를 알았던 것 같다.[37]

도킨스는 역사를 이해하기 위한 진지한 노력을 기울이지 않은 채 종교가 아무런 유익을 주지 못함을 보여주려고 시도하면서, 소위 "위대한 기도 실험" 결과를 가져다가 과학이 그를 지원하게 하려 한다. 많은 신자들이 그의 회의(즉 그의 실험에 관한 회의. 이는 반드시 도킨스가 이 실험으로부터 이끌어 내는 추론에 관한 회의일 필요는 없다)를 공유할 것이다. 신자들은 성경에서 우리에게 계시된 살아 계신 하나님은 우리가 어떤 사람들을 위해서는 기도하고 다른 사람들을 위해서는 기도하지 않고서 그 차이를 측정함으로써 시험할 수 있는 대상이 아니라는 데 대해 놀라지 않는다. 하늘과 땅의 창조주인(그리고 상상으로 꾸며낸 존재가 아닌) 하나님은 참된 기도에 관심을 가진다. 그리고 그러한 실험을 위해 만들어진 기도가 참될 수 있다고 보기는 어렵다.

사실 이 문제에 대해 과학적 실험을 해보려는 도킨스의 허약한 시도는 그의 동료 무신론자들의 눈에도 미흡한 점이 많다. 생물학자 데이비드 슬로안 윌슨은 다음과 같이 직설적으로 평가한다.

도킨스의 『만들어진 신』이 출판되었을 때 나는 당연히 도킨스가 종교에 대한

37 http://www.ttf.org/index/journal/detail/atheism-and-moral-clarity/.

> 그의 비평을 진화적 관점으로부터의 과학적 종교 연구에 기초하고 있다고 가정했다. 그런데 유감스럽게도 그렇지 않았다고 말해야겠다. 그는 이 주제에 관해 어떠한 독창적 연구도 수행하지 않았으며, 그의 동료들의 연구를 공정하게 제시하지도 않았다. 따라서 『만들어진 신』의 비평 및 보다 큰 문제들이 위험에 처해 있다.[38]

무신론자들이 (또는 다른 누구라도) 자신들의 주장을 위해 과학의 협력을 요청하고자 할 경우 이 분야에서 어떤 리서치가 수행되었는지 알아보는 것이 확실히 현명한 처사일 것이다. 도킨스는 기독교가 복지에 긍정적인 기여를 했음을 보여주는 많은 과학적 증거가 축적되었다는 주장에 대해 전혀 모르고 있음을 보여준다. 예를 들어 종교는 안도감을 주기보다는 죄책감을 통해 더 많은 스트레스를 야기한다는 도킨스의 주장과는 달리, 슬로안 윌슨은 자신과 미하이 칙센트미하이에 의해 수행된 최근의 연구 결과를 인용한다.

> 이 연구들은 대규모로 그리고 많은 배경 정보를 가지고 수행되어서 우리는 종교 신자들과 비신자들의 심리적 경험을 순간순간마다 비교할 수 있다. 심지어 보수주의적 개신교 종파와 자유주의적 개신교 종파 구성원들이 혼자 있을 때와 다른 사람들과 같이 있을 때도 비교할 수 있다. 평균적으로 신자들이 비신자들보다 사회에 친화적이고, 자신에 대해 더 좋게 생각하며, 시간을 더 건

38 David Sloan Wilson "Beyond Demonic Memes: Why Richard Dawkins is Wrong about Religion," 인터넷 잡지 *eSceptic*, 4, July 2007.

설적으로 사용하고, 자신의 충동적 욕구를 만족시키기보다 장기 계획 수립에 관여한다. 순간순간의 관점에서는 신자들이 보다 행복하고, 적극적이며, 사교적이고, 참여적이고, 신이 난다고 보고된다. 이러한 차이들의 일부는 신자와 비신자의 사회성 정도가 일치하도록 대응시키더라도 잔존한다.[39]

이에 관하여 캔자스 대학교의 대니얼 뱃슨은 "본질적" 종교성(그 자체가 목적인 하나님에 대한 신앙과 교회에 출석하려는 동기부여)과 "비본질적" 종교성(종교와 교회 출석이 흔히 개인적 이익을 위해 참여하는 사회적 활동으로 여겨지는 경우) 사이에 유용한 구분을 한다. 아마도 뱃슨이 전자의 그룹이 동정심 또는 편견 감소와 상관관계가 있는 데 반해 후자의 그룹은 다른 사람들에게 덜 도움이 되며 편견이 증가함을 보여주는 경향이 있음을 발견한 것은 놀랄 일이 아닐 것이다.[40]

윌슨은 "종교의 죄책감 유발 효과에 관한 도킨스의 탁상공론적인 결론은 그를 1루에도 진루시키지 못한다"고 추론하고 후에 다음과 같이 덧붙인다.

나는 종교는 다원화 된 사회에서는 좋은 비판의 대상이며 무신론에 관련된 낙인은 제거될 필요가 있다는 도킨스의 말에 동의한다. 그러나 도킨스의 분석의 문제는, 그가 종교에 관한 사실을 올바르게 수집하지 않는다면 문제에 대한 그의 진단과 제안된 해법들도 옳지 않을 것이라는 점이다. 만일 상어 코의

39 Helen Phillips, *New Scientist*, 1 September 2007, 32-36을 보라.

40 *ibid*.

혹이 장기(臟器)라면 그것을 혹이라고 생각해서는 알아낼 것이 많지 않을 것이다. 그것이 바로 종교에 대한 도킨스의 혹평이—아무리 의도가 좋다고 해도—대단히 잘못된 방향으로 가고 있는 이유이다.…그는 현재 진화론자 및 과학의 대변인으로서의 자신의 명성을 이용하여 종교에 관한 자기의 개인 의견을 분출하는 또 하나의 성난 무신론자일 뿐이다.

니콜라스 비일과 존 폴킹혼은 역설적이게도 여기서 도킨스는 진화가 자기편이라고 주장하지도 못함을 지적한다.

신앙이 진화의 관점에서 해롭다는 주장은 전혀 사실이 아니다. (가령) 기독교의 교의가 사실이든 아니든 그리스도인들은 평균적으로 무신론자들보다 자녀가 많다는 압도적인 증거가 있다(생존 가임 손자손녀가 진정으로 엄밀한 테스트이지만 나는 이에 대해서는 어떤 데이터도 알지 못한다). 또한 그들은 더 오래 살고, 더 건강하고, 다른 측면들에서도 더 낫다. 개별적으로 이와 다른 사례가 있다는 사실은 요점을 벗어난 이야기다. 진화는 모집단에 대해 작용하는 것이지 개인에 대해 작용하는 것이 아니다. 기독교 신앙을 가질 때의 그러한 실제적 효과들은 기껏해야 기독교의 진리에 대한 약한 증거일 뿐이다. 그러나 진화생물학자들이 그들이 말하는 것이 무슨 뜻인지 명확하게 밝히지 않는 한 그들이 "기독교 신앙은 해롭다"고 말하는 것은 정직하지 않다. 기독교 신앙은 진화의 관점에서는 유익하지만 나는 다른 이유로 기독교가 해롭다고 생각한다.[41]

---

41 Nicholas Beale and Sir John Polkinghorne, *Questions of Truth*, Westminster, John Knox Press,

그러나 그러한 명확성은 회피되는 경향이 있다. 신무신론이 생존하기 위해서는 짙은 지성적 안개를 필요로 한다. 그러나 신무신론에 대량의 안개 발생 장치가 그다지 부족하지는 않다.

내가 이에 대해 말하는 것에 짜증이 날 수도 있겠지만 내게는 자신들은 과학적 접근법을 사용한다고 가장 떠들썩하게 주장하는 신무신론자들이 기독교에 의해 주어진 유익이라는 주제에 대해 수행된 진정한 과학적 연구에는 전혀 관심을 기울이지 않는다는 놀라운 사실에 관해 일반 대중의 "인식을 높이기" 위해서는 이를 반복해서 알려줄 필요가 있어 보인다. 리처드 도킨스는 정신과 의사가 아니기 때문에 그가 신은 망상이라고 주장하는 책을 쓰기 전 이 주제에 관한 정신과 의사의 견해를 구해 보는 것이 현명한 처사였을 것이다. 나도 정신과 의사가 아니기 때문에 나는 적절한 전문가의 의견을 들어 보았다. 그 결과는 도킨스의 견해에 전혀 유리하지 않다.

신앙 일반, 특히 기독교의 유익이라는 전체 문제에 대해 최근에 등장한 가장 중요한 저술은 영국 왕립 정신과 대학(Royal College of Psychiatrists)의 전 학장 앤드류 심스 교수의 책 『종교는 망상인가?』(*Is Faith Delusional?*)[42] 일 것이다. 심스는 여러 해 동안 리서치를 수행해왔으며 도킨스처럼 하나의 (흠이 있는) 실험에 대해 언급하는 것으로 연구 범위를 한정하지 않는다. 그의 연구 결론은 위에 언급한 윌슨의 결과를 지지한다. 그 내용은 다음과 같다.

2009.

42 Professor Andrew Sims, *Is Faith Delusion?: Why Religion is Good For Your Health*, London, Continuum, 2009.

> 신앙과 영성이 정신적·신체적 건강에 미치는 유익한 영향은 정신의학과 의학 일반에서 가장 잘 유지되고 있는 비밀 중 하나다. 이 주제에 관해 방대한 리서치들의 발견사항들이 반대 방향으로 갔다면 그리고 종교가 당신의 정신 건강을 해친다는 점이 발견되었다면 그것은 지상의 모든 신문들의 1면 뉴스가 되었을 것이다.

나는 그랬더라면 그 사실이 신무신론자들에 의해 가장 크게 떠벌려졌을 것이라고 덧붙이겠다.

심스는 「아메리칸 저널 오브 퍼블릭 헬스」에 실린 신앙의 종교적 효과에 관한 전염병학 연구의 주요 메타 분석을 증거로 인용한다.

> 대부분의 연구들에서 종교 활동은 다음 사항들과 상관관계가 있다—복지·행복과 삶의 만족, 희망과 낙관주의, 인생의 목적과 의미, 자기 존중이 더 높음, 근친 사별에 대해 보다 더 잘 적응함, 사회적 지원이 많고 외로움을 덜 느낌, 우울증 비율이 낮고 우울증으로부터 더 빨리 회복됨, 자살률이 낮고 자살에 대한 긍정적인 태도가 적음, 불안이 적음, 정신병과 정신병적 경향이 적음, 알코올과 약물 사용 및 남용 비율이 낮음, 비행과 범죄 활동이 적음, 결혼의 안정성과 만족이 높음.…우리는 대부분의 사람들에게 있어서 독실한 신앙과 그 실천의 명백한 유익이 아마도 그 리스크를 능가한다는 결론을 내렸다.[43]

신무신론자들의 글을 아무리 읽어봐도 그들이 이 "많은 분량의 리서치"에

---

43 *ibid*, 100.

대해 알고 있다는 일말의 암시도 찾아볼 수 없다. 그들이 옳다는 맹신이 모든 증거를 무시하는 것 같다. 과학에 충실하다는 그들의 자만은 실상과는 전혀 다르다.

심스는 신무신론자들에게서는 무시되어왔던, 더 중요한 심리적 문제를 제기한다. 그는 "망상은 정신병에 관한 단어가 되었으며 언제나 정신병에 관한 의미를 함축한다"고 지적한다. 그는 다음과 같이 추론한다. "모든 신앙은 망상이라는 진술은 잘못이며 본질적으로 적대적이다." 그는 그러한 적대감의 예를 제공한다. "신앙이 망상이라는 제안은 자신의 신앙이 매우 중요할 수도 있는 정신병 환자에게 도움이 되지 않는다." 심스는 다음과 같은 관찰로 결론을 맺는다. "망상의 내용이 종교적일 수는 있지만 신앙 전체 그 자체는 망상이 아니고 망상일 수도 없다."[44] 이제 "하나님이 망상"이라는 주장은 어떻게 되는가?

아프리카는 하나님을 필요로 한다고 믿는 무신론자

「타임즈」의 저명 컬럼니스트 매튜 패리스는 무신론자인데 그는 기독교의 긍정적 가치를 확신하며, 확실한 용어로 그렇게 말한다. 널리 논의되는 「타임즈」 기사에서 그는 이렇게 썼다. "무신론자인 나는 아프리카는 참으로 하나님을 필요로 한다고 믿는다. 보조금이 아니라 선교사들이 아프리카의 가장 큰 문제인 사람들의 결정적인 소극성에 대한 해법이다." 패리스는 다

44 *ibid*, 서문.

음과 같이 설명한다.

> 말라위 여행도 또 다른 믿음을 새롭게 했다. 그것은 내 평생에 걸쳐 떨쳐버리려고 노력해왔지만 내가 아프리카에서 지내던 어린 시절부터 피할 수 없었던 관찰 사항이었다. 그것은 내 이념적 믿음을 혼란스럽게 하고, 내 세계관에 들어맞기를 완강하게 거절하며, 점점 더 하나님이 없다고 믿는 내 믿음을 당황하게 만들었다.
>
> 현재 확고한 무신론자인 나는 기독교 복음전도가 아프리카에서 막대한 기여를 하고 있다고 확신하게 되었다. 이는 세속 NGO들, 정부 프로젝트들, 그리고 국제 원조 노력들과 뚜렷이 구별된다. 이것들만으로는 충분하지 않다. 교육과 훈련만으로는 충분하지 않다. 아프리카에서는 기독교가 사람들의 마음을 변화시킨다. 기독교는 영적 변혁을 가져온다. 중생은 진짜다. 변화는 좋다.
>
> 나는 (당신도 그렇게 할 수 있는 것과 마찬가지로) 아프리카에서의 선교 교회들의 실제적인 사역에 대해 박수갈채를 보냄으로써 이 진실을 회피하곤 했다. 나는 구원이 그 패키지의 일부라는 점은 유감이라고 말하겠다. 그러나 아프리카에서 사역하는 그리스도인들은 흑인이든 백인이든 병든 사람들을 치료하고, 사람들에게 읽기와 쓰기를 가르친다. 그리고 가장 엄격한 교육·종교 분리론만이 선교사들이 세운 병원이나 학교를 보고서 세상은 이 기관들이 없으면 더 좋을 것이라고 말할 수 있을 것이다.

패리스는 다음과 같이 결론을 내린다.

> 21세기 글로벌 경쟁의 한 가운데서 아프리카가 스스로에 대해 자부심을 갖게 되기를 원하는 사람들은 물질적 수단 또는 심지어 소위 개발에 수반되는 방법론을 제공하면 변화가 일어나리라고 착각하지 말아야 한다. 먼저 전체 신념 체계가 대체되어야 한다."
>
> 그리고 유감이지만 전체 신념 체계가 다른 신념 체계에 의해 대체되어야 한다. 아프리카의 상황에서 기독교 전도를 제거하면 이 대륙이 나이키, 주술사, 이동 전화와 마체테 칼의 해로운 결합의 처분에 맡겨질 수도 있다.[45]

자신이 무신론자라고 고백하는 패리스는 이처럼 신무신론자들과는 아주 다른 결론에 도달한다. 그러나 패리스의 기사는 믿을 만하다. 이 기사에는 진실성이 있다.

이와 대조적으로 크리스토퍼 히친스는 모든 그리스도인들이 사악한 것은 아니라고 지적할 명백한 기회를 놓쳤다. 그는 자신이 백악관이나 국회 의사당을 지나갈 때마다 "4번째 비행기를 (테러) 목적지로부터 20분이란 비행 거리밖에 되지 않는 펜실베니아주 들판에 추락하게 한 승객들의 용기와 지략이 없었더라면 어떤 일이 일어났을지 생각하게 된다"고 말한다. 그런데 그는 용감한 승객들의 리더들 중 한 명은 복음주의적 그리스도인인 토드 비머스였다는 사실은 말하지 않았다.

신무신론자들이 주장하듯이 모든 종교는 정말로 똑같은가? 그들은 세상에 있는 토드 비머스와 같은 사람들과 자살 폭탄 테러범들을 동일하게 분류할 것인가? 키스 워드는 이렇게 쓴다.

---

45 Matthew Parris, *The Times*, 27 December 2008.

> 20세기 전반에 세상을 거의 파괴할 뻔했던 무서운 힘이 되었던 악의 뿌리가 있다면 그것은 독일과 러시아, 북부 베트남과 북한에 만연했던 종교에 적대적인 이데올로기들이다. 이 역사적인 사실을 뒤집고 이들 잔인한 세력들에 의해 박해 받고 짓밟힌 종교들이 세상의 악의 진정한 원천이라고 가정하려면 거의 고의로 눈이 멀게 해야 한다.[46]

기독교의 긍정적 기여에 대한 상당한 증거를 제거하는 동시에 기독교 국가들의 악들에 대해 기독교의 가르침에 책임이 있다고 잘못 비난함으로써 신무신론자들의 신뢰성이 크게 훼손되었다. 신무신론자들이 역사를 그처럼 명백하게 왜곡하는 것으로 볼 때, 우리는 과학적으로 높은 기준을 지니고 있다고 주장하는 저명한 공인이자 지성인들은 객관적이고 측정된 평가 결과를 제시할 것이라고 기대할 수 있는 충분한 권리가 있으나, 그들은 실제로는 그러한 자료를 제시하지 않고 있다는 것을 알 수 있다. 사실 우리는 실제로는 지성인들을 대하고 있는 것이 아니라 너무 자신의 아집에 사로잡혀서 현실감각을 잃어버린 사람들을 대하고 있다는 인상을 피하기 어렵다. 신무신론자들의 방법론을 사용해서 과학을 위험하고 비도덕적이라고 퇴짜 놓기 위해 (대량 살상무기부터 환경오염에 이르기까지) 과학이 우리의 세상 안에서 그리고 세상에 대해 행한 끔찍한 일들의 예들을 잔뜩 쌓아 올림으로써 과학에 대해 전면적인 공격을 가한다면 신무신론자들이 어떻게 대응할지는 천재가 아니어도 예상할 수 있다. 사실 단일신론이 전쟁을 야기한다고 주장하기보다는 과학이 전쟁을 야기한다고 말하는 쪽이 훨씬 더 정

46 Ward, *Is Religion Dangerous?*, 40.

당하다.

여느 때와 마찬가지로 데이비드 벌린스키는 이를 간결하게 제시한다. 그는 "선한 사람들이 악한 짓을 하기 위해서는 종교가 필요하다"는 스티븐 와인버그의 공개적인 진술을 인용한 뒤에 와인버그의 청중 중 어느 누구도 "적절하다고 생각했을 수도 있는 질문, 즉 '누가 인류에게 독가스, 가시철사, 고성능 폭약, 우생학 실험, 치클론 B라는 독가스 제조법, 중포(heavy artillery), 대량 살인에 대한 사이비 과학적 정당화, 집속탄(cluster bomb), 공격용 잠수함, 네이팜탄, 대륙간 탄도미사일, 군사용 우주 정거장 그리고 핵무기라는 고통을 부과했는가?"라는 질문을 제기하지 않았음을 지적한다. 그리고 그는 이렇게 말한다. "내 기억이 맞다면, 그것은 바티칸은 아니었다."[47]

노엄 촘스키는 신무신론자의 태도는 이성을 외면하는 것이라고 본다. "나는 이성을 가장 멀리 벗어나는 것은 이성 옹호 교육을 받은 지성인들이 다른 사람들이 이성을 벗어났다고 비난하는 것이라고 생각한다. 우리가 다른 사람들에게 적용하는 것과 같은 종류의 합리적 기준을 우리 자신에게조차 적용할 수 없다면 이성에 대한 우리의 헌신(commitment)은 매우 빈약한 것이다."[48]

결론적으로 "종교는 모든 것을 망친다"는 크리스토퍼 히친스의 주장은 그 자체가 이성적이지 않다. 확실히 기독교의 경우 그의 주장은 명백히 잘못이다.

---

47 David Berlinski, *The Devil's Delusion—Atheism and its Scientific Pretentions*, New York, Crown Forum, 2008, 21.

48 Noam Chomsky, *New Scientist*, 26, July 2008, 46.

3장

무신론은 해로운가?

"인민의 진정한 행복을 위해서는 그들의 아편인 종교를 없애야 한다."

카를 마르크스

"나는 세상에 메카 또는 샤르트르 대성당, 요크민스터 대성당 또는 노트르담 대성당을 불도저로 밀어버리려는 무신론자가 있다고는 믿지 않는다."

리처드 도킨스

"대성당들은 불도저로 밀기에는 너무 높다. 스탈린 치하의 소련이나 울브리히트 치하의 독일민주공화국에서는 불도저 대신 폭약을 썼다."

리하르트 슈뢰더

리처드 도킨스가 우리에게 요청하는 바와 같이 종교의 탓으로 돌려진 모든 악들이 없는 존 레논이 노래한 세상을 단지 상상만 하는 것이 아니라 실제로 그런 세상에서 살면 아주 멋질 것이다. 지각이 있는 사람이라면 모두 이 점에서는 신무신론자들에게 동의할 것이다. 그렇지만, 나는 존 레논이 아니라는 명백한 사실을 말해도 양해해주기 바란다. 내 이름은 우연히 존 레녹스(John Lennox. John Lennon과는 끝 글자만 다르다—역자 주)이며, 나는 당신에게 무신론이 없는 세상도 상상해보라고 요청하고 싶다. 20세기 최악의 대량 범죄 중 일부에 책임이 있는, 공식적으로 무신론적인 3개국의 수반들만 거명하자면 (무신론자가 없는 세상에는) 스탈린이 없고, 마오쩌뚱도 없으며, 폴 포트도 없을 것이다. 강제노동수용소가 없고, 문화혁명이 없으며, 킬링필드가 없는 세상, 부모가 자녀에게 부모의 믿음을 가르친다는 이유로 부모들에게서 자녀들을 떼어 놓는 일이 없고, 하나님을 믿는 사람들에 대한 고등교육을 거절하는 일이 없고, 일터에서 신자들에 대한 차별이 없고, 예배장소에 대한 강탈, 파괴와 소각이 없는 세상을 상상해보라. 그러한 세상도 상상해볼 만한 가치가 있지 않은가?

그러나 퓰리처상 수상자인 마릴린 로빈슨이 지적하는 바와 같이 도킨스는 "사람이 왜 믿음의 부재를 위해 전쟁하려 하겠는가?"라고 말하면서 무신론은 적대적인 의도를 가질 수 없다고 주장한다. 로빈슨은 다음과 같이 계속한다.

> 우리는 일반적으로 "전쟁"(war)이라는 단어의 개념에 "양측 중 최소한 일방이 무장한 국가들 사이의 갈등"의 의미가 내포되어 있음을 알 수 있다. 프랑스혁명, 스페인내전, 소련, 중국에서 종교에 대해 집요한 폭력이 가해져왔다. 이들 중 3개국의 경우 사회개조 프로그램의 일환으로 특정 형태의 사고를 배제하고 믿음의 부재를 만들어냄으로써 종교를 근절했다. 그러나 이러한 노력들에 의해 분별력이나 행복이 증진된 것 같지는 않다. 우리가 도출할 수 있는 가장 온건한 결론은 도킨스는 현대 권위주의의 역사를 잘 알아보지 않았다는 것이다.[1]

크리스토퍼 히친스도 이 점을 알고 있다. "흥미롭게도 신앙인들은 이제 그들이 파시스트나 나치당원 또는 스탈린주의자들보다 나쁘지 않다고 방어적으로 말하려 한다."[2] 그러나 피터 버코위츠가 「월스트리트저널」에서 지적하는 바와 같이 여기서 방어적으로 행동하는 사람은 히친스다. 그는 종교가 모든 것을 망친다고 명백하게 주장하는 사람이며 "종교를 박멸하면 인류의 사악한 성향을 억누르고 인류의 지속되는 문제들을 해결할 것이라는 유토피아적 희망을 가지는 사람은 바로 그"다.

---

1 Marilynne Robinson, "Review of *The God Delusion*", *Harper's Magazine*, 2006. http://solutions.synearth.net/2006/10/20을 보라.

2 *GNG*, 230.

버코위츠는 통찰력 있게 다음과 같이 덧붙인다.

> 20세기 전체주의는 종교적 특징들을 많이 보였다는 히친스의 관찰이 그의 입장을 강화해주지도 않는다. 그것은 진정한 종교적 가르침과 부패한 가르침, 정당한 종교적 가르침과 정당하지 않은 가르침을 구분할 필요가 있음을 확실히 해줄 뿐인데 히친스는 절대로 그렇게 하지 않으려 한다. 그리고 그것은 "왜 20세기에 세속주의를 포용한 것이 유례없는 인간의 타락을 촉발했는가?"라는 문제를 제기한다.[3]

여기에 더 심원한 이슈가 있다. 히친스는 종교에 대한 스탈린과 히틀러의 아이디어들을 비난함으로써 그들에게 면죄부를 주려고 한다. 그러나 그는 그렇게 함으로써 명목상의 종교와 하나님에 대한 개인적이고, 살아 있는 신앙을 구분하지 못하는 기본적인 실수를 저질렀을 뿐이다. 이 악당들이 어떻게 불리고 어떤 배경을 가지고 있든 그들은 실제적인 무신론자들이었다. 그들은 그들 자신의 이미지를 따라 인간을 다시 만들겠다는 유토피아의 비전을 공통적으로 가지고 있었는데, 그들은 그렇게 함으로써 사실상 대체 종교를 창조했다. "과학의 이름으로 우리의 불완전한 인간의 특성을 극복할 수 있다고 주장하는 사람들은 **종교와 같은 기능을 하는** 신앙 체계를 창조한다."[4] 헉슬리는 이를 오래 전에 알았으며 이 점에 대해 명백히 밝혔다. 독일의 헤켈도 그랬다. 마이클 루스는 많은 사람들에게 있어서 진

---

3 Peter Berkowitz, *The Wall Street Journal*, 16 July 2007, A13.

4 Chris Hedges, *I Don't Believe in Atheists*, New York, Free Press, 2008, 54.

화는 전능한 창조주와 유사한 방식으로 기능하는 것 같다는 점을 솔직하게 인정했다.

신무신론자들은 과학은 불가피하게 종교를 제거하는 자연주의를 수반한다고 생각한다. 그리고 그들은 과학을 통해 "너무 어두워서 진리를 보지 못하는 자신의 동료들을 포함한 모든 피조물들 위에 자신들이 도덕적 권위를 행사한다"고 주장한다.[5] 무신론자들만이 자기들이 어떻게 집단적 구원을 가져 오고 인류를 구속할 수 있는지 이해한다고 생각한다. 만일 히친스가 스탈린과 히틀러의 배경이나 그들이 하는 말의 종교적 색채 때문에 그들을 종교적이라고 부른다면, 히친스가 자신은 프로테스탄트 무신론자라고 말할 때 우리는 그를 종교적이라고 말해도 무방할 것이다.

존 그레이는 그의 저서 『추악한 동맹』(*Black Mass*)에서 매우 중요한 점을 지적한다.

> 서구의 인식에서는 20세기 테러에서 계몽운동의 역할을 보지 못하고 있다.… 공산주의 제도들은 유토피아적인 이상을 추구하여 설립되었는데 그 이상의 기원은 계몽주의이며…계몽주의는 삶을 개조하려는 시도의 부산물이다. 현대 이전의 신정주의는 이렇게 하려는 시도를 하지 않았다.…레닌에 의해 실행된 것과 같은 테러는 차르(Tsar)에게서는 나오지 않았다.[6]

신무신론자들은 필사적으로 스탈린, 모택동, 폴 포트의 잔혹 행위들과 자

---

5 *GNG*, 57.

6 John Gray, *Black Mass: Apocalyptic Religion and the Death of Utopia*, London, Penguin, 2007, 36, 39.

신들이 옹호하는 무신론 철학 사이에 선을 그으려 한다. 실제로 도킨스는 나와의 토론에서 무신론자들은 종교인들이 종교에 근거하여 자행한 잔학 행위에 필적할 만한 잔학행위를 저지른 적이 없다고 단언했다. 그는 내게 결국 우리는 모두 제우스와 보탄에 관해서는 무신론자들이며 그 사실이 아무도 해치지 않는다고 말했다. 사람이 어떤 것을 믿지 않는다 해도 누구도 해칠 수 없다. 그렇지 않은가?

그러나 무언가를 믿지 않으면 피해를 고취할 수 있는 잠재력이 있는 다른 무언가에 대한 일련의 긍정적인 믿음을 수반하는 경우에는 그럴 수 있다. 보탄을 믿지 않는 것과 하나님을 믿지 않는 것의 차이는 엄청나다. 전자는 그다지 심각한 결과를 가져오지 않는 반면 하나님의 존재에 대한 부정은 엄청난 결과를 가져오기 때문이다. 실상은 하나님의 존재를 부정하는 것은 도킨스의 물질주의적 철학 전체에 영향을 준다. 내가 토론에서 도킨스에게 지적한 바와 같이 그것이 바로 도킨스가 무(無)보탄론이나 무제우스론에 관해 설명하는 400쪽 분량의 책을 쓰는 수고를 하지 않은 이유다. 그러나 그는 무신론에 대해서는 두꺼운 책을 썼다. 왜 그랬는가?

왜냐하면 도킨스 및 다른 신무신론자들은 단순한 무신론자들이 아니고 신에 대해 적대적인 사람들이기 때문이다. 하나님을 믿지 않는다 해서 수동적이고, 부정적이며, 무해한 진공 상태로 남아 있지 않는다. 신무신론자들의 책들은 신에 대한 그들의 적대감에서 나오는 모든 긍정적인 믿음들로 가득 차 있다. 이 믿음들은 그들이 자신들은 신조를 지니고 있다는 사실을 부인하려 하는 것만큼이나 그들의 신조 및 신앙을 형성한다. 사실 영리한 사람(Bright)에 대한 그들 자신의 정의는 "자연주의적 세계관을 지닌 사람"이다. 도킨스는 자기 책에서 확실히 자연주의에 대한 무신론자들의 헌신(commitment)의 의미에 찬동하면서 줄리언 바지니를 인용하고 있다. "대부분의 무신론자들은 우주에는 한 종류의 물질만 있고 그것은 물리적이지만 이 물질로부터 마음, 아름다움, 감정, 도덕적 가치들, 즉 간략히 말해서 인간의 삶을 풍요롭게 해주는 모든 현상들이 나온다고 **믿는다**(강조는 덧붙인 것임)." 그 책의 조금 뒤에서 도킨스는 (더 이상 바지니나 다른 어느 누구도 인용하지 않고서) 이렇게 말한다. "철학적 자연주의자라는 의미에서의 무신론자는 자연적, 물리적 세계를 넘어서는 어떤 것도 없으며, 관찰할 수 있는 우주 배후에 잠복해 있는 초자연적이고 창의적인 지성은 없다는 것을 **믿는**(강조는 덧붙인 것임) 사람이다…."[7] 그 자신의 말에 비춰볼 때 도킨스는 어떤 지적인 왜곡을 통해 자신의 무신론이 **신앙** 체계가 아니라고 설득할 수 있는지 의아하다. 그의 신앙은 너무도 분명하게 드러나고 있다.

도킨스는 그의 철학에서 철저한 자연주의자이고, 참으로 물질주의자다. 그리고 그가 말하듯이 무신론이 나쁜 일을 하도록 체계적으로 사람들에게 영향을 준다는 "어떤 증거도 없다"[8]는 말은 우리에게 역사에 대해서보다 그 자신에 대해 훨씬 더 많은 것을 말해준다. 특히 (앞장에서 논의한 바와 같이) 모든 종교를 악하다고 묘사하는 그의 관찰에 이 말을 덧붙일 때, 이 말은 그의 판단을 그다지 신뢰하지 못하게 한다. 물론 그는 두 경우 모두에 있어서 옳지 않다.

7 *GD*, 34.
8 *GD*, 309.

신무신론자의 역사에 대한 태도 재고찰

그리고 그것이 가장 우려되는 일이다. 결국 도킨스가 신학을 연구할 시간이 없는 것도 놀랄 일이 아니다. 그는 신학이 대학에서 개설할 과목으로서의 자격이 있는지에 대해 의문을 제기하고 있는 것으로 알려져 있다. 그러나 이에 대해 어떻게 생각하든 역사는 확실히 매우 다른 문제다. 생물학자인 도킨스는 주로 지구상의 생명의 역사에 관심을 보인다. 그리고 그는 자신에게 동의하지 않는 사람들에게는 재빨리 도전을 제기할 것이다. 그럼에도 역사라는 보다 넓은 문제에 이르러서는 그는 다른 신무신론자들과 마찬가지로 숨이 막힐 듯이 오만한 태도를 보인다. 우리는 이미 기독교 역사에 대한 신무신론자들의 피상성을 보았다. 그리고 이제 20세기 역사에 대한 그들의 태도에 동일한 약점이 팽배해 있음을 볼 차례다.

실로 지난 30년간 여러 차례 과거의 공산주의권 국가들을 방문할 특권을 누렸던 나는 도킨스의 평가의 순진함과 부정확함에 그저 놀랄 뿐이다. 도킨스가 정확한 평가를 위해 어떤 노력을 기울였는지는 모르겠지만 설사 그가 노력했더라도 이보다 더 틀릴 수는 없었을 것이다. 나는 종종 러시아의 지성인들과 대화를 나눠봤는데 그들 중 일부는 인상적인 학자들과 의견을 달리했다. 그들은 내게 아래와 같은 취지의 말을 했다. "우리는 하나님을 제거하고도 인류를 위한 가치를 보존할 수 있다고 생각했다. 그런데 우리가 틀렸다. 우리는 하나님과 사람 모두를 파괴했다." 내 폴란드인 친구는 더 노골적이었다. "도킨스는 20세기 역사의 실재와 동떨어졌다. 그가 진정으로 무신론과 잔학이 연결되어 있다는 증거를 열린 마음으로 듣기 원한다면 이곳에 와서 우리에게 들어보라고 하라."

그럼에도 도킨스는 태평하게 이렇게 말한다. "무신론자 개인이 악한 짓을 할 수도 있지만 그들이 무신론의 이름으로 악한 짓을 하지는 않는다. 스탈린과 히틀러는 각각 독단적이고 공론적인 마르크스주의와 하위 바그너주의의 헛소리 기미가 있는 비상식적이고 비과학적인 우생학 이론의 이름으로 극악한 짓을 저질렀다."[9] 그런데 스탈린과 히틀러가 독단적이라고 비판을 받아야 한다면 신무신론자들은 어떤가? 극찬을 받은 2006년의 BBC 라디오 시리즈 "험프리스의 하나님을 찾아서"(*Humphrys in Search of God*)를 제작한 존 험프리스는 그가 인터뷰했던 모든 사람들 중에서 무신론자들이 가장 독단적이었다는 사실이 인상적이었다고 말했다. 피터 버코위츠의 말로 표현하자면[10] 소크라테스는 교육을 받은 사람은 자신의 무지를 아는 사람이라고 정의했다. 신무신론자들은 자신들의 무신론이 열린 탐구로부터 나오기는커녕 이로부터 그들의 탐구가 진행되고 그들의 모든 관찰 내용을 채색하며 그들의 결론을 결정하는 매우 독단적인 가정이라는 점을 전혀 알지 못한다.

더구나 그들은 마르크스에게는 종교에 대한 비판이 모든 비판의 토대였다는 기본 지식이 없어서 이 이슈에 대해 경직된 독단주의에 빠졌다. 히친스는 다음과 같이 주장할 때 실제로 (무의식적으로?) 마르크스를 흉내 낸다. "신앙과의 논쟁은 철학, 과학, 역사 그리고 인간 본성에 관한 모든 논쟁들의 시작(그러나 끝은 아님)이기 때문에 그것은 다른 모든 논쟁들의 토대이자 기원이다."[11] 마르크스는 자신의 박사 논문 서문에서 이렇게 썼다.

---

9 *GD*, 315-16.

10 Peter Berkowitz, "The New New Atheism," *The Wall Street Journal*, 16 Jul 2007, A13.

11 *GNG*, 12.

철학은 그것을 비밀에 부치지 못한다. "나는 모든 신들을 미워한다"는 프로메테우스의 인정은 인간의 의식을 최고의 신성으로 인정하지 않는 천지의 모든 신들에 맞서는 철학 자신의 인정이고, 철학 자신의 구호다.[12]

사람은 자신이 스스로의 주인이 되기 전에는 자신을 독립적이라고 여기지 않으며, 자기 덕분에 존재할 때에만 자신의 주인이 된다. 다른 사람 덕분에 사는 사람은 자신을 의존적인 존재로 여긴다. 그런데 내가 내 삶의 지속뿐 아니라 내 삶의 **창조**도 그에게 빚을 지고 있을 때, 즉 그가 내 삶의 원천일 때에는 나는 완전히 다른 사람 덕분에 사는 것이다.[13]

마르크스는 "인민의 진정한 행복을 위해서는 그들의 아편인 종교를 없애야 한다"는 입장을 보인다. 따라서 공산주의자 관점의 바로 중심에 무신론이 놓여 있다. 이것이 바로 내가 이전의 공산주의 국가의 사람들에게 신무신론자들의 주장에 관해 얘기했더니, 그들이 신무신론자들을 어처구니없다며 기각한 이유다. 도킨스, 히친스 그리고 해리스는 『공산주의의 전과자 명부』(*The Black Book of Communism*)에서 "공산주의 제도는…대규모 범죄를 완전히 성숙한 정부 시스템으로 변환시켰으며", 약 9천 4백만 명을 죽음에 이르게 했는데 그중 8천 5백만 명이 중국과 러시아에 의해 살해당했다고 한 말을 읽어보지 못했단 말인가?[14]

---

12 K. Marx and F. Engels, *On Religion*, Moscow, Foreign Languages Publishing House, 1955년에 번역된 *The Difference between the Natural Philosophy of Democritus and the Natural Philosophy of Epicurus*, 15.

13 *ibid*, 5.

14 *Black Book of Communism*, Stephane Courtois 편, Cambridge Mass, Harvard University

그리고 히틀러는 어떤가? 『히틀러의 하나님: 예정과 소명감에 대한 독일 독재자의 믿음』(*Hitler's God: The German Dictator's Belief in Predestination and Sense of Mission*)[15]이라는 제목의 권위 있는 책에서 역사가 마이클 리스만은 히틀러는 "하나님"을 "우주 전체에 대한 자연법칙의 지배"로 생각했으며, "그[히틀러]의 종교성은 예정을 과학에 의해 확립된 규칙성과 동일시하려는 시도로 구성되었다"고 기록한다.[16] 리스만은 또한 히틀러가 한번은 어떻게 스페인 프랑코 정권하의 정치가와 관료들에게 자기는 이미 학생 시절에 "두 신들을 둔 교회의 허위를 간파했다"고 말했는지를 설명한다.

더구나 히틀러는 기독교가 과학의 끝없는 발전 앞에서 위축되리라고 예상했다. 『식탁 대화』(*Table Talk*)[17]에서 그는 "우주에 대한 이해가 널리 확산되면…기독교 교리는 터무니없음이 입증될 것이다"라고 말한 것으로 알려져 있다. 기독교에 대한 그의 견해는 아주 명확했다. "고대 세계가 그토록 순수하고, 밝고, 고요했던 이유는 천연두와 기독교라는 두 개의 커다란 악에 대해 전혀 몰랐기 때문이었다." 이 말은 참으로 낯이 익다. 신무신론자들 중 한 사람이 어느 곳에선가 종교는 "천연두 바이러스와 비슷하지만 근절하기는 더 어려운 마음의 바이러스"와 같다는, 히틀러의 견해와 매우 유사하게 들리는 견해를 표명하지 않았던가? 참으로 해 아래 새 것은 없다.

Press, 1999.

15 Michael Rissmann, *Hitlers Gott: Vorsehungsglaube und Sendungsbewusstsein des deutschen Diktators*, Zürich, Pendo, 2001.

16 그의 책의 주요 아이디어들은 또한 Rissmann의 에세이 "Hitlers Vorsehungsglaube und seine Wirkung"(communio 4/2002, S.358-367)에서도 찾아 볼 수 있다.

17 *Hitler's Table Talk*, 히틀러의 사적 대화들의 속기 기록, London, Weidenfeld and Nicolson, 1953.

히틀러에게 기독교는 "인간을 강타한 가장 강력한 일격"이었다. 그것은 "사랑의 이름으로 적수를 근절하는 세계 최초의 신조"였다. "기독교의 기조는 편협성이다." 히틀러는 "기독교는 한 가지 커다란 저주, 한 가지 커다란 본질적 악행, 한 가지 커다란 복수 본능으로서, 이를 위해서는 아무리 유해하고, 비밀스럽고, 은밀하고, 사소한 방편도 사양하지 않고 사용한다. 나는 이를 인류의 한 가지 불멸의 결점이라고 부른다"고 말한 니체를 닮았다. 히틀러가 어떤 범주에 속하든 한 가지는 확실하다. 그는 기독교와 유대교 모두에 대해 열렬한 적대자였다.

그러나 도킨스는 진지하게 분석하지 않은 채로 히틀러와 스탈린 모두에 대해 매우 어리석은 진술이라고 묘사될 수 있는 수준의 언급에 만족한다. "히틀러와 스탈린이 모두 무신론자라는 점을 인정한다 해도, 그들은 모두 사담 후세인처럼 콧수염을 길렀다. 그래서 어떻다는 말인가?"[18] 우리는—갑작스런 심오한 통찰의 빛에 비추어—그 세 사람은 우리 모두와 마찬가지로 코가 있었다는 점을 덧붙일 수도 있을 것이다. 이것이 무슨 종류의 "추론"인가? 우리는 일반적으로 공유하는 특징이 아니라 히틀러, 스탈린 등이 유대교든 기독교든 또는 기타 어느 것이든 종교를 제거하기 위해 수백만 명을 살해하게끔 했던 동기가 되는 이데올로기의 일반적 특징에 대해 말하고 있다. 데이비드 벌린스키는 진정한 이슈를 지적한다. 그는 아래와 같이 상기한다.

동유럽의 어느 곳에서 어느 나치 친위대 장교가 기관총을 받쳐 놓고서 나이

18 *GD*, 309.

들고 턱수염을 기른 정통파 유대인이 힘들게 자기 무덤이 될 구덩이를 파고 있는 것을 나른하게 지켜보았다. 그 유대인은 꼿꼿이 서서 자신의 처형 집행인에게 이렇게 말했다. "하나님은 네가 하는 짓을 지켜보고 계신다." 그리고 그는 총살당했다.

하나님께서 그들이 하는 일을 보고 계신다는 사실을 히틀러는 믿지 **않았고**, 스탈린도 믿지 **않았고**, 마오쩌뚱도 믿지 **않았고**, 나치 친위대도 믿지 **않았고**, 나치 비밀경찰도 믿지 **않았고**, 소련 내무인민위원회도 믿지 **않았고**, 인민위원, 공무원, 으스대는 집행자들, 나치 의사들, 공산당 이론가들, 지식인들, 나치 돌격대원들, 검은 셔츠단원들, 지방 장관들 그리고 1천명의 정당 거수기들도 믿지 **않았다**.

그리고 우리가 아는 한, 20세기의 공포들을 실행했던 사람들 중 하나님께서 그들이 하고 있는 일을 보고 계신다는 사실에 신경을 쓴 사람은 별로 없다.

결국, 그것이 세속적인 사회가 **의미하는 바다**.[19]

미셸 옹프레는 포이어바흐, 니체 그리고 마르크스를 "칸트를 계승한 발광체들"로 분류한다. "발광체"는 그들의 무신론 철학이 일련의 독재자들의 마음에 불을 지피고 20세기에 지구상의 많은 부분을 덮었던 어둠으로 인도해서, 결국 그 독재자들로 하여금 수백만 명을 살해하게 했던 철학자들을 묘사하는 이상한 용어다. 그때 다른 모든 시기들에 벌어진 종교 전쟁에서 죽었던 사람들을 모두 합친 것보다 많은 사람들이 죽임 당했다. 그 사실

19 Berlinski, *The Devil's Delusion*, 26-27.

또한 변명할 수 없다. 옹프레는 진정으로 우리가 포이어바흐, 니체 그리고 마르크스를 최초의 "영리한 사람들"로 생각하기 원하는가?

신무신론자들은 종교가 폐지된 참으로 세속적인 사회가 종교가 용인되는 사회에서보다 폭력이 덜 발생하리라고 생각하는가? 그런 제도를 가졌던 20세기의 사례들이 역사상 가장 편협하고 폭력적이었음을 감안할 때 이런 생각을 유지한다는 것은 참으로 놀라운 일이다.

그럼에도 신무신론자들은 무신론에 비난할 것이 없다고 단언하면서 지나치게 터무니없는 방향으로 무모하게 돌진한다. 도킨스는 자신은 "세상에 메카 또는 샤르트르 대성당, 요크민스터 대성당 또는 노트르담 대성당을 불도저로 밀어버리려는 무신론자가 있다고는 믿지 않는다"고 썼다. 이 말은 그런 대접을 받아도 싼 대응을 받았다. "대성당들은 불도저로 밀기에는 너무 높다. 스탈린 치하의 소련이나 울브리히트 치하의 독일민주공화국에서는 불도저 대신 폭약을 써서 예컨대 1968년에 라이프치히 소재 대학교 교회를 폭파했다." 이 말은 독일민주공화국에서 자랐고 이전의 독일 사회민주당의 리더였으며 현재 베를린의 철학 교수이기 때문에 공산주의에 대해 잘 아는 리하르트 슈뢰더의 대꾸다.[20]

도킨스의 말이 함축하는 바는 우리를 깜짝 놀라게 한다. 그는 정말로 무신론자 국가들에서의 무자비한 교회 파괴들, 또는 종교를 말살하기 위해 교회들을 강제로 무신론 박물관, 창고, 극장, 식당 등으로 전환한 사실에 대해 전혀 읽어보지 않았단 말인가? 결국 스탈린은 고작 54,000개의 교

20 Richard Schröder, *Abschaffung der Religion*, Freiburg im Breisgau, Herder, 2008, 18, John C. Lennox 역.

회들의 문을 닫았을 뿐이다. 확실히 그 교회들이 모두 폭파된 것은 아니다. 그리고 만일 도킨스가 이런 사실들에 대해 읽었다면 그는 왜 그 사실들을 그처럼 명시적으로 부인하는가? 그런데도 바로 그 도킨스가 창조론자들과 대학살 부인자들 사이에 모종의 유사점을 끌어내려는 모험을 감수하려 한다.[21]

사람들은 또한 하나님을 믿고, 무신론적 사회에 적합하지 않으며, 강제로 "치료되어야" 한다는 이유만으로 거의 죽을 만큼 고문을 당했거나, 정신과 약물을 주입 당했거나, 감옥에서 여러 해를 보냈거나, 이 모든 일들을 당했던 사람들을 신무신론자들이 만나본 적이 있는지 궁금해 한다. 나는 그들이 그리스도인들의 손에서 그러한 고통을 당한 무신론자들을 별로 많이 만나보지 않았을 것이라고 확신한다.

나는 또한 그들은 나처럼 이전의 독일민주공화국에서 13살 먹은 아이와 대화를 나눠본 적이 없다고 생각한다. 그 여자 아이는 학교에서 가장 영리한 아이였는데, 그 아이는 방금 전에 자신이 **무신론** 국가에 대해 공개적으로 충성을 맹세하려고 하지 않기 때문에 더 이상 교육을 받을 수 없다는 말을 들었다. 우리는 이를 지적 살인이라고 부르고 싶어진다. 그런 일이 여러 차례 발생했는데 이는 모두 무신론의 이름으로 자행되었다. 그것은 건물들을 불도저로 미는 것보다 더 나쁘지 않은가? 그러나 도킨스에 의하면 이에 대해서는 **아무런** 증거도 없다. 정말 그런가? 만일 이것이 신무신론이 제공하는 20세기 역사에 대한 합리적 비판 수준이라면 그들은 그들의 지성이 죽었다고 알리고 있는 셈이다.

---

21 Richard Dawkins, *The Greatest Show on Earth*, London, Bantam Press, 2009.

역사적 상황에 대해 훨씬 더 균형 잡힌 견해를 보이는 무신론자들을 만날 수 있다는 점은 다소 위안이 된다. 다양한 범죄에 대해 종교를 비난한 뒤에 피터 싱어와 마크 하우저는 이렇게 쓴다.

> 우리의 세계관이 시야가 좁다는 비난을 받지 않도록 균형 잡힌 시각을 취한다면, 무신론자들도 스탈린이 수백만 명을 학살한 일, 폴 포트가 "킬링필드"(그곳에서 백만 명이 넘는 캄보디아인들이 살해되었다)를 조성한 일 등 극악한 범죄에 일익을 담당했다. 이러한 사실들을 종합하면 결론은 분명하다. 범죄적 폭력의 사용은 종교 또는 무신론 어느 한쪽의 전유물이 아니다.[22]

그러나 그들은 무신론에 대해 너무 관대하다.

이와 관련하여 도킨스가 보다 최근에 (아마도 샘 해리스에게 영향 받은 결과일 수 있지 않을까?) 다음과 같이 인정한 것도 고무적이다.

> 내가 아는 한 건물들을 폭파하는 그리스도인들은 없다. 내가 알기로는 그리스도인 자살 폭탄 공격자는 없다. 내가 아는 어떤 기독교 종파도 배교에 대한 벌은 죽음이라고 믿지 않는다. 나는 기독교가 더 나쁜 것들을 방어하는 보루가 될 수도 있는 한 기독교의 쇠퇴에 대해 양면 감정을 느낀다.[23]

그가 『만들어진 신』을 저술하기 전에 이런 생각을 하지 않았다는 것이 유

---

22 *50 Voices of Disbelief*, Russell Blackford and Udo Schüklenk 편, Oxford, Wiley-Blackwell, 2009, 290에 실린 글.

23 Ruth Gledhill에 의해 인용됨, *The Times*, 2 April 2010.

감이지만, 나는 그가 지금이라도 그렇게 말하는 것이 다행이라고 생각한다.

신무신론은 위험한가?

일반 대중은 신무신론자들이 자신들의 이념적 의제를 선전하기 위해 널리 인정되는 학자들의 역사 해석에 의문을 제기하는 경향에 대해 우려하는데, 이런 우려는 일리가 있다. 그러한 경향은 추악한 전체주의로 비뚤어지기 쉽다. 물론 신무신론자들이 왜 무신론자들의 역할을 지우도록 역사를 다시 써야 한다고 강력히 주장하는지에 대한 이유를 생각하기는 어렵지 않다. 그들은 자신들의 종교에 적대적인 의제와 지상에서 종교를 없애려는 공산주의의 폭력적이고 잔인한 시도 사이에 유사한 점이 있다는 결론이 도출되기를 원하지 않는다.

불행하게도 그들 중 일부는 그러한 비교를 자초한다. (서문에서 언급된) 캘리포니아주 라호이아 소재 소크 연구소가 후원한 포럼에서 인류학자 멜빈 J. 코너는 다음과 같이 논평할 정도로 불관용 기조가 극에 달했다. "이 관점들은 A에서 B까지의 전 범위에 걸쳐 있다. 우리가 종교를 쇠 지렛대로 두들겨야 하는가, 아니면 야구 방망이로만 두들겨야 하는가?"

나는 대부분의 신무신론자들이 이러한 자극적인 진술을 멀리하기를 바란다. 결국 그런 말은 종교적 폭력을 큰 이슈로 삼는 운동과 어울리지 않는다. 더구나 역사는 우리에게 지성적 분석과 토론으로 시작한 운동이 불관용과 폭력으로 끝날 수도 있음을 가르쳐준다. 20세기에 카를 마르크스는 런던의 도서관의 목가적 고요함 속에서 자신의 무신론 이론을 발전시켰다. 사람들은 그가 자신의 말이 어떤 결과를 가져왔는지에 대해 지금은 어떻게 생각할지 궁금해 한다. 아이디어에는 결과가 따른다. 아이디어는 폭발적일 수 있다. 그러므로 하나님에 대한 믿음을 없애려는 시도가 전에도 있었는데 오히려 인간을 없앴다는 점을 망각한다면 현명하지 않은 처사다.

자신이 조만간에 러시아에서 그리스도인을 모조리 없애겠다고 주장했던 사람은 바로 니키타 흐루쇼프 동무가 아니었던가? 나는 소크 연구소 컨퍼런스에서 과학자들에게 "종교를 믿는 것을 약화시키기 위해 우리가 할 수 있는 것은 **무엇이라도**" 기여하라고 격려하는 스티븐 와인버그의 말을 읽을 때 왜 흐루쇼프의 말이 생각났는지 궁금하다. 이러한 전체주의의 낌새는 단지 바람 앞의 지푸라기일 뿐이다. 그러나 지푸라기들은 바람의 방향을 보여주는 데 기여하는데, 그리 멀지 않은 과거에 같은 바람이 소련의 강제노동수용소 쪽으로 불었었다.

나는 우리 중 무신론자가 아닌 많은 사람들이 종교의 이름으로 저질러진 명백한 악에 대한 신무신론자들의 적대감에 공감한다는 점을 다시금 강조하고자 한다. 그러나 그들의 무신론적 프로그램은 많은 사람들에게 피상적 매력이 있기는 하지만, 신무신론자들이 그 프로그램을 종교에 적대적으로 사용한다는(그렇게 하는 정당성은 부족하다) 바로 그 이유 때문에 잠재적으로 위험하다. 예를 들어 도킨스는 (최소한 기독교의 경우에는 증거에 반하여) "온건한 종교의 가르침들은 극단주의에 대한 공개적인 초대다"[24]라고 경

24 *GD*, 342.

고한다. 같은 취지에서 그가 자신의 충고에 대해 주의를 기울이고, 온건한 무신론의 가르침이 극단주의에 대한 훨씬 더 공개적인 초대일 수도 있다(이에 대해서는 강력한 증거가 있다)고 우리에게 경고하는 것이 현명하지 않겠는가? 결국 계몽주의와 19세기 및 20세기의 폭력은 뚜렷이 연결된다.

성경의 진단에 의하면 인류는 사악함으로 인해 결함이 있는 존재다. 비합리적으로 낙관적인 "진보"라는 개념으로 가득 찬 사람들은 이에 반대하지만, 이 주장은 우리의 보편적 경험에 비춰볼 때 확실히 놀랍지 않은 주장이다. 존 그레이는 이렇게 주장한다.

> 인간이 본질적으로는 선한 피조물들인데, 까닭 없이 폭력과 압제의 역사로 고생하고 있다고 보는 일반적인 견해를 바꾸는 것이 가장 중요하다. 사실주의의 요지이자 일반적인 견해에 대한 주요 걸림돌은 바로 사실주의 견해가 인류는 타고난 결점을 가지고 있다고 주장한다는 점이다. 거의 모든 현대 이전의 사상가들은 인간의 본성은 고정되어 있고 흠이 있다는 것을 기정사실로 여겼다. 그리고 바로 이 점에서 그들은 진실에 가까웠다. 인간의 충동이 자연적으로 유순하거나, 평화적이거나, 합리적이라고 가정하는 어떤 정치 이론도 믿을 수 없다.[25]

그 사악한 결함의 원천은 "한 사람으로 말미암아 죄가 세상에 들어오고 죄로 말미암아 사망이 들어왔나니 이와 같이 모든 사람이 죄를 지었으므로

---

25 Gray, *Black Mass*, 198.

사망이 모든 사람에게 이르렀느니라"[26]라는 바울의 핵심 진술에 나타난다. 이 진술에 대해서는 6장에서 보다 자세히 논의할 것이다.

유신론의 명백한 친구가 아닌 존 그레이는 다음과 같이 썼다.

> 지난 세기의 전체주의 제도들은 계몽주의의 가장 대담한 꿈들의 일부를 구현했다. 그들의 가장 끔찍한 범죄들의 일부는 진보적 이상을 위해 저질러졌으며, 자신들을 계몽주의 가치들의 적으로 보았던 제도들도 그 기원을 계몽주의 사고에 두고 있는 과학의 힘을 사용해서 인류를 변혁시키는 프로젝트를 시도했다. 서구의 인식에서는 20세기 테러에서 계몽주의가 담당한 역할을 보지 못하고 있다.[27]

그것은 확실히 신무신론자의 인식에서 하나의 사각지대인데 그 이유를 알기는 어렵지 않다. 무신론이 야기했던 공포들이 많은 사람들의 기억 속에 살아 있기 때문에 종교의 가르침을 금지하라는 도킨스의 주장은 논리적으로 그보다 훨씬 더 빠르게 무신론의 가르침을 금지하는 것으로 귀결될 것이다.

네 명의 리더들(도킨스, 데닛, 해리스 그리고 히친스)의 녹화 토론에 **4인의 기사**라는 제목이 붙은 것은 대수롭지 않은 아이러니가 아니다. 이는 틀림없이 요한계시록에서 정복, 전쟁, 기근 그리고 사망으로 묘사된 종말의 4인의 기사를 언급하는 것이다.[28] 그들이 이 호칭을 사용한 것이 그들이 혹평

26 롬 5:12.

27 Gray, *Black Mass*, 36.

28 계 6장

하려고 하는 책에 대한 그들의 무지를 보여주는 또 하나의 증거가 아닌지 궁금하다. 나는 그러기를 바라는데 왜냐하면 이 기사들에 대한 진술들의 일부는 다소 으스스하기 때문이다. 예를 들어 샘 해리스의 다음과 같은 비난 받을 만한 말은 사망의 조짐으로 들린다. "일부 명제들은 매우 위험해서 그 명제들을 믿는 사람들을 죽이는 것이 윤리적일 수도 있다."[29] 종국적으로 이들 위험한 명제들이 무엇이며 누가 이 형(刑)을 집행할지를 결정할 권위를 가진 사람들은 신무신론자들이 될 것인지 묻지 않을 수 없다.

신무신론자들은 폭력, 잔인성 그리고 전쟁이 기독교의 중심에 놓여 있지만 이런 것들이 무신론과는 아무 관련이 없음을 보여 주기 위해 최선을 다한다. 아주 무절제한 이 주장이 지닌 최고의 아이러니는 그리스도의 가르침과 앞에서 말했던 20세기의 반(反)종교적 이데올로기의 가르침에 대해 조사해보면 그와 정반대임을 보여준다는 것이다. 신무신론자들의 운동은 좌초할 수 밖에 없을 것이다. 왜냐하면 역사는 신무신론이 자신들의 그릇된 진단으로 인해 자신들이 해결하려고 하는 문제들보다 훨씬 더 나쁜 해법으로 인도된다는 점을 보여주기 때문이다. 그러나 경험에 의하면 우리는 역사에서 좀처럼 가르침을 얻지 못하기 때문에 신무신론은 아주 큰 피해를 입기 전에는 좌초하지 않을 수도 있다.

---

29 Harris, *The End of Faith*, 52-53.

신무신론은 새롭지 않다.

2008년 8월 에든버러 페스티벌의 서두에 열린 크리스토퍼 히친스와 나의 토론은 "새로운 유럽은 신무신론을 선호해야 한다"는 동의안에 관한 것이었다. 그 토론에서 내 마지막 발언 때 나는 다음과 같은 취지로 말했다.

> 신무신론에는 실제적으로는 새로운 것이 전혀 없다. 40년이 넘는 기간 동안 무신론의 한 형태가 동유럽을 지배했다. 그리고 동유럽은 1989년에 단호하게 이를 거부했다. 이 동의안이 제안하듯이 기독교가 새로운 유럽의 형성을 방해한 것이 아니라 기독교는 새로운 유럽 창설에 결정적인 역할을 했다. 영국학술원의 회장이자 옥스퍼드 대학교 국제관계 교수인 아담 로버츠 경은 냉전과 레지스탕스 운동에서 종교가 수행한 역할에 관한 세계적 권위자다. 나는 옥스퍼드 대학교에서 열린 그의 공개 강연에 참석했다. 이 강연에서 그는 1989년에 라이프치히 소재 기독교 교회들은 폭력을 방지하는 일에 커다란 역할을 했는데, 그렇지 않았더라면 독일민주공화국으로 하여금 군 병력을 투입할 구실을 주어서 평화적인 민주주의가 자기 길을 가도록 허용하는 고르바초프의 정책을 위협했을 수도 있었다고 지적했다. 아담 경은 교회들이 그렇게 행동하지 않았더라면 그 결과는 재앙적일 수도 있었고 새로운 유럽이 없었을 것이라고 강조했다.
>
> 따라서 새로운 유럽의 창조는 참된 기독교가 어떻게 하나님의 형상을 따라 만들어진 인간의 존엄을 주장함으로써 자유를 가져 오는지에 대한 하나의 예다. 신무신론은 공산주의자라는 그 전임자가 그랬던 것처럼 이러한 자유를 훼손한다. 알렉산드르 솔제니친은 이를 잘 표현했다.

만일 내가 오늘 약 6천만 명의 우리 국민들을 삼켰던 파괴적인 혁명의 주요 원인을 가급적 간략하게 구성하라는 요청을 받는다면, 사람들이 하나님을 잊어버린 것이 바로 이 모든 일이 일어난 이유라고 말하는 것이 가장 정확할 것이다.…만일 내가 여기서 전체 20세기의 주요 특성을 밝혀달라는 요청을 받는다면, 다시금 사람들이 하나님을 잊어버린 것이 그 이유라고 말하는 것보다 더 정확하고 간결한 답변을 발견할 수 없을 것이다. 우리를 하찮은 존재로 축소시키고, 우리를 핵무기에 의한 죽음과 재래식 무기에 의한 죽음 직전으로 데려온 지난 두 세기의 그릇된 희망에 대해, 우리는 우리가 그토록 경솔하게 그리고 자신 있게 버렸던 하나님의 따뜻한 손을 결연하게 추구하라고 제안할 수 있을 뿐이다. 이렇게 할 때에만 이 불행한 20세기의 과오들에 대해 우리의 눈이 열릴 수 있고, 우리 무리가 이 과오들을 바로잡는 방향으로 향할 수 있다. 이 문제에서 이 외에는 고수할 것이 아무것도 없다. 모든 계몽주의 사상가들의 비전을 다 합해도 그것은 아무것도 아니다.[30]

오늘날 새로운 유럽이 존재하는 것은 신무신론의 이전 형태에 의해 만들어졌던 벽이 허물어졌기 때문이다. 우리는 진정으로 또 다른 벽을 세우기 원하는가?

30 Aleksander Solzhenitsyn, 템플턴상 수상 연설, 1983.

4장

하나님 없이도 선할 수 있는가?

하나님이 없다면 모든 것이 허용될 수 있다.

표도르 도스토옙스키

신무신론자들은 과학 차원에서뿐만 아니라 도덕의 차원에서도 하나님을 공격한다. 그들의 공격에는 두 갈래가 있다. 첫째, 그들은 자신들이 원시적이고, 받아들일 수 없고, 참으로 그들에게 혐오감을 일으키는 것으로 인식하는 성경의 도덕성을 맹렬히 비판한다. 둘째, 그들은 도덕성에 하나님이 필요하지 않다고 주장한다. 그들은 도덕성 자체를 거절하는 것이 아니라 도덕성이 어떻게든 하나님에게 의존한다는 전통적 견해를 거절할 뿐이라고 말한다. 간단히 말해서 그들의 견해는 우리가 하나님 없이도 선할 수 있다는 것이다.

크리스토퍼 히친스는 "구약의 악몽"[1]과 "신약의 악"[2]에 관해 불평한다. 리처드 도킨스는 구약의 하나님을 "거의 틀림없이 모든 픽션 중 가장 불쾌한 인물"[3]로 묘사하며 하나님에 대해 지독한 욕설을 큰 소리로 읽음으로써 청중들에게 충격을 주기를 좋아한다. 히친스는 나와 가진 에든버러 페스티벌 토론에서 자기가 항상 우리를 감시하는 독재자이며 불한당

1 *GNG*, 97.
2 *GNG*, 109.
3 *GD*, 51, 59.

이라고 생각하는 하나님에 대한 그의 혐오를 거침없이 드러냈다. 그의 견해로는 "하나님은 위대하지 않다."

하나님에 대한 신무신론자들의 이 모든 비판은 확실히 도덕적 비판이다. 이는 그들의 동료 무신론자들에게도 명확하다. 리처드 도킨스에게 헌정한 자기 저서의 짧은 섹션에서 마이클 루스는 이렇게 쓴다. "마지막으로 그리고 가장 중요한 점으로서, 사실상 도킨스는 가정들과 결론들을 확립하려고 하는 철학자가 아니라 구원과 영벌에 이르는 길을 말해주는 설교자로서 도덕 운동에 종사하고 있다. 『만들어진 신』은 무엇보다 도덕성에 관한 책이다."[4] 그런데 도덕 운동은 바로 도덕 기준에 기초해야 한다. 그렇지 않으면 이 운동은 악과 그 반대를 구분할 수 없을 것이다. 실로 이 기준들은 매우 높아야 하는데, 왜냐하면 이 특수한 경우에 이 기준들은 종교에 대해 극단적으로 격렬한 불관용을 정당화하는 데 사용되기 때문이다. 우리는 자연적으로 이렇게 묻게 된다. 하나님이 배제된다면 그처럼 타협하지 않는 기준이 어디에서 오는가?

선도적인 윤리학자 피터 싱어는 하나님을 배제할 때의 함의를 다음과 같이 표현한다.

> 미래에 무슨 일이 일어나든, 생명이 신성하다는 견해를 완전히 회복하기는 불가능할 것 같다. 이 견해의 철학적 토대는 산산이 부서졌다. 우리는 더 이상 인간은 다른 모든 짐승들로부터 선택되어 하나님의 형상대로 만들어진 창조

---

4 Michael Ruse, *Defining Darwin: Essays on the History and Philosophy of Evolution*, Amherst New York, Prometheus Books, 2009, 10장, 237.

의 특별한 형태이며, 인간만이 영원한 영혼을 가지고 있다는 아이디어 위에 우리의 윤리의 토대를 둘 수 없다. 우리가 우리 자신의 본성을 더 잘 이해하게 되어서, 전에는 우리 자신과 다른 종들 사이에 놓여 있다고 생각되었던 틈이 메워지게 되었다. 그런데 왜 어떤 존재가 호모 사피엔스 종의 일원이라는 이유만으로 그의 생명에 뭔가 독특하고, 거의 무한한 가치를 부여하는가?[5]

이와 유사하게 전에는 싱어의 학생이었고 지금은 옥스퍼드 교수인 줄리안 사뷸레스쿠도 이와 유사하게 "나는 하나님의 존재는 관계가 없다고 믿는다. 중요한 것은 윤리적 행동이다"라고 말한다.[6]

러시아의 소설가 표도르 도스토옙스키는 이에 동의하지 않았다. 유명한 소설 『카라마조프가의 형제들』에서 그는 이반을 통해 "하나님이 없다면 모든 것이 허용될 수 있다"고 말한다. 그런데 도스토옙스키가 무신론자들은 도덕적 행동을 할 수 없다거나 선해질 수 없다고 주장한 것은 아니다. 그런 주장은 그릇된 주장이다. 사실 그리스도인을 자처하는 많은 사람들이 때로는 무신론자인 이웃들에게 부끄러움을 당한다. 도스토옙스키가 말하고 있는 요점은 무신론자들이 선할 수 없다는 것이 아니라, 무신론은 도덕성에 대한 지적 토대를 제공하지 않는다는 것이다.

신무신론자들은 다른 견해를 취한다. 리처드 도킨스는 언어가 인간의 본성에 내장된 것으로 보이듯이 도덕성도 그렇다고 제안하는 하버드 대학

---

5 Peter Singer, "*Sanctity of Life or Quality of Life?,*" Pediatrics, Vol. 72, No. 1, July 1983, 128-129.

6 *50 Voices of Disbelief*, Blackford and Schüklenk 편, 171에 실린 글.

교 생물학자 마크 하우저의 연구[7]를 인용한다. 하우저는 피터 싱어와의 공동 연구를 통해 서로 다른 종교를 가진 사람들 간에는 도덕적 딜레마에 대응하는 방식에 진정한 차이가 없음을 발견했다.[8] 도킨스는 이 발견이 하나님의 존재 여부는 우리가 선해지거나 악해지는 것과 관련이 없다는 증거라고 주장한다.

그러나 인간의 본성에 도덕성이 내장되었다는 것은 인간이 도덕적 존재로서 하나님의 형상대로 창조되었다는 성경의 견해와 완전히 일치한다. 왜냐하면 인간이 하나님의 형상대로 창조되었다는 말은 사람들이 실제로 하나님을 믿든지 믿지 않든지 상관없이 모든 인간이 도덕성에 대해 타고난 감각을 보유함을 의미하는데, 이는 우리가 실제로 발견하는 바와 일치한다. 달리 말하자면 기독교는 하우저의 연구가 발견한 사항들을 지지하지만, 이로부터 도출된 무신론적 결론을 지지하지는 않는다. 이 세상의 가장 이질적인 인종 그룹들 사이에서 보편적인 도덕성 풀(pool)이 관찰된다는 사실이 하나님의 존재와 일치한다는 주장은 하우저의 연구가 나오기 훨씬 전에 C. S. 루이스의 중대한 연구 『인간 폐지』(*The Abolition of Man*)에서 제시되었다.[9]

그러나 도킨스의 견해의 타당성을 감소시키는 보다 깊은 고려사항이 있는데, 이는 우리가 무신론이 선악 개념의 근거를 어떻게 제안할 것인가라는 질문을 제기할 때 밝혀진다. 논리적으로 말하자면 도덕성의 토

7 Marc Hauser, *Moral Minds*, New York, HarperCollins, 2006.
8 M. Hauser and P. Singer, "Morality Without Religion," *Free Inquiry* Vol. 26, No. 1, 2006, 18-19.
9 C. S. Lewis, *The Abolition of Man*, London, Geoffrey Bles, 1940.

대가 될 수 있는 원천의 수는 제한되어 있다. 최소한 서구에서는 전통적으로 하나님이 도덕성의 초월적인 최종 보증인이자 원천이었다. 하나님이 없다면 우리는 원초적인 자연과 사회 또는 양자의 혼합을 도덕성의 원천으로 삼게 될 것이다. 여기서 문제가 시작된다.

먼저, 자연은 도덕성의 토대를 갖기가 매우 어렵다는 점이 모든 측면에서 널리 인정된다. 알베르트 아인슈타인은 1930년에 베를린에서 열린 과학과 종교에 관한 토론에서 우리의 미적 감각과 종교적 본능은 "추론 능력을 최고로 성취하는 방향으로 나아가도록 도와주는 지류(支流) 형태다. 과학의 도덕적 토대에 대해 말하는 것은 옳지만, 역으로 도덕성의 과학적 토대에 대해 말할 수는 없다"고 말했다. 그러므로 아인슈타인에 의하면 과학은 도덕성의 토대를 형성할 수 없다. "윤리를 과학적 공식으로 축소하려는 모든 시도는 실패할 수밖에 없다."[10]

노벨 물리학상 수상자인 리처드 파인만도 아인슈타인과 같은 견해를 보였다. "가장 큰 힘들과 능력들조차 그것들을 어떻게 사용할지에 대한 명확한 지침을 갖고 있지 않은 듯하다. 예컨대 물질세계가 어떻게 행동하는지에 대한 방대한 이해의 축적은 이 행동이 무의미함을 확신시킬 뿐이다. 과학은 선 또는 악을 직접적으로 가르치지 않는다."[11] 다른 곳에서 그는 "윤리적 가치는 과학의 영역 외부에 위치한다"고 말한다.[12]

도킨스도 최근까지는 이와 같이 생각했다. "종교적 토대 외에는 다른

---

10 이 내용과 종교와 과학에 관한 Einstein의 입장에 대해서는 Max Jammer의 최고의 연구 *Einstein and Religion*, Princeton, Princeton University Press, 1999를 보라. 이곳의 인용문은 69에 나온다.

11 Richard P. Feynman, *The Meaning it All*, London, Penguin, 2007, 32.

12 *ibid*, 43.

어떤 것에 의해서도 절대적 도덕을 방어하기가 아주 어렵다."[13] 그는 또한 과학으로부터는 윤리를 얻을 수 없음을 인정했다. "과학은 무엇이 윤리적인지 결정할 아무런 방법이 없다." 그러나 도킨스는 샘 해리스의 최근 저서 『도덕의 지형: 과학이 어떻게 인간의 가치를 결정할 수 있는가?』(*The Moral Landscape: How Science Can Determine Human Values*)[14]에 의해 이 이슈에 관해 마음이 바뀐 듯하다.

홈즈 롤스톤은 다음과 같이 지적한다.

> 과학은 우리를 지식과 힘에 있어서 점점 더 유능하게 해주었지만, 과학은 또한 우리를 옳고 그름에 관해 점점 더 자신이 없어지게 했다. 진화적 과거는 윤리적 미래와 연결하기가 쉽지 않았다. 우리가 여기에 존재하고 있다는 사실에도 불구하고 생물학에서 윤리로 가는 명백한 길이 없다.…윤리의 발생은 설명하기 어렵다.[15]

데이비드 흄과 "존재에서 당위로의 이동" 문제

생물학(또는 자연의 다른 어떤 측면)에서 윤리가 발생하는 데 문제가 있는 주요 이유들 중 하나가 오래 전에 스코틀랜드의 계몽주의 철학자 데이비드 흄(1711-76)에 의해 지적되었다. 그의 유명한 초록을 아래에 제시한다.

---

13 Dawkins, *A Devil's Chaplain*, 39.

14 Harris, *The Moral Landscape*.

15 Holmes Rolston III, *Genes, Genesis and God*, Cambridge University Press, 1999, 214-15.

> 나는 이러한 추론들에 한 가지 관찰사항을 덧붙이지 않을 수 없는데 이 점은 아마도 어느 정도 중요할 수도 있을 것이다. 지금까지 만났던 모든 도덕성 체계에서 나는 항상 저자가 일반적인 추론 방식을 따라 신의 존재를 확립하거나 인간사에 관해 관찰한다는 것을 발견했다. 나는 갑자기 놀랍게도 명제들이 '**~이다**'와 '**~이 아니다**'라고 일반적으로 연결되는 대신 모두 '**~해야 한다**' 또는 '**~하지 않아야 한다**'와 연결된다는 것을 발견했다. 이 변화는 감지될 수 없을 만큼 미세하지만 아주 중요하다. 왜냐하면 이 '~해야 한다' 또는 '~하지 않아야 한다'는 어떤 새로운 관계 또는 확언을 표현하기 때문에 그것은 관찰되고 설명될 필요가 있다. 그리고 동시에 전혀 상상도 할 수 없는 것으로 보이는 것에 대해, 어떻게 이 새로운 관계가 그것과는 완전히 다른 타자들(others)로부터의 추론의 결과일 수 있는지에 대한 이유가 주어져야 한다. 그러나 저자들은 보편적으로 이에 대해 주의를 기울이지 않기 때문에, 나는 독자들에게 이 점에 대해 주의하라고 권고하는 것으로 가정할 것이다. 그리고 이 작은 주의가 모든 천박한 도덕 시스템을 전복시키고, 악과 미덕의 구분은 단순히 대상들의 관계들에 근거하지 않으며, 이성에 의해 인식되지도 않는다는 점을 알게 해주리라고 믿는다.

흄은 여기서 도덕 철학을 다루는 저자들은 종종 **존재**(what is)에 관한 사실 진술의 토대 위에 **당위**(what ought to be)[16]에 관한 주장을 전개함을 관찰한다. 그들은 직설법적 전제로부터 명령적 결론을 도출하는 듯하다. 흄에 의하면 이것은 전혀 불가능하다.

---

16 Alasdair MacIntyre는 "Hume이 어떤 "당위"에 대해 말하고 있는가? 그리고 존재에서 당위

더욱이 자연에는 윤리에 대한 합리적 토대가 없다고 주장하면서 흄은 우선 자연은 상충하는 신호들을 보내는 경향이 있으며, (이 점이 보다 중요한데) 자연에서 윤리를 추출하려는 시도는 범주의 오류를 저지르는 것임을 지적했다. 자연에 대한 관찰은 1차적인 활동인 반면 가치판단은 2차적인 활동이다. 즉 이들은 같은 범주에 속하지 않는다. 그의 의견으로는 어떤 진술은 논리적 이유나 경험상의 이유로 진실인데 이는 흔히 "흄의 포크"로 알려진 분리다. 그러므로 그는 윤리적 진술들은 논리적 이유에서 진실이라고 볼 수는 없다고 생각했기 때문에 그는 윤리적 진술들은 경험의 토대 위에서만 성립할 수 있다는 입장을 취했다. 사실 그는 동정심이 인간의 본성에서 핵심 요인 중 하나이며 윤리는 그 동정심에 의존한다고 생각했다. 그래서 흄은 어느 정도 인간의 본성과 심리학에 윤리의 기초를 두려고 했으며 자연주의의 한 형태를 옹호했다고 말할 수 있다.[17] 그러나 이는 "존재 대 당위" 문제를 피하지 못한다. 그는 여전히 C. S. 루이스가 말하는 바대로 "직설법에 들어 있는 전제에서 명령법에 들어 있는 결론"을 얻고자 하는데, "그것은 불가능하기 때문에 영원히 노력한다 해도 그는 성공할 수 없다."[18]

로의 전이(轉移)가 세심한 주의를 필요로 하는가? 또는 그러한 전이가 논리적으로 불가능한가?"라는 문제를 제기한다. MacIntyre는 다른 분야들에서 Hume의 잘 알려진 비일관성에 관해 경고한다(*A Short History of Ethics*, London, Macmillan, 1967, 174).

17 그러나 "자연주의"라는 단어의 이러한 용법은 Raphael이 지적한 바와 같이 현대 사상가들에 의해 사용되는 것보다 넓은 개념이다. 여기서 이 용어는 윤리에서는 "가치 용어를 자연적 사실을 묘사하는 표현과 대등한 것으로 정의하는 이론들, 예컨대 '좋다/선하다'고 말하는 것, '유쾌하다' 또는 '바람직하다'와 동일한 의미를 지니는 이론"을 지칭한다(*Moral Philosophy*, Oxford, Oxford University Press, 1994, 각주 18).

18 Lewis, *The Abolition of Man*.

나는 과학이 우리가 윤리적 판단을 내리도록 도와줄 수 없다고 제안하는 것이 아니다. 예를 들어 동물들이 얼마나 많은 고통을 느끼는지에 대해 알게 되면 동물 실험에 관한 판단을 내리는 데 도움이 될 수 있다. 그러나 그 판단은 이전에 갖고 있는 고통과 불행은 나쁜 것이라는 도덕적 확신의 토대 위에서 내려진다. 과학은 당신 할머니의 찻잔에 독극물을 넣으면 그것이 당신의 할머니를 죽일 것이라고 말해준다. 하지만 과학은 당신이 그녀의 재산을 차지하기 위해 그렇게 해야 하는지 또는 그렇게 하지 않아야 하는지에 대해서는 말해주지 않는다.

과학으로부터 도덕적 가치를 얻으려는 샘 해리스의 시도는 이 문제를 피하지 못한다. 여기에는 두 가지 주된 이유가 있다. 첫 번째 이유는 과학의 의미와 관련이 있다. 영어권 세계에서 "과학"이라는 단어는 대개 "자연과학"을 의미한다. 이 용법은 예컨대 자연과학뿐만 아니라 인문학(역사, 언어, 문학, 철학 그리고 신학)도 포함하는 독일어의 "비센샤프트(*Wissenschaft*)"라는 용어의 용법과 대비된다. 즉 **비센샤프트**는 그 단어로부터 "과학(science)"라는 단어가 유래된 라틴어 "스키엔티아(scientia. 지식)"의 의미에 훨씬 가깝다. 해리스는 「인디펜던트」와의 인터뷰[19]에서 자신은 "과학"을 "합리적 사고"라는 보다 넓은 의미로 즉 **비센샤프트**에 의해 전달되는 의미로 사용한다고 말한다. 그러나 그럴 경우 신학은 완전히 합리적인 활동이기 때문에 "과학"으로부터 도덕성을 "추론"해내는 데 아무 문제가 없다. 물론 해리스는 이 점에도 동의하고 또 자신의 입장을 유지하기도 할 수는 없겠지만 말이다

19 Julian Baggini, "The Moral Formula," *The Independent*, 11 April 2011.

해리스는 이어서 다음과 같이 교묘한 재간을 이에 연결한다. "우리는 그에 비춰 판단할 기준점이 필요하다. 나는 도덕의 영역에서는 모든 사람에게 가능한 최악의 고통을 주는 방식으로 행동하기를 피하는 것이 좋다는 전제로 시작하는 것이 안전하다고 주장한다."[20] 이처럼 해리스는 **먼저 도덕적** 확신을 가정하고, **그다음에** 그의 과학으로 하여금 주어진 상황이 이에 일치하는지 결정하는 데 관여하게 한다. 이는 그의 책의 부제 "과학이 어떻게 인간의 가치를 결정할 수 있는가?"에 의해 함축된 바와는 아주 다른 문제다.[21]

할 말이 더 있다. 해리스에 대한 「뉴욕 타임즈」 리뷰에서, 콰미 앤서니 아피아는 이렇게 묻는다. "해리스가 주장하는 바와 같이 우리가 의식하는 마음의 상태라는 관점에서 정의된 복지를 증가시키기 위해 최선을 다하는 행동이 도덕적으로 옳은 행동이라는 것을 어떻게 알 수 있는가? 과학이 정말로 그것을 밝혀냈는가? 그렇지 않다면 과학이야말로 우리가 필요로 하는 모든 것이라는 해리스의 전제는 분명히 그 유래가 비과학적이다."[22]

생물학자 P. Z. 마이어스는 다음과 같이 상술한다.

> 나는 과학을 이용하여 개인 복지의 극대화를 정당화할 수 있다는 해리스의 기준이 타당하다고 생각하지 않는다. 그럴 수 없다. 일단 복지를 정의하

---

20 Harris, *The Moral Landscape*, p.39.

21 Harris가 자기 책의 끝 부분에서는 표지에 담긴 부제의 주장을 보다 강도가 덜하고 이전 주장과는 다른 "과학이 가치들에 대해 몇 가지 중요한 것들을 말해줄 수도 있다는 주장"으로 누그러뜨리는 것으로 봐서, 아마도 그는 이 점에 대해 어렴풋이 인식하고 있을지도 모른다(*The Moral Landscape*, 189).

22 Kwame Anthony Appiah, "Science knows best," *The New York Times*, 1 October 2010.

고 나면 과학을 이용해서 **어떻게** 복지를 극대화할 수 있는지에 대해 말할 수 있다.…비록 그마저 해리스가 이에 대해 설명하는 것보다 더 믿을 수 없을 수도 있지만 말이다. 해리스는 그의 복지의 범주에 슬그머니 비과학적인 사전 가정을 들여오고 있다.[23]

이에 대한 해리스의 대응은 이해에 도움이 된다.

마이어스의 어구를 사용하자면 과학의 어느 분야든 이를 정당화하기 위해서는 슬그머니 "비과학적인 사전 가정"을 들여와야 한다. 이것이 물리학에 대해 문제가 되지 않는다면, 왜 이것이 도덕성의 과학에 문제가 되어야 하는가? 사전 가정에 의지하지 않고서도 "물리학"에 대한 정의가 올바른 정의임을 증명할 수 있는가? 아니다. 왜냐하면 우리가 제공하는 어떤 정의에도 우리의 증거 기준들이 그 안에 내장될 것이기 때문이다.[24]

확실히 그렇다. 그러나 그 비과학적인 사전 가정이 도덕적 가정이라면 해리스는 과학으로부터 도덕을 추론한다고 주장할 수 없다. 같은 취지에서 우리는 해리스가 하나님이라는 사전 가정을 배제할 수 없음을 지적한다.

결국 해리스는 흄이 [존재에서 당위를 이끌어낼 수 없다고] 말한 문제를 전혀 피하지 못했다.

그럼에도 흄에게 저항하려는 시도, 특히 생물학에서 윤리로 나가는 길

---

23 http://sciencelog.com/pharyngula/2010/05/sam_harris_v_sean_caroll.php?

24 http://huffingtonpost.com/sam-harris/a-science-of-morailty_b_567185.html.

을 발견하려는 시도가 끊임없이 이루어져왔고 지금도 이루어지고 있다. 다윈 시대 이후 이 노력들은 본질적으로 두 번의 물결로 이루어졌다. 우선 실제로는 "과학적" 도덕성 확립을 명시적인 목표로 했던 허버트 스펜서(1820-1903)에 의해 개발되었지만 현재는 "사회적 다윈주의"[25]라고 불리는, 전통적 진화 윤리로 여겨지는 사상이 지배하던 시기가 있었다. 이 이론의 특징은 진화가 발전의 방향을 제시했다고 굳게 믿는다는 것이다. 진화는 진보였으며 따라서 어떤 의미에서는 윤리의 기초를 발전이 이루어지게 하는 진화 행동에 둘 수 있었다.[26]

두 번째 "사회 생물학적" 물결은 지난 세기 중반에 DNA의 발견으로 시작된 분자 생물학의 혁명 및 이 혁명이 유전학과 유전에 대해 함의하는 바와 함께 시작되었다. 첫 번째 물결과는 대조적으로, (모두는 아니지만) 최소한 주요 과학 신봉자들 중 일부는 유전 기제에 대한 새로운 이해는 진보를 윤리의 토대로 삼을 여지를 남기지 않는다고 주장한다. 이 주장이 함축하는 사항 몇 가지를 아래에서 논의하기로 한다.

사회적 다윈주의

마이클 루스는 전통적 진화 윤리의 정수를 다음과 같이 간략하게 묘사한다. "한 사람은 진화 프로세스의 특성 즉 진화의 기제 또는 원인을 캐내

25 20세기에 만들어져 미국 역사가 Richard Hofstadter에 의해 유명해진 용어.

26 Herbert Spencer, *Social Statics*, New York, D. Appleton, 1851.

고, 다른 사람은 이를 인간의 영역으로 옮겨서 유기체들 사이의 사실 관계가 인간들 사이의 의무 관계로 발전한다고 주장한다."[27] 루스 자신은 사회적 다윈주의 방법론의 중심에 "존재에서 당위로의" 이동이 놓여 있음에도 불구하고 아무도 이를 문제시하지 않는 듯하다고 지적한다. "전통적 진화 윤리학자들은 잘못된 추론이라는 비난을 문제시하지 않는 것 같다. 그들은 심지어 존재에서 당위로의 이동은 잘못이라는 점에 대해 동의하는 경향이 있다.[28] 이 한 가지 경우를 제외하고는 말이다."[29]

루스는 데이비드 흄이 불가능하다고 주장하는 존재로부터 당위로의 이동에 관해 그들은 왜 그토록 자신 있어 하는지 질문한다. 거기에 빠진 전제가 있을 수 있는가? 그의 대답은 거기에는 참으로 빠진 전제가 있다는 것이다. 사회적 다윈주의자들은 진화에는 방향이 있으며, 진화는 진보가 계속 위로 향하고, 계속 이어지고, 점점 더 좋아지도록 주문을 건다고 믿는다. 우리는 스펜서, 헤켈, 피셔 그리고 줄리언 헉슬리에게서 이러한 태도를 본다. 그런 점에서 그들은 인문주의자들이며, 지적 능력을 지닌 인간을 진화가 지금까지 만들어낸 최고의 산물이라고 간주한다. 그들에게는 인간은 매우 특별하며, 인간의 능력으로 인해 인간 외의 다른 모든 동물들보다 우월하다. 피터 싱어가 그들이 종을 차별한다고 비난할 만도 하다! 루스는 그런 입장을 이렇게 요약한다. "진화는 선과 큰 가치가 있는 것들에게로 인도한다. 그러므로 진화는 우리의 도덕적 의무의 원천이다." 루스는 전

27 Michael Ruse, *Can a Darwinian be a Christian?* Cambridge, Cambridge University Press, 2001, 170.

28 Ruse는 G. E. Moore가 Spencer의 "존재에서 당위로의" 논리를 자연주의적 오류의 주요한 예로 불렀음을 지적한다(Ruse, *Can a Darwinian be a Christian?*).

29 Ruse, *Can a Darwinian be a Christian?*, 182.

통적 견해에 대해 전혀 달갑게 생각하지 않는데 이 문제에 관한 그 자신의 입장에 대해서는 뒤에서 살펴볼 것이다.

진화적 도덕 진보에 대한 현시대의 태도는 훨씬 더 복잡하고 의견이 갈린다. E. O. 윌슨과 같은 일부 인사들은 여전히 그런 진보를 옹호한다. 그리고 존 그레이 같은 다른 인사들은 윌슨의 다윈주의 자체가 그러한 진보는 공상임을 증명한다고 말한다. 이처럼 의견이 나누어지는 이유 중 하나는 사회적 다윈주의가 적용되어온 방식에 모종의 어두운 측면들이 있기 때문이고, 또 하나의 이유는 진화가 분자 생물학에 미치는 효과 때문이다.

자연에서 일어나는 일을 인간 사회에 직접 적용한다는 아이디어의 역사는 전혀 행복하지 않았다. 다윈과 함께 자연선택원칙을 발견한 알프레드 러셀 월리스는 그 원칙의 사회적 함의에 대해 최초로 논의한 사람 중 한 명이었다. 1864년에 그는 선택이 합리성과 이타주의를 확산시킬 것이라고 썼다. 이 프로세스는 유토피아에 도달할 테지만 그 과정에서 "야만인"은 "지적·도덕적·신체적 자질이 보다 우수한 유럽인들을 만나면 '생존 투쟁에서 유럽인들이 우세해지고 야만인들의 희생하에 유럽인들이 증가하게' 되어서 불가피하게 사라지게 될 것이다."[30]

다윈은 자기 이론의 사회적 함의를 『종의 기원』에서는 다루지 않고, 이를 이후의 책 『인간의 혈통 그리고 성과 관련한 선택 (*The Descent of Man and Selection in Relation to Sex*)에 남겨 두었다. 그는 스펜서의 "생존 투쟁"과 "적자생존" 개념의 두 원칙들로부터 인간 본성의 도덕적 측면의 발달에

30 Jonathan Hodge and Gregory Radick, *The Cambridge Companion to Darwin*, Cambridge, Cambridge University Press, 2003, 214 이하를 보라.

적용된 사회적 함의와 윤리적 함의를 이끌어냈다. 다윈과 그의 일부 동시대인들은 이 두 원칙들이 종들의 기원을 만족스럽게 설명할 수 있을 뿐만 아니라, 인류의 다양한 인종이 장차 어떻게 발달할지 안전하게 예측할 수 있다고 생각했다. 그는 골턴과 비슷하게 다음과 같이 썼다. "100년 단위로 측정할 경우 그리 멀지 않은 미래의 언젠가는 전 세계적으로 문명화된 인종들이 거의 확실히 야만 인종들을 멸절하고 그들을 대체할 것이다."[31] 그는 또한 이렇게 썼다. "보다 문명화된 소위 코카서스 인종들이 생존 경쟁에서 수준이 낮은 터키인들을 이겼다. 그리 멀지 않은 장래에 전 세계적으로 보다 고도로 문명화된 인종들에 의해 얼마나 많은 보다 열등한 인종들이 멸종되어 있을 것인가?"[32]

현대의 관점에서 보면 이 견해는 정치적으로 부정확할 뿐만 아니라 아무리 축소해서 말한다고 해도 크게 잘못되었다. 실로 우리는 다윈의 시대에도 그가 그렇게 불렀던 "터키인", "열등한" 그리고 "야만" 인종들에게 다윈의 진화 원칙들이 도덕적 가치를 위한 건전한 토대를 형성한다고 납득시키기가 어려웠을 것이라고 생각하지 않을 수 없다. 이러한 종류의 "과학적" 사고를 유대인, 집시, 장애인 그리고 환영받지 못하는 소수 민족들에게 적용하면 [유대인 대학살이라는] 나치의 "최종 해법"에 아무런 방해가 되지 않으리라는 것은 말할 필요도 없다.

이러한 점과 기타 전개 사항들(예컨대 유전학에서의 시도들)의 결과로 사회적 다윈주의 접근법을 신뢰하지 않게 되었으며, 1944년에 리처드 홉슈

31 Charles Darwin, *The Decent of Man,* 2판, New York, A. L. Burt Co., 1874, 178.

32 Charles Darwin, *Life and Letters 1*, Letter to W. Graham, 3 July 1881, 316.

타터는 이렇게 썼다. "'적자생존'과 같은 생물학적 아이디어들은…사회를 이해하려는 시도에서 전혀 쓸모가 없다.…인간의 사회생활은…생물학으로 축소될 수 없으며 문화 분석이라는 독특한 면에서 설명되어야 한다."[33]

이와 관련하여 샘 해리스가 『도덕의 지형』에서 과학에서 윤리를 이끌어내려고 한 시도에 대해 존 호간이 「글로브앤메일」에 게재한 리뷰를 인용할 가치가 있다. 우리는 호간이 해리스를 자신이 "가장 좋아하는 종교 비판자들" 중 한 명으로 간주한다는 점을 주목해야 한다.

> 해리스의 논지에 대한 내 두 번째[34]이자 더 심각한 반대는 그가 "인간 번성의 과학"이라고 부르는 것을 만들어내려고 했던 과거의 시도를 내가 알기 때문에 발생한다. 불과 100년 전에 마르크스주의와 유전학은 다수의 합리적인 사람들로 하여금 인간의 복지를 개선하기 위한 기발하고, 사실에 기초한 제도들을 고안하게 했다. 이러한 사이비 과학적 이데올로기들은 역사상 가장 치명적인 2개의 정권인 소련과 나치 독일에서 정점을 이루었다.
>
> 해리스는 계속해서 그것이 아직은 불가능하다는 이유만으로 과학이 객관적으로 참되고 보편적인 도덕을 계시하는 것을 배제하지 않아야 한다고 주장했다. 그는 이러한 성취가 원칙상 가능하기만 하면 그것이 아직 실제로 가능하지 않다 하더라도 염려하지 말아야 한다고 말한다. 그러나 우리는 가장 똑똑하고, 가장 정보를 많이 가지고 있고, 가장 선한 의도를 가지고 있는 사람

33 Richard Hofstadter, *Social Darwinism in American Theology*, Boston, Beacon Press, 1955, p.204를 보라.

34 Horgan의 첫 번째 반대는 그가 Hume에 관해 Harris에게 동의하지 않는다는 것이다. "Hume이 옳았다. 당위의 영역은 존재의 영역과는 질적으로 다르다." 출처는 아래를 보라.

조차 끔찍한 실수를 저지르는 실제 세상에서 살고 있다. 따라서 나는 보편적 도덕을 도출하려는 과학적 움직임의 실제적 결과를 두려워한다.[35]

결국 인간의 복지에 대한 과학자들의 관심이 반드시 자비로운 것만은 아니었다.

사회생물학[36]

1953년에 케임브리지 대학교의 크릭과 왓슨이 DNA 구조를 발견하여 우리는 새로운 세상으로 들어가게 되었다. 그리고 머지않아 몇몇 선도적 과학자들, 특히 노벨상을 수상한 크릭과 모노는 생명의 유전적 토대에 대한 이 혁명적인 이해가 그들에게 함의하는 도덕적·윤리적 의미를 공개적으로 표명했다.

특히 자크 모노는 이 시대의 진화 이론은 우리에게 궁극적 목적과 도덕적 의무가 없는 우주를 남겨 주는데, 따라서 생물학에서 윤리학으로 나아갈 수 있는 경로가 없다고 주장한다. 모노는 "당위"는 "존재"로부터 이끌어내질 수 없다는 흄이 옳다고 확신했다. "절대적으로 자유롭지만 맹목적인 순전한 우연이 거대한 진화 체계의 근원이다. 그 결과 인간은 마침내 냉정하리만큼 광대한 우주에 홀로 남아 있음을 알게 되었다.…그의 운명

35 http://www.theglobeandmail.com/news/arts/books/book-review-the-moral-landscape-how-science-can-determine-human-values-by-sam-harris/article1749446/page2/.

36 지금은 다양한 사회생물학 학파들이 있지만 그들의 일차적인 주제는 본질적으로 같다.

도, 그의 의무도 기록된 적이 없다." 그의 견해는 "존재에서 당위로"의 이동 문제와 진화 이론의 관계에 대한 자신의 인식에 기초한다.

> 지식의 영역과 가치의 영역 사이의 관계는 철학의 커다란 문제들 중 하나다. 지식은 "무엇인가(is)?"이고, 가치는 "무엇이어야 하는가(ought)?"이다. 나는 공산주의를 포함하여 모든 철학 전통들은 "존재"로부터 "당위"를 도출하기 위해 노력해왔다고 생각하는데, 이것은 불가능하다. 우주에 아무런 목적이 없다는 것이 사실이라면, 인간은 순전히 우연의 산물이며 존재로부터 당위를 이끌어내지 못한다.[37]

"우주에 목적이 없다면"이라는 가정을 주목하라. 우주에 대해 책임이 있는 인격적인 창조주가 없다면 우주와 인간의 생명은 비인격적이고, 마음이 없고, 따라서 목적이 없는 자연 과정의 우연한 산물들이다. 다른 어떤 가능성이 있는가? 그레이는 이에 대해 확고하게 언명한다. "단일신론적 신앙에서는 하나님이 인간의 생명의 의미에 대한 최종 보증이다. 가이아[38]에게는 인간의 생명이 점균류의 생명보다 더 의미가 있는 것이 아니다."[39]

그러므로 모노의 견해에서는 불가피하게 의미 개념 자체가 죽어버린다. 싱어는 이 점을 다음과 같이 표현한다. "생명 전체는 의미가 없었다. 우리가 구할 수 있는 최고의 이론들이 말해주는 바와 같이 우연에 의한 분

---

37 Jacques Monod and A. Wainhouse, *Chance and Necessity*, London, Collins, 1971, 110, 167.

38 가이아는 지구가 자율적 메커니즘이라는 James Lovelock의 이론에 붙여진 그리스 신화에서 대지의 여신이다(*Gaia: The Practical Science of Planetary Medicine*, London, Gaia Books, 1991).

39 Gray, *Straw Dogs*, 33.

자들의 조합에 의해 생명이 시작되었다. 그다음에는 무작위 변이와 자연 선택에 의해 진화했다. 이 모든 것들은 그냥 발생했을 뿐이다. 그것은 어떤 목적을 위해 발생하지 않았다."[40] 그리고 생물학자이자 역사학자인 윌리엄 B. 프로빈스도 인간의 의무가 기록되지 않았다는 모노의 견해에 동의한다. "내재적인 도덕법 또는 윤리법은 존재하지 않으며, 인간 사회에 대한 절대적인 지도 원리도 없다. 우주는 우리를 위해 아무런 신경을 써 주지 않으며, 우리의 삶에는 궁극적인 의미가 없다."[41]

동일한 메시지가 대중에게 소통되었다. 「선데이 텔레그래프」의 과학 통신원인 알래스데어 파머도 마찬가지로 그의 독자들을 확신시킨다.

> 우리의 기원에 대한 과학적 설명은 세상에 대한 종교적 설명과만 모순되는 것이 아니다. 우리의 윤리적 가치들의 대부분은 우리의 종교적 유산에 의해 형성되었기 때문에 이 가치들 또한 우리의 기원에 대한 과학적 설명과 모순된다. 인류에 대한 과학적 설명에는 자유 의지나 각각의 개인이 동일하게 선하고 공정하게 행동할 수 있는 능력에 대한 여지가 없으며, 영혼에 대한 여지도 없다.[42]

모노에게 윤리에 대한 함의는 간단하다. 먼저, 그는 자신이 도덕의 토대라

---

40 Peter Singer, *Practical Ethics*, 2판, Cambridge, Cambridge University Press, 1993, 1999년 2쇄, 331.

41 William B. Province, "Scientists, Face It! Science and Religion are Incompatible," *The Scientist*, 5, September 1988.

42 Alasdair Palmer, "Must Knowledge Gained Mean Paradise Lost?" *The Sunday Telegraph*, 6 April 1977.

고 알고 있는 것들에 대해 경멸을 퍼붓는다. "서구 자유 사회들은 유대-기독교적 종교성, 과학적 진보주의, 천부인권 그리고 공리주의적 실용주의라는 역겨운 잡동사니에 입에 발린 말을 하며, 이를 도덕의 토대로 제시한다." 다음에, 그는 인간은 이 오류들을 치워놓고 자신의 존재는 전적으로 우연이라는 점을 받아들여야 한다고 주장한다. 인간은 "마침내 1,000년 동안의 꿈에서 깨어나 자신의 전적인 고독, 자신의 근본적인 고립을 발견해야 한다. 인간은 집시와 마찬가지로 자신이 외계 세상의 경계에서 살고 있음을 깨달아야 한다. 즉 그의 고통과 범죄들에 대해 무관심하듯이 그의 음악에 대해 귀가 멀고 그의 희망에 대해 무관심한 세상에서 살고 있다는 사실을 말이다."[43]

여기서 우리는 확실히 인류를 그저 유전자로만 보는 극단적 형태의 물질주의적 환원주의[44]를 다루고 있다. 그렇다면 그 논리적 함의는 도덕이 유전자에 근거해야 한다는 것이다. 비록 유전자의 외관상의 주요 목적, 실로 유일한 목적은 추가적인 인간을 생산하는 것이 아니라 자신을 재생산하는 것이지만 말이다. 우리의 신체와 두뇌 속의 모든 세포에 있는 유전자 코드에는 하나의 전략이 적혀 있다. 인류의 세대들은 단지 도킨스가 "이기적 유전자들"이라고 부르는 것을 재생산하기 위한 기계들 또는 수단들일 뿐이다.

그렇다면 어떤 의미에서 인간의 유전자에 도덕의 근거를 둘 수 있을까? 마이클 루스는 에드워드 O. 윌슨에 합세하여 어떻게 그것이 일어날 수

---

43 Monod and Wainhouse, *Chance and Necessity*.

44 물질주의적 환원주의는 모든 것은 결국 물리학과 화학으로, 즉 물질과 그 행동으로 축소될 수 있다는 입장을 취한다.

있다고 생각하는지 설명한다. "도덕은, 또는 보다 엄격히 말해서 도덕에 대한 우리의 믿음은 우리의 재생산을 촉진하기 위해 이뤄진 적응일 뿐이다. 그러므로 윤리의 토대는 하나님의 의지에 놓여 있지 않다.…중요한 어떤 의미에서는 우리가 이해하고 있는 윤리는 우리가 협력하도록 우리의 유전자들에 의해 우리에게 강요된 망상이다."[45]

그러나 사람이 자기의 유전자에 지나지 않고 이 유전자가 그 사람의 도덕적 행동을 통제한다면, 어떻게 그 사람이 잘못을 저질렀다고 비난 받거나 옳은 일을 했다고 칭찬 받을 수 있겠는가? 아무튼 도덕 개념이 유전적으로 유발된 망상이라면 그것에 어떤 의미가 있겠는가? 우리는 그것은 우리의 협력을 얻기 위한 망상에 의한 기만과 같이 비윤리적인 속임수에 기초한 매우 이상한 종류의 **윤리**라고 생각할 수밖에 없다. 그리고 왜 여기서 그치는가? 그렇다면 이 이론 자체도 유전적으로 생성된 망상이 아니라고 생각할 이유가 무엇인가?

그레이는 모노가 인생을 유전자들에 적힌 것으로 보는 급진적 물질주의적 해석에도 불구하고 인간은 독특하게 특권을 부여 받은 종이라는 아이디어를 지지한다는 사실이 역설적이라고 생각한다.

> 다른 많은 사람들과 마찬가지로 모노는 인본주의와 자연주의라는 화합할 수 없는 두 개의 철학을 결합한다. 다윈의 이론은 자연주의의 진실을 보여준다. 즉 우리는 다른 동물들과 마찬가지로 동물들이다. 우리와 지구상의 다른 생명

45 Michael Ruse and Edward O. Wilson, "Evolution and Ethics," *New Scientist*, Vol. 108, 17 October 1985, 50-52.

> 체들의 운명은 같다. 그럼에도 아무도 이를 알아차리지 못하기 때문에 더욱 더 역설적으로 다윈주의는 현재 우리가 우리의 동물적 본성을 뛰어넘을 수 있고 지구를 다스릴 수 있다는 인본주의자의 신앙의 중심 지주(支柱)가 되어 있다.[46]

그러나 그레이 자신도 알아차리지 못한 것으로 보이는 보다 미묘한 또 하나의 역설이 있다. 그가 인정하듯이 그의 철학은 진리를 약화시킨다. "현대 인본주의는 과학을 통해 인류가 진리를 알 수 있고 따라서 자유로울 수 있다는 신앙이다. 그러나 다윈의 자연선택 이론이 진리라면 이것은 불가능하다. 인간의 마음은 진리가 아니라 진화의 성공에 기여한다."[47] 그러나 그레이로 하여금 과거 200년 전의 철학에 관해 책을 쓰도록 인도한 그 자신의 마음에 관해서는 어떠한가? "그것은 기독교의 가장 중요한 오류, 즉 인간은 다른 동물들과는 근본적으로 다르다는 믿음을 포기하지 않았다."[48] 그레이에 따르면 자신이 이 문장을 쓰는 것은 "진화의 성공에 기여한다"고 가정해야 한다. 진화론이 옳다면 그것은 확실히 진화론의 성공에 기여한다고 보일 것이다. 그러나 그럴 경우 그레이는 진리 개념 자체를 훼손한 것이며, 따라서 우리가 그를 진지하게 고려할 모든 이유를 제거한 것이다. 다시금 논리적 모순이 지배한다.

모노의 책에는 『우연과 필연』(*Chance and Necessity*)라는 제목이 붙었다. 그레이에게는 바로 우연과 필연이 도덕이 궁극적으로 승리한다는 아이디

46 Gray, *Straw Dogs*, 31.
47 Gray, *Black Mass*, 26.
48 *ibid*, 37.

어는 가식(假飾)임을 증명한다. 실로 그에게는 도덕이란 대체로 픽션의 한 갈래이며 단지 "우리가 부분적으로는 기독교로부터 물려받고 부분적으로는 고대 그리스 철학으로부터 물려받은 편견들"로 구성되어 있다. "사실, 우리는 어느 것도 우리를 운명과 우연으로부터 막아줄 수 없다는 것을 안다."[49]

진화와 이타심[50]

진화론은 언제나 인간의 사회적, 도덕적 행동 영역 중 이타심에 대해 설명하는 일에 어려움을 느껴왔다. 이타적인 행동은 진화 면에서 종족의 생존을 쉽게 하는 것이 아니라 어렵게 하는 듯이 보이기 때문에 문제가 된다. 진화는 항상 종의 생존을 증진하도록 작용했기 때문에 우리는 진화가 인간에게 종족의 생존을 증진하는 행동과 관습에 도덕적 중요성을 부여할 것으로 가정한다. 그러나 똑같은 이유로 우리는 진화가 생존을 보다 어려워지게 하거나 생존 가능성이 낮아지게 하는 모든 것에 대한 도덕적 회피를 낳을 것으로 예상한다.

이에 비춰볼 때 우리가 본성상 진화적 "진보"에 가장 방해가 되거나 또는 이를 위협하기 쉬운 사람들, 즉 약자, 장애인, 병자, 노인들을 도울 의무가 있으며, 다른 사람 일반을 부양하면 우리의 자원이 심각하게 고갈되

---

49 *ibid*, 107, 109.

50 Rolston, *Genes, Genesis and God*, 5장에 진화론의 틀 안에서는 이타심을 설명하기 어렵다는 흥미 있는 논의가 있다.

고 우리 인종의 생존이 보다 어려워짐에도 우리 자신의 가족, 부족 또는 인종뿐만 아니라 다른 사람들도 부양할 의무가 있다는 도덕적 확신이 도처에 깊이 자리 잡고 있다는 사실을 아무 생각이 없는 진화 프로세스가 어떻게 설명할 수 있는지 알 수 없다. 본능적인 생존 욕구로 인해 건강한 사람은 자신이 약해지고 병들면 다른 사람이 자신을 부양하기를 바라기 때문에 약하고 병든 사람을 부양하게 된다고 주장하는 것은 설득력이 없다. 그러한 상호 동정은 매우 칭찬할 만하다. 그러나 이는 인종의 생존에 절대적으로 필요한 것은 아니다. 진화론이 주장하는 바와 같이 생존이 진화의 **유일한** 목적이라면 진화는 결코 장애인, 병약자 그리고 노인들에게 자원을 사용할 도덕적 의무감을 낳지 않을 것이다. 우리는 도킨스가 이기적 유전자에 대한 반항에 의해 이타심을 설명하고자 했을 때 이미 도킨스가 빠져든 혼란을 알아차렸다.

그럼에도 윌슨의 인도를 받은 사회생물학자들은 인간 이외의 동물들의 사회적 습관들을 연구하고 이를 인간의 행동 패턴들과 비교함으로써 이 "사회생물학의 중심적인 이론적 문제"[51]에 대한 답을 발견했다고 생각한다. 그들은 "자연은 인정사정을 봐주지 않는다"는 아이디어는 매우 부정확하며, 사실 동물(그리고 물론 사람)의 행동에서 협동의 많은 예들이 발견되었다는 관찰에서부터 시작한다. 자신의 생존에 관한 이해관계에 기여하기 위해 한 유기체가 다른 유기체와 협력하는 것을 **생물학적 이타심**이라 부르는데 이는 도덕적 색조를 띠지 않는 기술적 표현이다. 따라서 생물학적 이타심은 진정한 도덕적 이타심과 혼동되지 말아야 한다. 그렇다면 핵심

---

51 Edward O. Wilson, *Sociobiology*, Cambridge USA, Harvard University Press, 1975, 3.

질문은 이것이다. 생물학적 이타심과 진정한 도덕적 이타심의 관계는 무엇인가? 루스는 "문자적, 도덕적 이타심은 이로운 생물학적 협력이 달성되는 중요한 방식"이며, 이를 달성하기 위해 "진화는 우리를 옳고 그름에 관한 생각, 우리의 동료들을 도와줄 필요에 관한 생각 등으로 가득 채웠다"고 답변한다.[52]

그러나 이는 이 생각들이 어디에서 나왔는지 또는 그들의 "도덕"의 토대는 무엇인지에 대한 설명이 아니다. 사실은 이로부터 루스는 본질적으로 도덕의 기초를 진화에 두는 데 실패했음을 인정하고 있는 셈이다. 뛰어난 진화생물학자인 프란시스코 아얄라는 같은 심포지움에서 루스(그리고 윌슨)의 말은 "도덕 규범이 생물학적 진화에 기초를 둘 수 있다는 것이 아니라, 진화가 우리에게 특정 도덕규범들 즉 자연선택의 '목표들'에 일치하는 규범들을 받아들이게 한다"는 뜻이라고 지적한다.[53] 그리고 이 모든 것들은 우리의 유전자들에 의해 유전적으로 우리에게 강요된 망상인 도덕 아래 포함됨을 잊지 말자. 이 혼동은 거의 완벽한 것으로 보인다. 그 저자들의 논리를 그들 스스로에게 적용해서 그들의 이론들은 유전적으로 추론된 망상이라고 결론을 내리면 그들은 이에 대해 어떻게 반박할 수 있는가?

아얄라는 계속해서 도덕의 기능에 관한 윌슨의 견해에 관심을 기울인다. "인간의 행동은 (이를 이끌어내고 인도하는 가장 깊은 감정적 능력과 마찬가지로) 이에 의해 인간의 유전 물질이 온전하게 유지되어왔고, 앞으로도 그렇게 유지될 우회적인 기법이다. 도덕에는 보여줄 만한 다른 기능이 없다."

52 Holmes Rolston III, *Biology, Ethics and the Origins of Life*, Boston, Jones and Bartlett, 1995, 96.

53 Rolston, *Biology, Ethics and the Origins of Life*, 127.

아얄라가 지적하는 바와 같이 자연주의적 오류가 저질러지고 있는 듯하다. 그뿐 아니라 이를 해석하는 (확실히 윌슨의 생각과는 아주 먼) 한 가지 방법은 그의 견해가 도덕 코드의 유일한 기능은 유전자들의 보존이며 따라서 "그것이 좋거나 바람직하다고 생각되는 유전자들을 보존하고 나쁘거나 바람직하지 않은 유전자들을 제거하는 수단으로 인식될 경우" 인종주의나 집단 학살에 대한 정당화로 이해될 수도 있다고 말하고 있다는 것이다.[54] 이 모든 논의의 결론은 윤리의 기초를 생물학에 두려는 시도들은 영구 기관을 만들려는 노력처럼 실패할 운명으로 보인다는 것이다.[55]

그럼에도 리처드 도킨스는 인간은 자기의 유전자들에 불과하지만, 유전자들이 자기가 잘못하도록 인도할 경우 어떻게든 자기의 유전자들에 반항할 수 있다고 말함으로써 도덕 일반 및 특히 이타심을 위한 토대와 유사한 것을 구축하기 위해 다음과 같이 필사적으로[56] 노력한다. "우리는 유전자 기계들로 지어졌다.…그러나 우리에게는 우리의 창조자들에 등을 돌릴 힘이 있다. 지구상에서 우리만이 이기적인 복제자들의 압제에 등을 돌릴 수 있다."[57]

같은 책의 서두에서 도킨스가 다음과 같이 말하기 때문에 우리는 의

54 Rolston, *Biology, Ethics and the Origins of Life*, 128, 129. 이 주장에 대한 더 이상의 조사는 현재 우리의 관심 범위 밖이다. 다윈주의 이론을 유지하는 유신론자의 관점에서 볼 때 이 주장들의 경험적, 철학적 부적정성에 대한 분석을 원하는 독자들은 생물학자 Dennis Alexander, *Rebuilding the Matrix: Science and Faith in the 21st Centry*, Oxford, Lion, 2001, 11장을 참조하라.

55 진화적 관점에서의 사회생물학 비판에 대해서는 Rolston, *Biology, Ethics and the Origins of Life*, 163 이하에 나오는 Langdon Gilkey의 글을 보라.

56 보다 이전의, 동등하게 필사적인 C. H. Waddington의 비판적 분석에 대해서는 Lewis, *The Abolition of Man*, 29를 보라.

57 Richard Dawkins, *The Selfish Gene*, Oxford, Oxford University Press, 1976, 215.

도적으로 "필사적으로"라는 단어를 사용한다. "우리는 생존 기계들이다. 즉 유전자들이라고 알려진 이기적인 분자들을 보존하기 위해 맹목적으로 프로그램이 짜진 로봇 매개체들이다."[58] 그렇지만 도킨스는 그 책의 마지막 장에서는 이 입장에서 후퇴하는 듯하다. "현대의 인간을 이해하기 위해서는 유전자가 진화에 관한 유일한 토대라는 아이디어들을 거부하는 데서부터 시작해야 한다."[59] 그리고 그는 유전자의 압제에 등을 돌리라는 격려로 대단원을 맺는다.

그러나 우리가 우리의 유전자들에 불과하다면 어떻게 우리의 유전자에게 대항할 수 있는가? 우리 안에 물질적이 아니고 유전자가 아닌 요소 또는 힘이 없다면 우리 안에 무엇이 있어서 우리의 유전자들에게 대항하고 도덕적으로 행동할 수 있는 능력을 가질 수 있는가? 도킨스는 어디에서도 그런 능력의 기원이나 그것이 언제 나타났는지에 관해 말해주지 않는다. 그리고 그 대항에서 우리를 인도할 객관적인 도덕 원칙들을 어디에서 얻는다는 말인가? 도킨스는 우리에게 어떤 대답도 주지 않는다.

유전자들로부터 도덕을 도출하려는 시도는 C. S. 루이스가 지적했듯이 본능으로부터 도덕을 도출하려는 헛수고를 생각나게 한다.

당신이 어느 날 저녁에 집에 앉아 있다가 밖에서 공포에 질려 도와달라고 외치는 비명을 들었다고 가정하자. 당신은 즉각적으로 도움을 필요로 하는 사람을 구하러 가려는 본능적 충동을 느낀다. 그러나 그때 자기 보존이라는 반대의 본능이 떠올라 당신에게 휘말리지 말도록 촉구한다. 이

58 Dawkins, *The Selfish Gene*, ix.

59 *ibid*, 205.

제 이 두 본능 중 어느 본능에 따를지 어떻게 결정하겠는가? 달리 말해서 당신의 **의무**는 무엇인가? 당신이 무엇을 **해야 하는지**를 말해주는 것이 무엇이든, 당신의 본능들이 상충하는 조언을 제공할 경우 그것은 본능일 수 없다.[60]

도덕 폐기

이 이야기에서 가장 큰 역설은 바로 도킨스 자신이 유전자에 기반을 둔 도덕을 얻으려는 시도뿐만 아니라 도덕의 기반이 되는 선악 개념들에 대해서도 치명타를 날림으로써 도스토옙스키의 격언을 확인해준다는 점이다. 그는 이렇게 쓴다.

> 맹목적인 물리적 힘들과 유전적 복제의 세계에서는 상처를 받게 되는 사람들이 있는가 하면 운이 좋은 사람들도 있기 마련이고, 당신은 그 안에서 의미나 정의를 발견하지 못할 것이다. 우리가 관찰하는 우주는 그 바탕에 설계도 없고, 목적도 없고, 악도 없고, 선도 없을 경우 우리가 기대해야 할 바로 그 속성을 갖고 있다. 맹목적이고, 무자비하고, 냉담함 외에는 아무것도 없다. DNA는 아는 것도 없고 신경을 쓰는 것도 없다. DNA는 단지 존재할 뿐이다. 그리고 우리는 그에 맞추어 춤을 춘다.[61]

---

60 Lewis, *The Abolition of Man*, 28을 보라.

61 Richard Dawkins, *River Out of Eden*, New York, Basic Books.

사람들은 위의 말들은 세심하게 고안된 말들로서 저자가 심사숙고한 의견을 나타낸다고 가정할 것이다. 이 말들은 도덕 또는 보다 정확하게는 도덕의 결여에 관한 심원한 시사점이 있다. 도킨스는 DNA의 기능에 대한 결정론적 해석의 이름으로 선, 악 그리고 정의라는 범주의 존재 자체를 명시적으로 부인한다. 도킨스의 자연주의적 무신론은 매우 논리적으로 그로 하여금 도덕의 토대가 없을 뿐만 아니라 궁극적으로 도덕 따위는 없다는 결론에 이르게 했다.

도킨스는 우리가 종교 없는 세상을 상상하기 원한다. 그러나 그의 맹목적인 물리적 힘들과 유전적 복제라는 결정론적 세상을 상상해보라. 그런 세상에서는 2001년 9월 11일에 뉴욕과 워싱턴에 자살 폭탄 공격을 가한 자들, 2002년 4월에 독일의 에르푸르트에서 자기 학교 교사들의 절반을 살해한 남학생, 2005년 7월에 런던 지하철과 버스에 폭탄 공격을 가한 자들 그리고 끝이 없어 보이는 기타 명단들은 단지 그들의 DNA에 맞춰 춤을 추고 있었을 뿐이라고 말하는 외에는 다른 대안이 없을 것이다. 캄보디아, 르완다, 수단의 킬링필드들에서 대량 학살을 실행하기로 입안한 자들도 마찬가지로 그들 자신의 내장된 유전자 프로그램의 지시를 따르고 있었을 뿐이다. 그렇다면 누가 그들이 한 일에 대해 그들을 비난할 수 있겠는가? 사실 그러한 결정론적 세상에서는 "비난"이라는 말 자체가 의미가 없다.

그리고 만일 어떤 사람들이 자기 아기들을 학대하거나 갈가리 찢으면 재미있겠다고 생각한다면 그것은 단순히 그들이 기계적으로 자신의 DNA에 장단을 맞춰 춤을 추는 것이겠는가? 만일 이것이 사실이라면 우리는 어느 누구도 도덕적으로 사악하다고 말할 수 없다. 잘못 알고서 사악하다고 부르는 사람들도 있겠지만 말이다. 실로 선악의 분류 자체가 무의미해져 그 구분이 없어질 것이다. 선악은 생물학적으로 프로그램된 로봇들의 모집단에는 적용되지 않는다.[62]

나라마다 비행 청소년의 비극적인 칼질과 총질의 피해가 급속히 증가하고 있는 현대 서구 문화에 의해 책임감이 이미 침식되고 있는 마당에 젊은 사람들에게 그러한 허무주의적 아이디어를 가르칠 때의 결과를 상상하기는 어렵지 않다. 그들에게 그들의 행동은 자신의 DNA에 맞춰 춤을 추는 것에 지나지 않는다고 말해서 그들은 자신의 행동이나 그 결과에 대해 책임이 없다고 암시하면 사회적 재앙을 초래할 것이다. 우리는 진정으로 불에 기름을 끼얹기를 원하는가?

요약

인간 외부에 가치에 대한 영원한 토대가 없다면, 도킨스, 히친스 등의 기준들이 어떻게 제한된 인간의 관습 즉 맹목적이고 인도되지 않은 진화 프로세스라는 궁극적으로 무의미한 산물에 불과하지 않을 수 있겠는가? 따라

62 생물학적 이론으로서의 진화 자체에 대해서는 Dawkins와 이견이 없는 Steven Rose는 Dawkins의 유전적 결정론의 중심에 놓여 있는 환원주의에 강하게 반대한다. 그는 이 주장은 명백한 잘못이라고 생각한다. "나는 일부 생물학자들이 그들의(우리의) 학문 분야가 확실히 갖고 있지 않은 설명력 또는 간섭주의자의 힘을 갖고 있다고 주장하고, 아주 무신경하게 반대 증거를 무시하는 교만함에 짜증이 난다"(*Lifelines*, London, Penguin, 1997, 276). 그는 계속해서 이렇게 말한다. "생명 현상은 언제나 그리고 가차 없이 동시에 자연 **그리고** 양육에 관한 것이며, 인간의 존재와 경험 현상은 언제나 동시에 생물학적이고 사회적이다. 적절한 설명은 양쪽 모두와 관련이 있어야 한다"(*Lifelines*, 279).

서 신무신론은 도덕성에 대해 적절하게 설명하기는 커녕 이를 앞뒤가 맞지 않는 허튼소리로 해체시켜버린다.

도스토옙스키는 오래 전에 하나님을 거부하면 도덕의 파괴라는 큰 비용을 치른다는 것을 알았다. 사르트르는 이 통찰에 큰 감명을 받아서 도스토옙스키의 주장을 자신의 실존주의 철학의 출발점으로 삼았다. 사르트르는 이렇게 썼다.

> 실존주의자는…하나님이 존재하지 않을 경우, 아이디어들의 천국에서 가치를 발견할 모든 가능성들도 하나님과 함께 사라지기 때문에 이를 매우 비통하다고 생각한다. 이에 대해 생각할 무한하고 완벽한 의식이 없기 때문에 이제 더 이상 선험적인 선이 있을 수 없다. 실상 우리는 인간들만 존재하는 평원 위에 있기 때문에 그 어디에도 선이 존재하며, 정직해야 하고, 거짓말하지 않아야 한다고 쓰인 곳이 없다. 도스토옙스키는 "하나님이 없다면 모든 것이 가능할 것이다"라고 말했다. 이것이 바로 실존주의의 출발점이다. 실로 하나님이 없다면 모든 것이 허용될 수 있으며 그 결과 인간은 자신의 안에서도, 밖에서도 붙들 것을 발견하지 못하기 때문에 인간은 버림받은 존재가 된다. 인간은 자신을 변명하기 시작할 수 없다.[63]

데이비드 벌린스키는 도스토옙스키의 『카라마조프가의 형제들』이 함의하는 바를 다음과 같이 예리하게 비튼다.

---

63 Jean-Paul Sartre, *Existentialism*, New York, Bernard Frechtman, 1947.

카라마조프의 경고에 힘을 실어주는 것은 그것이 최신의 가설상의 삼단논법의 일부가 되었다는 점이다.

첫 번째 전제: 하나님이 없다면 모든 것이 허용된다.

두 번째 전제: 과학이 옳다면 하나님은 없다.

결론: 과학이 옳다면 모든 것이 허용된다.[64]

신무신론자들은 점점 더 자신들의 무신론적인 신앙의 함의를 전혀 이해하지 못하고 있는 "연성(soft) 무신론자들"이 되어가고 있는 듯하다. 니체, 카뮈 그리고 사르트르와 같은 "경성(hard) 무신론자들"은 신무신론자들에게 그들이 어떻게 암묵적으로 하나님께 호소하지 않으면서 시대를 초월한 가치들에 대한 그들의 절대적 헌신을 합리적으로 정당화할 수 있는지 물어볼 것이다. 그들은 이것이 불가능하다고 말할 것이다. 절대적 가치가 존재하려면 하나님이 필요하다. 신무신론자들의 결정론적 세상 안에서는 도덕 측면에서 인간의 행동은 DNA의 곡조에 따라 추는 춤에 불과한 벌들의 춤보다 중요하지 않기 때문에 그들은 신무신론자들도 이를 잘 알고 있다고 말할지도 모른다.

방금 인용한 도킨스의 말에도 불구하고 대체로 신무신론자들은 자신들의 무신론은 그들에게서 자신들의 자유주의적인 가치들뿐만 아니라 어떠한 도덕적 가치들도 제거한다는 사실을 충분히 이해하지 못하는 것 같다. **따라서 하나님과 종교에 대한 신무신론자들의 모든 도덕적 비판들은**

---

64 Berlinski, *The Devil's Delusion*, 26.

그 비판들이 틀렸기 때문이 아니라 무의미하기 때문에 타당하지 않다. 윤리에 대한 그러한 부인이 하나님은 망상이라는 가설의 중심이라면, 로켓 과학자가 아니더라도 망상이 실제로 어디에 놓여 있는지 알 수 있다. 결국 DNA는 아는 것도 없고 신경도 쓰지 않으며 우리는 그저 DNA의 장단에 맞춰 춤을 추는 것일 뿐이라면, 어떻게 우리 대부분이 알기도 하고 신경도 쓰겠는가?

5장

성경의 하나님은 폭군인가?

"아무도 자신의 도덕을 성경에서 취하지 않는다."

리처드 도킨스

"보편적 평등주의로부터 자유, 공동생활의 결속, 자율적인 삶, 해방, 양심이라는 개인의 도덕성, 인권 그리고 민주주의가 나오는데, 보편적 평등주의는 유대의 정의 윤리 및 기독교의 사랑 윤리의 직접적인 유산이다. 본질적으로 변하지 않은 이 유산은 계속해서 비판적 적용과 재해석의 대상이 되어왔다. 오늘날까지 이에 대한 대안은 없다. 그리고 현대 포스트 국가 시대의 도전에 비춰볼 때, 우리는 계속 이 전통의 본질에 의존한다. 다른 모든 것은 그저 무의미한 포스트모던 공론이다."

위르겐 하버마스

앞장의 결론은 다음과 같다—신무신론자들의 무신론은 그들에게 어떤 종류의 도덕적 평가를 위한 지적 기반도 제공해주지 않기 때문에 성경의 도덕에 대한 신무신론자들의 독설은 타당하지 않다. 그들의 비판은 그들이 우주에 대해 말하는 내용만큼이나 무의미하다. 그러므로 우리는 그들이 말하는 모든 것들을 합리적으로 기각할 수 있다. 그러나 이는 이 문제에 대한 유용한 접근법이 아닐 것이다. 왜냐하면 우리가 하나님을 믿든 믿지 않든 하나님의 형상대로 지음 받았기 때문에 모두가 공유하고 있는 공통의 도덕에 비춰볼 때 그들의 비판은 많은 사람들에게 어느 정도 타당성이 있는 것으로 여겨지고 있기 때문이다. 그러므로 무신론자들이 자신들의 도덕에 논리적 기반을 제공할 수 없다는 이유로 그들의 이의들을 무시해버리는 것은 적절하지 않다. 따라서 우리는 이제 그들이 말하는 내용을 고려해야 한다.

기독교에 대한 신무신론자의 평가에 관해 많은 사람들이 가장 먼저 떠올리는 점은 그들의 평가가 균형 잡히지 않았다는 것이다. 예를 들어 나는 앞에서 크리스토퍼 히친스가 에든버러 페스티벌에서 열린 우리의 토론에서 자기가 항상 우리를 감시하는 폭군이고 불량배라고 생각하는 하나님에 대한 그의 혐오를 솔직히 인정했다고 말했다. 다른 것은 차치하더라도 하나님을 가리켜 항상 당신을 감시하는 존재로 묘사하는 것은 슬픈 풍자다. 내가 그때 히친스에게 지적한 바와 같이 결혼을 "끊임없이 당신을 감시하는 누군가와 함께 사는 것"으로 묘사할 수도 있는데 이는 슬픈 일이다. 그처럼 편견에 사로잡힌 견해는—히친스의 하나님에 대한 풍자가 모든 관계들 중 가장 깊은 관계, 즉 자신의 창조주와의 관계의 경이를 빠뜨리는 것과 마찬가지로—모든 인간관계들 중 가장 깊은 관계에 관한 놀라운 모든 것들을 빠뜨리게 될 것이다. 신무신론자들은 구약의 하나님이 정의와 심판의 하나님으로뿐만 아니라 동정·사랑·자비의 하나님으로 묘사되고 친구·목자·안내자로 묘사된다는 사실을 알아차리지 못한 것 같다. 동정과 자비는 폭군 또는 불량배들의 두드러진 특성이 아니다. 앞으로 보게 되겠지만 하나님이 우리를 부정적으로 여겨지도록 감시한다는 주장도 두드러진 특성이 아니다.

신무신론자들은 성경의 하나님에 대해 욕을 해댄다. 만일 그렇게 할 마음이 있다면 (그리고 그렇게 하는 사람도 있다) 과학에 대해 욕하기는 훨씬 더 쉽고 훨씬 더 정당하지만 이에 대해 합리적으로 토론하는 것도 유익하듯이, 하나님에 대해 욕하는 것에 대해서도 합리적으로 토론하면 유익하다. 폭탄·지뢰·대량살상무기·유독물질 등의 생산, 오염, 삼림 파괴, 사막화 등에 과학이 관여하는 것에 초점을 맞춤으로써 쉽사리 과학의 평판을 떨어뜨릴 수 있다. 만일 과학이 논의의 주제라면 신무신론자들이 가장 먼저 그러한 왜곡에 대해 항의할 것이다.

그러나 그들의 성마른 맹공격은 공평한 학자적 분석보다는 적대감으로 가득 차 있다. 사람들은 이에 대해 지적 비평으로는 말할 것도 없고, **도덕적** 비평으로서도 다소 역설적이라고 생각할 것이다. 이의 최종 결론은 명백한 천박함이다. 이 책에서 모든 예들을 고려해볼 수는 없지만 한 가지 특히 두드러진 예는 도킨스가 이타심에 대한 성경의 가르침과 싸우는 것이다. 그는 다음과 같이 시작한다. "그리스도인들은 외양상 구약과 신약 모두에 의해 증진된 것으로 보이는 남에 대한 도덕적 배려의 많은 부분은 원래는 좁게 정의된 내부집단(in-group)에게만 적용될 의도였음을 좀처럼 깨닫지 못한다."[1] 그리스도인들이 "좀처럼 깨닫지 못하는" 이유는 자신의 주장이 허위라는 사실에 놓여 있다는 점을 그의 연구 방법론은 완전히 놓치고 있는 것으로 보인다. 대부분의 그리스도인들은 도킨스가 그처럼 서투르고 무식한 큰 실수를 저지르지 않도록 쉽게 도와줄 수 있었을 텐데 그가 얼마나 많은 그리스도인들과 상담한 뒤에 그의 결론에 이르렀는지 궁금하다.

도킨스는 이어서 위엄 있게 다음과 같이 우리에게 알려준다. "'네 이웃을 사랑하라'는 말은 지금 우리가 그 말이 의미한다고 생각하는 바를 의미하지 않았다. 이 말은 '다른 유대인을 사랑하라'를 의미했을 뿐이다."[2] 이 말에 비춰볼 때 도킨스는 확실히 자신의 전문분야가 아닌 주제들을 조사함에 있어서는 학자다운 철저함의 가식을 완전히 포기했다. 만일 도킨스가 신학자가 아닌 존 하텅의 무식을 선택하는 대신 성경 텍스트를 5분만 보았더라면 그는 확실히 자신이 그처럼 우스꽝스럽게 보이도록 하지는 않았을 것이다. 하텅-도킨스의 "성서 주해"는 레위기 19:18의 다음과 같은 구절에 근거를 두고 있다. "원수를 갚지 말며 동포를 원망하지 말며 네 이웃 사랑하기를 네 자신과 같이 사랑하라." 도킨스(또는 하텅?)는 자기의 해석에 대

1 *GD*, 287.
2 *GD*, 287.

해 자신만만하여 레위기 19장의 나머지를 읽어보지도 않았음이 분명하다. (만일 그가 나머지 부분을 읽었더라면) 그는 이웃 사랑이라는 명시적인 명령이 내부집단에 한정되도록 의도되지 **않았다**는 것을 발견했을 것이다. "거류민이 너희의 땅에 거류하여 함께 있거든 너희는 그를 학대하지 말고 너희와 함께 있는 거류민을 너희 중에서 낳은 자 같이 여기며 자기 같이 사랑하라. 너희도 애굽 땅에서 거류민이 되었었느니라."[3]

도킨스는 레위기를 오해하는 데 그치지 않고, 이제 우리에게 예수 자신이 "동일한 내부집단 도덕 신봉자"였다고 알려준다.[4] 방금 전에 본 바와 같이 구약에서는 이 내부집단 도덕을 가르치지 않았다. 예수도 그러한 허구의 도덕 신봉자들 중 하나가 아니었다. 이것은 추측의 문제가 아니다. 예수는 한번은 "네 이웃을 너 자신과 같이 사랑하라"는 구약의 격언에서 "이웃"이라는 단어의 뜻이 무엇이냐는 질문을 받았다. 그는 선한 사마리아인의 비유로 대답했는데, 이 비유의 요점은 이웃됨은 인종간의 경계를 뛰어넘는다는 것을 보여주기 위함이었다.

아마도 도킨스는 레위기를 모르는 데 대해 용서받을 수 있을 것이다. 그러나 그는 모든 문학에서 가장 유명한 비유들 중 하나에 대해 레위기에 관해서와 마찬가지로 완전한 무지를 드러낸 데 대해서는 용서받기 어려울 것이다. 도킨스는 사실을 점검하지 않고 마취전문의이자 파트타임 사회인류학자인 존 하텅이라는 단 한 명의 비전문가라는 출처에 자신을 국한시킴으로써 이러한 혼란에 빠져들었다. 인터넷에서 유대인들에 대한 하텅의 견

3 레 19:33-34.

4 *GD*, 292.

해를 조금만 읽어보면 도킨스가 성경 문서에 대해 내리는 어떠한 평가도 신뢰하지 않게 될 것이다. 나는 내가 다윈에 대한 모든 정보를 신학자, 중국철학 전문가 또는 심지어 마취사로부터 얻는다면 도킨스가 어떻게 생각할지 알고 있다.

도킨스가 근본적이면서도 기초적인 이슈들에 관해 성경을 그처럼 오독(誤讀)하면 그가 성경의 가르침에 대해 어떠한 선언을 하든 도킨스에 대해 그다지 신뢰하지 못하게 될 것이다. 성경과 관련하여 다뤄질 필요가 있는 도덕적 문제들이 발생한다는 점은 의심할 나위가 없다. 그러나 성경이 실제로 말하고 있는 바에 대한 비학자적이고, 무지하며, 부정확한 견해에 분석의 근거를 둔다면 조금도 도움이 되지 않을 것이다.

신무신론자들은 성경의 하나님은 두려운 천재적 창조성과 능력의 하나님일 뿐만 아니라, 자신의 피조물과 그 일부인 인간을 돌보는 동정, 자비, 정의, 아름다움, 거룩 그리고 사랑의 하나님이기도 하다는 것을 확실히 알고 있지만 이 점을 말하지 않는다. 성경에 의하면 인간은 특별하다. 모든 남자와 여자는 하나님의 형상대로 만들어졌고 따라서 무한한 가치가 있다. 이 가르침은 우리들 대부분이 침해할 수 없는 것으로 여기는 가치들, 특히 각 개인의 생명, 인권 그리고 양성평등이라는 서구의 가치 개념의 배후에 놓여 있고, 이에 활력을 불어넣기 때문에 이를 아무리 강조해도 지나침이 없다.

저명한 유럽의 법률가인 에른스트 볼프강 뵈켄푀르데 박사는 많이 논의되고 있는 다음과 같은 관찰에서 이 사실을 강조했다. “세속 국가는 자신이 스스로 보증할 수 없는 규범적 가정들을 갖고 살아간다."[5] 그래서 무신론자 지성인인 위르겐 하버마스는 세속 사회로 하여금 종교적 언어가 명확하게 표현하는 힘이 있다는 의식을 보유하지 못함으로써 중요한 자원으로부터 스스로를 단절시키지 말도록 촉구한다. "철학은 종교 전통으로부터 배우는 데 열려 있을 이유가 있다."[6] 하버마스는 인간이 하나님의 형상대로 창조되었다는 성경의 아이디어는 인권의 족보에 속함을 분명히 한다.

역사는 이 견해를 확인한다. 예를 들어 역사가 아르놀트 안게넨트는 그의 자세한 논의에서 초기 교회 교부들은 하나님의 형상대로 창조된 사람은 누구도 돈으로 사서는 안 된다는 근거에 기초해서 노예 제도를 비난했음을 지적한다. 중세에 부르크하르트 폰 보름스는 유대인이나 나그네를 죽이는 사람은 하나님의 형상과 장래의 구원의 소망을 지우는 것이라고 말했다. 17세기에 존 밀턴은 "모든 사람은 하나님의 형상을 따라 지음 받았기 때문에 자유인으로 태어난다"고 말했다.[7]

신무신론자의 도덕: 신십계명

공정하게 얘기하자면 비록 신무신론자들은 이를 다르게 해석하기는 하지만(이에 대해서는 뒤에서 다룰 것이다) 신무신론자 자신들도 윤리에 대한 성경

---

5 "Der freiheitliche säkularisierte Staat lebt von Voraussetzungen, die er selbst nicht garantieren kann."

6 "Vorpolitische Grundlagen des demokratischen Rechtsstaates?", Jürgen Harbermas, *Zwischen Naturalismus und Religion*, Frankfurt, Schrkampf Verlag, 2005, 106-118에 실린 글.

7 Arnold Angenendt, *Toleranz und Gewalt*, Münster, Aschendorff Verlag, 2009 581.

의 도덕적 가르침이 중요하다고 인정하는데, 이는 다소 예상하지 않았고 의도하지 않았던 결과다. 그의 책의 "도덕적 시대정신"(Moral Zeitgeist)[8]에 관한 부분에서 리처드 도킨스는 대부분의 사람들은 종교가 있든 없든 동일한 일반 도덕 원칙들[9]에 동의한다는 것을 관찰하고,[10] 이 윤리는 "신십계명"으로 성문화되어야 한다고 제안한다. 그가 선정한 계명 목록은 웹 블로그에서 따온 것이다.

1. 남이 당신에게 하기를 원하지 않는 것을 남에게 하지 말라.
2. 모든 일에 있어서 피해를 입히지 않도록 힘쓰라.
3. 동료 인간, 동료 생물체와 세상 일반을 사랑, 정직, 충실과 존중으로 대하라.
4. 악을 간과하거나 정의의 집행으로부터 움츠러들지 말고, 언제나 스스로 잘못을 인정하고 정직하게 뉘우치거든 기꺼이 용서하라.
5. 즐거움과 경이감이 있는 삶을 살라.
6. 항상 무언가 새로운 것을 배우려고 하라.
7. 모든 것을 시험하라. 항상 당신의 생각을 사실에 비춰 점검하고, 당신의 생각이 사실에 부합하지 않을 경우 소중하게 품어온 신념일지라도 기꺼이 버리라.
8. 결코 검열하거나 이의를 차단하려 하지 말라. 항상 다른 사람들이 당신에게 동의하지 않을 권리를 존중하라.

---

8 *GD*, 298.

9 이는 매우 중요한 관찰로서, 이 관찰의 중요성에 대해서는 뒤에서 다시 다룰 것이다.

10 Marc Hauser에 관한 170의 논평을 보라.

9. 자신의 이성과 경험의 토대 위에서 독립적인 의견을 형성하라. 남들에게 맹목적으로 끌려 다니도록 허용하지 말라.
10. 모든 것에 의문을 품어라.[11]

이 목록에 관해 떠오르는 첫 번째 생각은 이 신십계명이 하나님에 대해 언급하고 있지는 않지만 이 계명들은 성경의 십계명과 공통점이 많다는 것인데, 비교 목적상 그 목록을 다음과 같이 열거한다.

1. 너는 나 외에는 다른 신들을 네게 두지 말라.
2. 너를 위하여 새긴 우상을 만들지 말고 또 위로 하늘에 있는 것이나 아래로 땅에 있는 것이나 땅 아래 물 속에 있는 것의 어떤 형상도 만들지 말라.
3. 너는 네 하나님 여호와의 이름을 망령되게 부르지 말라.
4. 안식일을 기억하여 거룩하게 지키라.
5. 네 부모를 공경하라.
6. 살인하지 말라.
7. 간음하지 말라.
8. 도둑질하지 말라.
9. 네 이웃에 대하여 거짓 증거하지 말라.
10. 네 이웃의 집을 탐내지 말라. 네 이웃의 아내나 그의 남종이나 그의 여종이나 그의 소나 그의 나귀나 무릇 네 이웃의 소유를 탐내지

11 Dawkins는 또한 *GD* 300에서 자신의 4개의 새로운 계명들을 제안한다.

말라.

십계명은 인간과 하나님 사이의 관계와 관련이 있는 수직적 차원(1-4계명)과, 인간과 그의 동료들 사이의 관계에 관한 수평적 차원(5-10계명)으로 된 두 개의 차원으로 생각할 수 있다. 신십계명은 수평적 차원만을 고려한다.

목록들을 비교해보면, 신십계명의 처음 4개의 계명은 대략 십계명의 마지막 6개의 계명에 해당한다. 신십계명의 마지막 5개 계명은 추론, 의문 제기, 시험하기 그리고 의견 형성 프로세스에 관한 것이며, 엄격히 말하자면 신십계명 8을 제외하면 전혀 도덕에 관한 명령도 아니다. 그것들은 한편으로는 신무신론이 강화하기 원하는 계몽주의 정신, 즉 하나님이 (인간의) 이성으로 대체되는 것에 대한 명백한 표현이다. 그리고 다른 한편으로는 표현된 정서의 대부분은 신십계명 4와 같이 성경에서도 발견됨을 즉시 알 수 있다. 이들을 간략히 살펴보기로 하자.

신십계명 5. 즐거움과 경이감이 있는 삶을 살라.

성경에는 즐거워하라는 격려로 가득 차 있다. "마음의 즐거움은 양약"[12]이며, 그리스도가 이 세상에 오신 것은 "내가 너희에게 큰 기쁨의 좋은 소식을 전하노라"[13]는 유명한 말로 알려졌다. 이 말은 잘 알려진 크리스마스 캐롤의 가사로 사용되는데, 바로 다름 아닌 리처드 도킨스 자신이 이 캐롤을 즐겨 부른다고 말하고 있다.[14] 그러니 최소한 그의 즐거움의 일부는

12 잠 17:22.

13 눅 2:10.

14 Libby Purves, "God rest you merry atheist," *The Times*, 18 December 2007.

기독교에서 직접적으로 나오는 것으로 보일 것이다.

신십계명 6. 항상 무언가 새로운 것을 배우려고 하라.

초기 그리스도인들은 "제자들"로 알려졌는데 그 말은 "배우는 사람"을 의미한다. 항상 무언가 새로운 것을 배우고, 정신적으로 신선하고 활기찬 상태를 유지하려 하는 것은 참된 기독교의 본질이다. 크리스토퍼 히친스는 포츠머스에서 거행된 자기 아버지의 장례식에서 빌립보서 4:8에 나오는 "끝으로 형제들아, 무엇에든지 참되며, 정직한 것은 무엇이든지, 의로운 것은 무엇이든지, 사랑스러운 것은 무엇이든지, 좋은 평을 받는 것은 무엇이든지, 무슨 덕이 있든지, 무슨 칭찬이 있든지, 이것들을 생각하라"(역자의 번역)는 텍스트를 선택해서 어떻게 연설했는지를 회상한다.[15] 히친스는 이 텍스트를 선택한 이유들 중 하나는 "이 텍스트가 본질적으로 세속적인 명령"이기 때문이라고 설명한다. 그러나 이 텍스트는 본질적으로 하나님은 흥을 깨는 존재가 아니라는 사실에 근거한 (무신론자들의 버스 캠페인에 평화가 있을지어다) 기독교의 명령이다. 하나님은 우리로 하여금 참되고, 정직하고, 의롭고, 사랑스럽고 좋은 모든 것들에 관심을 가지도록 적극적으로 격려한다.

신십계명 7. 모든 것을 시험하라. 항상 당신의 생각을 사실에 비춰 점검하고, 당신의 생각이 사실에 부합하지 않을 경우 소중하게 품어온 신념일지라도 기꺼이 버리라.

---

15 *GNG*, 12.

그러나 이것은 기독교의 사도인 바울이 모든 그리스도인들에게 지시하는 바로 그 내용이다.[16] 무신론자들이 잘 속기를 피하는 데 대한 독점권을 가진 것이 아니다. 우리 모두 그 경고에 주의를 기울일 필요가 있다.

신십계명 8. 결코 검열하거나 이의를 차단하려고 하지 말라. 항상 다른 사람들이 당신에게 동의하지 않을 권리를 존중하라.

이의에 대한 개방성과 남들이 우리에게 동의하지 않을 권리의 옹호는 참된 관용이 의미하는 바다. 그리고 누군가에게 동의하지 않으면 그 사람의 감정을 상하게 할 경우 동의해줘야 한다고 말하는 위선적이고 위험한 정치적 올바름의 시대에 우리는 이를 상기할 필요가 있다. 역사적으로 참된 관용 개념은 하나님의 형상대로 지음받은 인간의 가치에 근거하고 있다. 나는 신무신론자들이 관용을 자신들의 핵심 신념들 중 하나로 고백한다는 사실을 환영한다. 그렇지만 나는 신앙에 대한 불관용이 그들의 많은 진술들의 특징이라는 점에 비춰볼 때 그 말이 다소 공허하게 들린다는 점을 고백하지 않을 수 없다. 그들은 자신들의 계명들조차 그다지 진지하게 받아들이지 않는 것처럼 들린다.

신십계명 9. 자신의 이성과 경험의 토대 위에서 독립적인 의견을 형성하라. 남들에게 맹목적으로 끌려 다니도록 허용하지 말라.

시각 장애인이 시각 장애인을 인도하는 것에 관해 경고한 이는 바로

16 살전 5:21.

예수 그리스도였다.[17]

신십계명 10. 모든 것에 의문을 품어라.

이 계명은 신십계명 8과 매우 유사하다. 복음서에 나타난 예수의 가르침에 관해 매우 뚜렷한 사실들 중 하나는 예수가 매우 빈번하게 질문을 하고, 다른 사람들이 그에게 질문하도록 자극한다는 것이다.

위의 간략한 조사는 즉각적으로 도킨스가 인정하는 기본 도덕은 남들에 대한 우리의 태도에 관한 도덕적 명령과 그 조언이라는 면에서 대체로 기독교적임을 보여준다. 이에 비춰볼 때 도킨스가 다른 곳(같은 책)에서 "아무도 자신의 도덕을 성경에서 취하지 않는다"[18]고 한 말은 설득력이 없다. 결국 그 자신이 언급한 도덕의 많은 부분은 대체로 성경적이며, 그는 우리에게 "대부분의 사람들은 종교가 있든 없든 동일한 일반 도덕원칙들에 동의한다"고 말했다. 그러므로 나는 그가 이 말을 통해 성경에는 그가 받아들일 수 없다고 생각하는 몇 가지 도덕적 태도들이 있음을 의미한다고 생각할 수밖에 없다. 이것은 다소 다른 문제로서 이제 이에 대해 고려해봐야 한다. 그러나 (최소한 서구에서는) 대부분의 다른 사람들과 마찬가지로 도킨스는 자신의 도덕에 관해 성경에 큰 빚을 지고 있다는 사실이 흐려지도록 허용되어서는 안 된다.

---

17 마 15:14.

18 *GD*, 283.

구약의 도덕성 문제

그러나 위에 표시된 신무신론자들의 도덕이 성경에서 발견되는 도덕에 상응한다는 사실은 이스라엘 민족의 가나안 침공, 노예 제도 그리고 다양한 형벌, 특히 간음에 대해 돌로 치기와 같이 그들이 특히 구약에 나오는 내용 중 받아들일 수 없다고 생각하는 특정 사안들에 의해 무색해진다.

더욱이 신무신론자의 구약 비판은 동일한 구약에서 발견되는 도덕적 가치들에 기초하고 있기 때문에 그들이 제기하는 질문들은 많은 그리스도인들마저도 곤혹스럽게 한다. 가나안 침공을 예로 들어보자. 구약에 의하면 이스라엘 군대의 지휘관 여호수아는 모세를 통해 하나님으로부터 그 땅을 점령하고 있던 가나안 부족들을 공격하라는 지시를 받았다. 모세는 이스라엘 백성들에게 이렇게 명령했다. "네 하나님 여호와께서 그들을 네게 넘겨 네게 치게 하시리니 그때에 너는 그들을 진멸할 것이라. 그들과 어떤 언약도 하지 말 것이요 그들을 불쌍히 여기지도 말 것이며."[19] 그 결과는 다음과 같았다. "이에 여호수아가 모든 군사와 함께…가서 갑자기 습격할 때에…한 사람도 남기지 아니하고 쳐죽이고…."[20] 이 행동은 나그네를 사랑하라는 성경의 명령을 위반하는 듯하며, 동정심과 사랑이 있다고 알려진 하나님의 존재와도 일치하지 않는 듯하다.

이 사건은 도덕적 악, 아픔, 고통의 존재라는 보다 광범위한 문제를 제기한다. [당시에 멸망 당한] 가나안 사람들 외에도, 무고한 사람들이 여전

---

19 신 7:2.

20 수 11:5-11.

히 끔찍한 고통을 당하고 있으며 세상의 도처에서 매일 많은 사람들이 다른 사람들이 저지른 악의 직접적인 결과로 그리고 자연 재해와 질병의 결과로 죽임을 당하고 있다.

나는 악과 고통이라는 쌍둥이 문제들이 그리스도인들이 이론적으로 그리고 실제적으로 직면하는 가장 어려운 문제라는 점을 말하고자 한다(그러나 이는 그리스도인들의 문제만은 아니다). 결국 많은 사람들이 악과 고통 때문에 신에 대한 믿음을 버린다. 그러나 때때로 그런 인상이 주어지기도 하지만 신무신론자들이 최초로 이러한 이의를 생각해냈다고 상상하면 이는 완전한 오산이다. 진지하게 생각하는 사람들은 역사가 동튼 이래로 줄곧 악의 문제와 씨름해왔다. 우리 모두 여전히 이 문제로 씨름하고 있다. 사실 우리 중에서 악과 고통에 의해 영향을 받지 않는 사람이 있는가?

잠시 개인적인 이야기를 하고자 한다. 내가 정교한 의료적 개입으로 가까스로 살아났던 바로 그해에 내 누이는 갓 결혼한 22살의 딸을 악성 뇌종양으로 잃었다. 내가 내 회복에 대해 하나님께 감사한다면 내 누이에 대해서는 뭐라 말할 것인가? 내 형은 몇 년 전에 북아일랜드의 테러리스트가 터트린 폭탄에 의해 거의 죽을 뻔했고 영구적인 부상을 입었는데, 내 형에 대해서는 뭐라 말할 것인가? 그러나 죽은 내 조카딸은 그리스도인이었다. 내 조카 사위는 하나님에 대한 신앙을 잃지 않았다. 내 누이나 내 형도 마찬가지다. 그러니 단지 이에 관해 철학적인 이야기만 하는 사람보다는 고통 받은 사람이 뭔가 할 말이 있을 것이다.

가나안 침공과 그 침공의 도덕적 맥락

물론 어떤 사람은 이렇게 말할 것이다. 우리가 왜 가나안 사람들에 대해 생각할 필요가 있는가? 결국 이 침공은 기독교가 시작되기 수백 년 전에 일어났으니 신무신론과 기독교 사이의 대립과는 별로 관계가 없지 않은가?

가나안 침공은 정의상 역사적으로 기독교가 시작되기 전에 발생한 사건이라는 점은 사실이다. 구약과 신약 사이에 중요한 차이가 있다는 것도 사실이다. 예를 들어 성경에 의하면 고대 이스라엘은 세상에서 하나님을 위한 중요하고 특별한 증인으로서 하나님에 의해 선택된 국가인 신정국가였다. 우리가 앞에서 살펴본 것처럼 그리스도가 필라투스에게 자신의 나라는 이 세상에 속하지 않았기 때문에 그의 종들이 자신을 위해 싸우지 않는다고 지적했듯이 오늘날에는 그런 신정 국가가 없다. 그래서 특별히 기독교적인 명령들은 구약에서 발견되는 일부 명령들과는 판이하다.

그러나 구약과 신약 사이에는 확실히 연속되지 않는 측면이 있지만 명백히 연속적인 측면도 있다. 특히 성경은 오직 한 분 하나님만 계신다고 가르친다. 구약의 하나님과 신약의 하나님이라는 두 분의 하나님이 존재하는 것이 아니다. 두 종류의 도덕적 계명들이 존재하지도 않는다. 안식일 법을 제외한 십계명 안의 각각의 계명들이 그리스도인들이 실천하도록 다양한 형태로 신약에서 반복된다. 따라서 하나님의 본성에 관한 구약의 묘사가 여기서의 논의와 관련이 있다는 점에서 신무신론자들이 정당화된다.

가나안 침공에 관한 세부사항을 살펴보기 전에 어떤 사건이 성경에 기록되었다는 이유만으로 하나님(또는 다른 사람)이 반드시 이를 승인하는 것은 아니라는 점을 확실히 해두어야 한다. 때로는 도덕적 논평 없이 단순히 발생한 사실이 기록되기만 한다. 다윗 왕과 밧세바 사이의 간음 같은 경우에는 먼저 해당 사건이 설명되고 나서 (부정적인) 도덕적 비평이 뒤따른다.

그러나 가나안 침공의 경우에는 그렇지 **않다**. 이 사건은 성경에서 도덕적 논평이 없는 모호한 부분이 아니다. 오히려 그 반대다. 사실은 이스라엘이 그 땅에 들어가서 가나안 사람들에게 어떻게 해야할 지에 관해 이스라엘에게 준 지시사항들은 구약에서 윤리, 도덕 그리고 정의의 문제들, 실로 우리가 논의하고 있는 도덕 법칙들에 할애된 중요한 책들 중 하나에서 발견되는데, 그 책은 신명기다. 하나님이 "고아와 과부를 위하여 정의를 행하시며 나그네를 사랑하여 그에게 떡과 옷을 주시나니"[21]라고 말하는 책은 바로 이 책이다. 논점을 보다 더 확실히 하자면 가나안 침공이 정의에 대한 성경 자체의 이해와 충돌하는 것 같음에도 불구하고 성경은 "네 이웃을 너 자신과 같이 사랑하라"는 높은 도덕에 대한 논의와 가나안을 침공하라는 명령을 함께 두는 것을 어색해하지 않는 듯하다.

신명기에 의하면 이처럼 어색해하지 않는 이유는 **가나안 사람들에 대해 취해진 행동은 도덕적으로 정당화될 수 있었기 때문이다.**[22] 이의 근거가 명시적으로 주어졌다. "…이 민족들이 악함으로 말미암아 여호와께서 그들을 네 앞에서 쫓아내심이니라."[23]

이제 신무신론자들처럼 이를 잔인한 인종청소에 불과한 행동을 눈가림하는 예라고 무시해버리기 전에 몇 가지 사항을 주목해야 한다.

---

21 신 10:18.

22 또한 Christopher J. H. Wright, *The God I Don't Understand*, Grand Rapids, Zondervan, 2008, 92 이하도 보라.

23 신 9:4.

첫째, 지금 고려되고 있는 행동은 성경 기록 전체에서도 예외적이다. 같은 책(신명기, 20장)에서 이스라엘을 특징 짓는 전쟁 규칙이 수립된다. 이 규칙들은 당시로서는 매우 인도주의적이다. 예를 들어 최근에 약혼했거나, 집을 샀거나, 포도원을 만들었거나, 심지어 두려워하는 남자들은 병역 의무에서 면제되었다(20:5-8). 또한 전쟁은 최후 수단으로서만 정당화되었다. 이 군대는 가능하면 먼저 화평을 청하라고 명령 받았다(20:10). 그리고 그들이 전쟁하러 갔을 때에는 여자들과 아이들은 살려줘야 했다는 점을 주목할 가치가 있다. 그리고 군대는 나무들을 멋대로 베어내도록 허용되지 않았다. 영국연방 히브리인 연합의 수석 랍비 조너선 색스 경은 레위기와 신명기는 세계 최초의 환경법을 포함하고 있다고 지적한다.[24]

더구나 신명기는 레위기와 마찬가지로 도킨스의 가공의 "내부집단" 도덕을 가르치지 않는다. 신명기에는 외국인들(성경에서는 그들을 "나그네"라고 부른다)에 대한 공정하고 의로운 처우를 확보하기 위한 특별 지시가 포함되어 있다. 사실 하나님의 심판이 공평무사함을 설명하는 부분에서 우리는 실제로 외국인을 **사랑하라**는 명시적인 명령을 만나게 된다. 이 텍스트는 하나님에 대해 이렇게 말한다. "[여호와는…] 고아와 과부를 위하여 정의를 행하시며 나그네를 사랑하여 그에게 떡과 옷을 주시나니 너희는 나그네를 사랑하라. 전에 너희도 애굽 땅에서 나그네 되었음이니라."[25] 가나안 침공이 얼핏 보기에도 일반적인 전쟁 규칙이나 외국인들에 대한 위와 같은 관습의 긍정적 태도에 들어맞지 않았다는 사실은 그 사건이 참으로

---

24 Chief Rabbi Lord Jonathan Sacks, "Credo," *The Times*, 12 August 2006, http://www.timesonline.co.uk/tol/comment/faith/article1084389.ece.

25 신 10:18-19.

예외적인 상황이었음을 보여준다.

둘째, 가나안 침공은 이 나라들의 악에 대한 하나님의 심판으로 간주된다. "그들은 여호와께서 꺼리시며 가증히 여기시는 일을 그들의 신들에게 행하여 심지어 자기들의 자녀를 불살라 그들의 신들에게 드렸느니라."[26] 즉 이 부족들은 특히 잔인하고 가혹한 형태의 우상숭배에 빠져서 십계명의 처음 세 계명을 어겼을 뿐만 아니라 지금껏 존재했던 관습 중 가장 수치스러운 관습 중 하나인 아동 제사라는, 모든 이방 제의 중 가장 끔찍한 관습에 관여했다.

셋째, 하나님은 이 부족들이 수백 년 동안 이러한 악한 관습들에 관여하는 것을 참고 있었다. 실로 아브라함이 자기의 자손에 대해 보았던 유명한 환상에서 그는 자기 후손들이 아모리 사람들의 땅에 들어가기 전에 "자기들의 땅이 아닌" 땅(이집트)에서 400년을 보낼 것이라는 말을 들었다. 그 이유는 "아모리 족속의 죄악이 아직 가득 차지 아니함이니라"[27]는 것이었다. 달리 말하자면 가나안 침공은 한 무리의 부족들이 수세기 동안 쌓고 있던 지독한 악에 대한 하나님의 심판과 동시에 일어났다.

넷째, 그 침공은 국가적인 도덕적 우월감의 가정 위에 기초하지 않았다. 실상은 이스라엘 백성은 그런 태도의 위험에 대해 명시적으로 주의를 받았다. "네 하나님 여호와께서 그들을 네 앞에서 쫓아내신 후에 네가 심중에 이르기를 '내 공의로움으로 말미암아 여호와께서 나를 이 땅으로 인도하여 들여서 그것을 차지하게 하셨다' 하지 말라. 이 민족들이 악함으

---

26 신 12:31, 18:10

27 창 15:16.

로 말미암아 여호와께서 그들을 네 앞에서 쫓아내심이니라."[28]

다섯째, 이스라엘 백성은 자신이 하나님의 총애를 받는 사람들로서 잘못을 저지를 수 없다고 여기지 않아야 했다. 모세는 그들이 잔인한 우상숭배에 유사하게 관여할 경우 가나안 사람들에게 닥쳤던 것과 같은 심판이 그들에게 닥칠 것이라고 경고했다. "네가 만일 네 하나님 여호와를 잊어버리고 다른 신들을 따라 그들을 섬기며 그들에게 절하면 내가 너희에게 증거하노니 너희가 반드시 멸망할 것이라. 여호와께서 너희 앞에서 멸망시키신 민족들 같이 너희도 멸망하리니 이는 너희가 너희의 하나님 여호와의 소리를 청종하지 아니함이니라."[29] 역사는 우리에게 바로 이 일이 일어났음을 확인해준다. 이스라엘의 북부 10개 부족들은 하나님의 명령에 불순종했으며 아시리아에게 포로로 잡혀갔다. 그리고 나중에 유다도 그 뒤를 따라 바빌로니아에 정복되었다. 모세와 예언자들이 예언한 바와 같이 말이다.

가나안 침공을 전쟁에 목마른 적대자에 의한 인종청소로 보는 것은 지나치게 단순하고 부정확하다고 할 수 있다. 또한 이스라엘 사람들이 가나안을 침공한 것을 비판하려면 같은 맥락에서 이후에 아시리아인들과 바빌로니아인들이 이스라엘을 침공한 것에 대해서도 같은 태도를 보여야 한다고 할 수 있다.

그러나 또 다른 고려 사항도 있다. 나는 이미 정의에 관한 성경 자체의 이해가 그리스도인들에게 가나안 침공의 도덕성에 관해 의문을 제기하도

28 신 9:4.
29 신 8:19-20.

록 했다는 사실에 주의를 기울였다. 우리가 이 주제에 대한 성경 진술의 의미를 오해해서 이를 어려워하는 것은 아닐까? 그때 취해진 행동이 도덕을 위반한 것이 아니었기 때문에 신명기는 약자와 무방비 상태에 있는 자의 보호라는 높은 도덕성을 같이 두기를 어색해하지 않는 것은 아닐까? 그럴 경우 다음과 같이 질문할 필요가 있다. 여호수아는 가나안 사람들을 "철저히 말살하라"는 명령을 얼마나 문자적으로 이해했을까?

먼저 구약성경에서 "모든"이라는 단어를 포함하고 있는 다른 어구들을 더 고려해보자. 예컨대 다음의 예에서 "모든 이스라엘"이라는 어구의 의미를 생각해 보라. "이는 모세가 요단 저쪽…에서 모든 이스라엘에게(우리말 개역개정 성경에는 '이스라엘 무리에게'로 되어 있음) 선포한 말씀이니라."[30] "온 이스라엘이 네 하나님 여호와 앞 그가 택하신 곳에 모일 때에",[31] "사무엘이 죽으매 온 이스라엘 무리가 모여 그를 두고 슬피 울며",[32] "이에 왕과 및 왕과 함께 한 이스라엘이 다) 여호와 앞에 희생제물을 드리니라."[33]

확실히 "모든 이스라엘"이라는 어구가 "한 사람의 예외도 없는 이스라엘의 모든 사람들"이라는 문자적 의미로 해석되어서는 안 된다는 점은 명백하다. 예를 들어 많은 이스라엘 사람들이 다른 의무들이나 질병 때문에 언급된 의식에 참석할 수 없었을 것이다. 달리 말하자면 이 어구는 "실질적 대표"(substantial representation)라는 자연스러운 의미로 해석되어야 한다. 우리는 오늘날 이런 종류의 언어를 사용한다. "런던의 모든 사람들이

30 신 1:1. 27:9; 29:2; 31:1도 보라.

31 신 31:11.

32 삼상 25:1.

33 왕상 8:62.

왕세자비의 장례식에 왔다." 우리는 이 말이 정확히 무슨 뜻인지 안다. 아무도 이 말을 문자적으로 해석하려고 하지 않을 것이다.

그렇다면 예외 없이 모든 사람을 제거하라는 이러한 명령들을 어떻게 이해해야 하는가? 한가지 명백한 접근법은 실제로 발생한 일에 대한 성경 기사의 나머지 부분에서 그런 증거가 있는지 질문하는 것이다. 그런 증거가 있다. 여호수아서를 읽어보면 여호수아가 드빌과 헤브론 성읍들의 모든 사람을 칼로 쳐 죽였다는 내용이 나온다. 그러나 이어지는 사사기에서는 유다와 베냐민이 바로 이 도시들을 정복한 것으로 나온다. 그런데 이 도시들이 여호수아에 의해 이미 완전히 몰살당했다면 이후의 정복은 무슨 의미란 말인가? 이를 토대로 니콜라스 월터스토프[34]는 "모든 주민을 칼날로 쳐 죽였다"는 표현은 정형화된 어구(예컨대 이 말은 여호수아 10장에 7번 나온다)라고 주장한다. 그는 이 표현은 여호수아는 (사사기에 기록된 대로) 그가 싸웠던 도시들의 모든 주민들을 문자적으로 말살하지는 않았다는 사실과 결합하여 이해되어야 하는 문학적 관습이라고 주장한다.

월터스토프는 "완전히 말살하라" 또는 "모든 주민을 칼로 쳐죽이라"와 같은 명령은 "결정적인 승리를 거두라"는 의미로 해석되어야 하며, 따라서 이스라엘 사람들은 자신을 방어하지 못하는 사람들을 전멸시킴으로써 일반적인 전쟁 규칙을 어겼음을 시사하지 않는다고 결론을 내린다.

이에 대해서는 곧바로 월터스토프의 해석이 옳다 해도, 무고하고 자신을 방어할 수 없는 수많은 사람들이 모든 종류의 끔찍한 상황 가운데서

34 "Reading Joshua," Conference *My Ways Are Not Your Ways*, University of Notre Dame, 10-12 September 2009.

동료 인간의 손에 의해 가공할 악의 고통을 당한 바 있고, 지금도 당하고 있다고 답변하는 사람이 있을 것이다. 확실히 모든 사람들이 이 이의가 지닌 무게를 느끼고 있다. 이제 이에 대해서 고려해볼 것이다.

지금까지의 논의를 요약하자면 다음과 같다. 성경에 의하면 가나안 침공은 도덕적 이유로 수행되었으며 가나안 족속들의 악에 대한 신의 심판에 해당했다. 이 악은 매우 해로운 것이어서 가나안 족속들에게만 아니라 이스라엘 백성이 이에 타협할 경우 그들에게도 심판을 가져올 터였다.

많은 사람들이 알고 있듯이 가장 어려운 점은 바로 심판이다. 첫째, 신의 심판이라는 전체 개념이 있다. 둘째, 인간의 생명을 취하는 것과 관련된 구체적인 심판의 성격이 있다. 그리고 마지막으로, 불완전하다고 인정되는 인간에게 이 심판을 수행하라고 맡겨진 사실이 있다.

또한 하나님으로부터 세상에서 악을 제거하라고 부름 받았다고 느끼는 지도자들의 동기에 대해 우리가 의심을 품는 것이 정당할 수도 있다. 그리고 아무튼 우상숭배가 참으로 그토록 심각한가? 하나님이 있다면 어떻게 하나님이 그런 심판을 수행하라고 명령하는 것은 차치하고, 그런 심판을 생각할 수 있다는 말인가? 이런 행동들은 하나님에 대한 신앙을 버리고 신무신론자들에게 가세할 확고한 윤리적 토대를 구성하지 않는가? 결국 무신론자의 견해가 도덕적으로 더 타당하지 않은가?

이런 질문들은 이에 대한 토론을 거의 불가능하게 할 정도로 격렬한 감정을 일으키기 쉽다. 그러나 우리는 가능한 한 지각 있게 이를 대면해야 한다.

하나님의 심판

그렇다면 핵심적인 문제는 하나님의 심판과 그 영향이다. 널리 퍼져 있는 견해와는 달리 이 주제는 구약에 한정되지 않는다는 점을 애초에 명확히 해둘 필요가 있다. 하나님의 사랑과 동정이라는 주제가 신약에 국한되지 않듯이 말이다. 실로 사람들은 더 이상 전쟁이 없는 세상에 대한 자신들의 열망을 요약하기 위해 구약의 예언자 이사야를 자주 인용한다. "이 나라와 저 나라가 다시는 칼을 들고 서로 치지 아니하며 다시는 전쟁을 연습하지 아니하리라."[35]

심판 문제에 관한 한 그 결과가 영원함을 함축하는 최후 심판에 대한 묘사에서 신약은 구약보다 더 엄숙하다. 사실은 구약과 신약 모두에 의하면 인간의 행동이 공평하게 평가되는 때인 최후 심판이 있을 것이다. 신약은 그리스도가 심판자가 될 것이라고 주장한다.[36] 마지막 평가는 동료에 의한 판단의 원칙에 따라 진행될 것이다. 심판받을 대상은 인간들이 될 것이다. 그러므로 완벽한 인간이 심판을 맡게 될 존재가 될 것이다.

무신론자들은 그리스도가 심판자가 된다는 말은 고사하고 최후 심판의 존재 자체를 부인하기 때문에 그런 주장은 무신론자들을 격분시킨다. 정의상 무신론에게는 죽음이 모든 것을 끝낸다. 그러므로 두려워할 심판이 없다. 대중 버스의 다음과 같은 메시지를 기억하라. "아마도 하나님은 없을 것이다. 그러니 이제 염려하지 말라…." 무신론자의 메시지 안에 담긴 그

35 사 2:4.

36 요 5:22.

러한 요소는 아주 오래되었다. 이러한 사상은 확실히 루크레티우스의 유명한 라틴어 시 "사물의 본성에 관하여"(*De Rerum Natura*)[37]에 잘 표현된 바와 같이 쾌락주의 철학에까지 거슬러 올라간다. 루크레티우스는 그의 시에서 원자론자 데모크리토스와 레우키포스의 아이디어를 취하여 사람이 죽으면 몸의 원자들이 회복할 수 없게 흩어지기 때문에 죽음 뒤에는 어떠한 생명도 있을 수 없다고 주장한다. "아무것도 우리에게 영향을 주거나 우리 안에 감각을 일깨울 힘이 없을 것이다." 그는 이를 최후 심판으로부터의 자유라는 자유의 헌장으로 설교했다.

이 "자유"는 지금도 신무신론에서 핵심요소의 하나로 남아 있다. 이번 장의 앞에서 말한 바와 같이 많은 무신론자들은 하나님이 사람들을 지켜본다는 생각에 격분하는데, 그 이유는 그들이 이를 폭정이라고 생각하며 그들은 자유를 누리기를 원하기 때문이다. 그러나 하나님이 우리를 지켜보고 있다는 개념은 실제로는 매우 일리가 있는데, 신무신론자들은 하나님은 폭군이라는 그들의 선험적 확신으로 인해 이를 깨닫지 못하는 것 같다. 그렇지만 그들은 이를 깨달아야 한다. 그들은 사람들을 감시하는 경찰력이 없는 도시에서 살고 싶겠는가? 그들은 기꺼이 보안 검색이 없는 공항에서 비행기를 타고 대서양을 건너려고 하겠는가? 나는 그렇지 않을 것이라고 생각한다. 왜냐하면 우리는 우리를 감시할 사람을 필요로 한다는 것이 보편적인 인간의 경험이기 때문이다. 물론 좌우 양측의 독재 정권들이 증명한 바와 같이 폭군들도 있다. 그러나 다른 사람들에 대해 그처럼 무섭게 감시하는 사람들은 종종 자신을 지켜보고 있는 하나님이 존재한다는 사실을

37 대개 "물리적 세계의 성격에 관하여" 등으로 번역된다.

믿지 않는 사람들인 경우가 있는데 이 점에 대해서는 3장에서 묘사한 데이비드 벌린스키가 묘사한 나치 친위대가 한 유대 노인을 살해한 이야기에 강력하게 표현되어 있다.

심리학에 관한 리서치 논문에서 따온 아래의 발췌문은 인상적이다.

> 우리는 한 쌍의 눈 이미지가 대학교 커피 룸에서 음료대금 수금에 사용되는 대금 자율납부상자(honesty box)에 미치는 효과를 조사했다. 사람들은 통제 이미지가 사용되었을 때보다 눈 이미지가 표시되어 있을 때 자신이 마신 음료에 대해 거의 3배를 지불했다. 이 발견 사항은 누군가가 지켜보고 있다는 단서들, 따라서 평판상의 우려들이 인간의 협력적 행동에 미치는 중요성을 자연스러운 상태에서 조사한 최초의 증거를 제공한다.[38]

지켜보고 있는 눈이 그려진 포스터가 우연히 대금 자율납부상자 바로 위에 붙여짐으로써 발생한 현상이다.

케임브리지 대학교의 저명한 역사가인 허버트 버터필드는 "역사에서 살펴본 인간의 본성"(Human Nature in History)이라는 그의 논문에서 모종의 감독의 중요성에 대해 다음과 같이 논평한다.

> 그런데 역사가는 다른 분야들의 사상가들보다 인간의 상태에 대해 더 높은 평가를 갖고서 시작한다. 기독교가 각각의 개인을 영원한 순간의 피조물로

---

38 "Cue Of Being Watched Enhance Cooperation In a Real-World Setting," Melissa Bateson, Daniel Nettle, and Gilbert Roberts, *Biol Lett*, 22 September 2006; 2(3): 412-414.

보는 것처럼 말이다. 그러나 이처럼 멋진 출발을 하고 난 뒤에, 역사가는 (기독교 신학 자체와 마찬가지로) 인간의 본성에 대해 20세기에 사람들이 흔히 생각하는 것보다 낮은 견해로 나아간다.…그러나 내게는 인간의 본성과 세상의 외부적 상태 사이의 관계에 대해 역사 연구는 중요한 사실에 관해 사람의 눈을 열어주는 것 같다.…사회에서 어떤 섬세한 안전장치를 제거할 경우 이제 많은 일들을 저지르고도 무사할 수 있다는 사실을 발견했으니 평생 존경받을 만했던 많은 사람들의 삶이 변할 것이다. 사회에 존재했던 특정 균형에 의해 궤도를 이탈하지 않았던 약한 사람들은 확실히 범죄를 저지르게 될 것이다. 그리고 비록 지금까지는 평생 훔치려는 생각조차 해본 적이 없던 사람들이라 할지라도 약탈하고 훔치게 되는 상황을 만들어낼 수 있다. 오래 지속된 대규모 경찰 파업, 수도에서의 혁명적 상황 그리고 적국의 정복에 대한 환희는 일반 사회생활의 영향에 의해 보호되고 인도된 사람들 사이에서의 인간 본성의 이면을 보여주는 것일 수 있다.

버터필드는 이로부터 "문명과 야만은 본질적으로 동일한 인간 본성이 다른 상황하에서 작용한 것임을 드러낸다"는 결론을 내린다. 그리고 그는 이렇게 덧붙인다. "그러나 한 가지는 근본적이다. 아무도 인간의 이기심과 자기중심성이 제거된 적이 있었던 것처럼 가장할 수 없다."[39] 그는 치안이 잘 유지되는 도시에서 경찰이 범죄를 성공적으로 억제했기 때문에 범죄가 상당히 감소했다 해도 아무도 이제 더 이상 경찰이 필요 없다고 말하지 않을 것이라고 주장한다. 경찰이 없다면 기본적인 인간의 본성으로 인해 범죄

---

39 H. Butterfield, *Christianity and History*, London, G. Bell & Sons, 1949, 2장, 29, 30, 31, 35.

활동이 다시 증가할 것이다.[40]

1977년 7월 13일에 커다란 번개로 야기된 뉴욕의 전력 부족은 이 가운데 가장 기억할 만한 사건들 중 하나일 것이다. 이 사고로 도시에 전기가 전혀 공급되지 않았다. 그 첫 번째 효과는 사람들이 볼 수도 없고 보이지도 않는다는 것이었다. 그것은 완전히 "아무도 당신을 보고 있지 않는" 상태였다. 그것은 무정부 상태를 조성했다. 사람들은 난폭해졌고, 가게들을 약탈했으며, 증거를 파괴하기 위해 가게에 불을 질렀다. 크라운 하이츠의 다섯 개 블록에서 75개의 가게들이 약탈당했다. 브로드웨이의 35개 블록들이 파괴되었고, 대혼란의 와중에 경찰 550명이 부상당했으며, 약탈자 4,500명이 체포되었다. 저명한 행동심리학자 어니스트 디히터는 이렇게 말했다: "그것은 『파리 대왕』(*Lord of the Flies*)과 똑같다. 문명의 브레이크가 망가지면 사람들은 야만적인 행동에 의존한다."[41]

예컨대 환경에 대한 우리의 태도에서와 같이 브레이크가 망가지는 듯한 다른 영역들이 있다. 국제적인 동의를 얻는 것은 극히 어렵다는 것이 입증되었으며 일부 선도적 과학자들은 종교가 중요한 역할을 할 수도 있다고 제안하기 시작했다. 사회생물학 선구자인 E. O. 윌슨과 영국왕립협회 전 회장 메이 경 같은 이들(이들 중 아무도 신앙인은 아니다)은 생태계의 파괴와 싸우기 위해 과학과 종교가 협력하도록 촉구한다.

그러한 파괴에 맞서기 위한 조치들의 조정 실패에 관해 말하자면, 메이 경은 권위주의적인 종교가 기후변화에 관한 글로벌 협력을 성취하려는

40 *ibid*, 33.
41 "The Nation: Looking For a Reason," *Time Magazine*, 25, July 1977에 인용됨.

시도들을 훼손하기는 했지만 종교 자체는 과거에 인간 자신으로부터 인간 사회를 보호하는 데 도움이 되었을 수도 있으며 종교가 다시금 필요할 수도 있다고 말한다. 메이 경이 이 맥락에서 중요하다고 생각하는 종교의 측면은 매혹적이다. "처벌이 유용한 장치라면, 그 힘이 개인이 아니라 세상을 통제하는 전지전능한 신에게 부여된다면 얼마나 효과적이겠는가?" 그는 그런 시스템은 "인간의 개별 문화와 사회를 안정시켜 줄" 것이라고 느꼈다. 따라서 그의 견해로는 "초자연적인 처벌자가 해법의 일환일 수도 있다."[42]

치안당국에 "나쁜 계란들"이 있다 해도 우리는 품위 있고 공정한 경찰, 치안 판사 또는 재판관 따위는 없다고 생각하지 않는다. 그러나 신무신론자들은 하나님에 관해 바로 이런 식의 주장을 한다. 그들은 정의와 심판의 하나님이 동시에 자비, 사랑 그리고 동정의 하나님일 수는 없다고 생각한다. 그러나 그들은 가나안 사람들의 (또는 다른 모든) 악을 심판하지 않은 하나님이라면 자비, 사랑 그리고 동정의 하나님일 수 없었으리라는 점을 깨닫지 못한다.

루크레티우스와 신무신론자들은 하나님이 존재하지 않으며 죽음이 끝이라는 점을 기뻐한다. 그들의 기쁨은 성급하며 매우 피상적이다. 그들은 최후 심판이 없다면 정의 따위는 없다는 점을 보지 못한다. 대다수의 사람들이 이생에서 정의를 시행받지 못하는데, 무신론자의 견해에서는 죽음 뒤의 삶이 없기 때문에 죽음 뒤에 최후의 평가가 있을 수 없고 따라서 수많은 사람들이 결코 정의를 시행받지 못할 것이라는 것은 비극적이지만 명백

---

42 Richard Alleyne, Science Correspondent, *Daily Telegraph*, 7 September 2009를 보라.

한 사실이다.

그래서 시편에서는 아주 다른 어조가 나타나는데, 시편에서는 심판이 다가오고 있다는 생각이 기뻐 노래할 거리가 된다.

> 하늘은 기뻐하고 땅은 즐거워하며 바다와 거기에 충만한 것이 외치고 밭과 그 가운데에 있는 모든 것은 즐거워할지로다. 그때 숲의 모든 나무들이 여호와 앞에서 즐거이 노래하리니 그가 임하시되 땅을 심판하러 임하실 것임이라. 그가 의로 세계를 심판하시며 그의 진실하심으로 백성을 심판하시리로다.[43]

고난 당하는 사람들은 하나님의 심판을 두려워하지 않고 이를 갈망했다. 심판은 정의라는 오랜 문제에 대한 해결을 약속했기 때문에 환영 받았다. 영향력이 있는 마르크스주의자 지성인인 막스 호르크하이머는 이를 명확히 보고서 그렇게 말했다. 그는 신무신론자들과 달리 하나님이 존재하지 **않을까** 봐 두려워했는데 왜냐하면 그 경우 정의가 없을 것이기 때문이다. 정의와 심판은 뗄 수 없다.

옥스퍼드 대학교에서 열린 나와 도킨스의 토론에서 내가 도킨스에게 이 문제를 언급했을 때 그는 이생에서 정의를 시행하기 위해 캠페인을 벌이는 것이 중요하다고 대답했다. 나도 동의했다. 물론 우리는 이생에서 정의를 시행하기 위해 캠페인을 벌여야 하며 그리스도인들은 그렇게 하기를 게을리하지 않았다. 예컨대 노예 폐지 캠페인이나 기독교 의료 선교사들의 용감한 사역을 보라. 그러나 나는 계속해서 말하기를 그것은 정의가 이생에

43 시 96:11-13.

서 시행되느냐 다음 생에서 시행되냐의 문제가 아니라고 말했다. 우리가 언젠가는 지상에서 정의가 시행되는 지점에 도달한다 해도(그리고 역사는 우리 인간은 결코 그렇게 하지 못할 것이라고 암시하는 경향이 있다), 그것은 정의를 시행받지 못하고 이미 죽은 대다수의 사람들에게는 아무 소용이 없을 것이다.

그러나 도킨스가 그의 글에서 "**정의 따위는 없다**"는 견해를 밝힌 점에 비춰볼 때, 그의 말은 공허하게 들린다. 정의가 존재하지 않는다면 이생에서 정의를 시행하기 위한 캠페인을 벌이는 것이 무슨 의미가 있겠는가? 도킨스가 근본적으로 선도 없고 악도 없다(그리고 따라서 도덕도 없다)고 말하는 바로 그 단락에서 그는 또한 사실은 정의가 없다고 우리에게 알려준다. 이 말의 전체 인용문을 다시 반복한다. 관련이 있는 단어들은 강조 표시를 해두었다.

> 맹목적인 물리적 힘들과 유전적 복제의 세계에서는 상처를 받게 되는 사람들이 있는가 하면 운이 좋은 사람들도 있기 마련이고, 당신은 그 안에서 의미나 **정의를 발견하지 못할 것이다**. 우리가 관찰하는 우주는 그 바탕에 설계도 없고, 목적도 없고, 악도 없고, 선도 없을 경우 우리가 기대해야 할 바로 그 속성을 갖고 있다. 맹목적이고, 무자비하고, 냉담함 외에는 아무것도 없다. DNA는 아는 것도 없고 신경을 쓰는 것도 없다. DNA는 단지 존재할 뿐이다. 그리고 우리는 그에 맞추어 춤을 춘다.[44]

그럴 경우 정의도 없고 도덕도 없다! 이것은 도킨스가 프리드리히 니체가

44 Dawkins, *River Out of Eden*, 133.

인정했을 종류의 "경직된" 무신론에 가장 가까이 다가간 것이다. 데이비드 벤틀리 하트는 (니체에 대해) 다음과 같이 쓴다.

> 하나님의 죽음을 발표하는 그의 유명한 광인(狂人) 우화는 무신론자의 승리주의의 찬가일 뿐이다. 사실 그 광인은 자신이 그들에게 끔찍한 선포를 하는 단순한 무신론자들(단지 믿지 않기만 하는 사람들)에게 실망한다. 그는 그들의 도덕적 안도, 그들의 양심의 안락함이 본질적으로 우둔하다고 생각한다. 그들은 인간의 (신에 대한) 영웅적이고 실성한 배척이 한계를 없애고, 하늘을 허물고, 우리에게 우리의 의지라는 불확실한 자원만으로 이제 우주가 그렇게 되려고 위협하는 끝없는 무의미함에 맞서 싸우게 했다는 점을 이해하지 못하기 때문에 신의 죽음을 무서워하지 않는다.
>
> 니체는 기독교가 십자가 위에서 신이 죽었고 어느 유대인 농부가 모든 신들 위에 높아졌음을 포고하면서 역사 안으로 들어왔을 때 발생한 일의 성격을 이해했기 때문에, 그는 또한 기독교 신앙이 소멸하더라도 이교도의 순진함으로 돌아갈 수 없다는 것을 이해했다. 그리고 니체는 이 괴물 같은 가치의 전도가 우리 안에 그 이전의 질서는 결코 키워내지 못했을 양심을 만들어냈음을 알았다. 그는 또한 우리 너머의 신의 죽음은 우리 안에 있는 인간 자체의 죽음이라는 것도 이해했다. 결국 우리가 물리적 원인들의 우연한 산물에 지나지 않는다면, 의지는 자신 외에는 아무런 합리적 척도에 구속되지 않을 것이다. 그러면 그토록 전례가 없고 그토록 현기증이 날 정도로 불확실한 실재에 대한 비전으로부터 어떤 종류의 세상이 튀어나올지 누가 상상할 수 있겠는가?

그러므로 니체에게는, 우리 앞에 놓여 있는 미래는 결정되되 다음과 같은 두 개의 가능한 경로 사이에서만 결정되어야 한다. 하나는 물질적 만족이라는 순간적 위안 외에는 아무것도 바라지 않는 허무주의다. 그리고 다른 하나는 낡았고 신용할 수 없다고 증명된 기독교 혁명의 신화(물론 니체에게는 이는 초인의 신화를 의미했다)를 대체하기에 충분히 강력한, 새롭고 참으로 세속적인 신화에 의해 고취된 창의적 의지의 모종의 위업이다.

그럴 수도 있고, 그렇지 않을 수도 있다. 그러나 니체가 거의 확실히 옳았던 부분은 형식적인 무신론은 진정한 불신앙과는 다르다는 점을 인식했다는 것이었다. 그는 이렇게 쓴다. "부처가 죽은 후에 사람들은 그 뒤 수백 년 동안 동굴 안에 그의 그림자, 거대하고 무서운 그림자를 진열했다. 신은 죽었다. 그러나 인류가 존재하는 한 아마도 사람들이 신의 그림자를 진열할 동굴들이 수천 년 동안 존재할 것이다. 그리고 우리는 여전히 신의 그림자를 극복해야 한다!"[45]

물론 그들의 무신론이 사실일 경우 니체와 도킨스가 옳다. 죽음 뒤에 심판이 없다면 부정의의 희생자들의 대다수는 결코 그들의 정당한 불만을 바로잡지 못하리라는 점은 초보적인 논리 문제다. 그뿐만이 아니다. 그들을 괴롭힌 사람들, 악을 저지른 사람들 대부분이 자기가 저지른 범죄에 대해 아무런 처벌을 받지 않고 빠져 나갈 것이다. 수천 명을 살해한 테러분자나 수백만 명을 말살한 독재자는 자기가 위협을 느끼면 자기 머리에 총을 쏘기만 하면 된다. 무신론자의 견해로는 9/11 자살 폭탄 테러분자는 결코 정의에 직면하지 않을 것이다.

---

45 "Believe it or not", New York, *First Things*, May 2010에서 인용함.

하나님이 없고 하나님의 그림자도 없으면 목적도 없고, 정의도 없고, 선악도 없다. 그렇게 되면 이런 세상은 신무신론자 버스가 우리를 그리로 데려가는 용감한 신세계다. 이것이 바로 그들의 철학을 인준하는, 즉 인간 심리에 깊이 내장된 정의감은 순전한 환상이라고 인정하는 데 대해 지불해야 할 대가다.

이번 장의 앞에서 나는 악과 고통의 문제는 우리가 직면하는 가장 어려운 문제라고 말했다. 무신론자의 "해법"은 하나님의 존재를 부인하는 것이다. 그러나 그들이 이 경로를 택함으로써 정확히 무엇이 해결되었는가? 그들은 확실히 지적인 문제를 제거했다. 그들에게 악은 단지 세상이 존재하는 방식의 일부일 뿐이다. 실로 이제 그들은 매우 많은 선이 존재하는 것은 차치하고 왜 선 자체가 존재하는가에 대해 설명해야 한다. 그들은 실제로는 악이 존재한다고 믿지 않으면서 왜 악에 대해 항의하고 있는가?

무신론은 고통과 악을 제거하지 않았다. 고통과 악은 여전히 존재한다. 더구나 악에 대한 무신론의 "해법"은 다른 무엇, 즉 희망도 제거했다. 무신론은 희망이 없는 신앙이다. 실로 무신론은 희망을 제거함으로써 고통을 훨씬 더 악화시킨 것으로 보일 수 있다.

우리는 우리의 논의의 이상한 지점에 도달했다. 무신론은 악의 문제를 제거했다고 생각하지만 그리스도인인 나는 이 문제에 직면한다. 다른 한편 무신론은 희망을 제거했지만 그리스도인인 나는 고통과 악에 직면해서조차 희망을 간직하고 있다. 그뿐만 아니라 기독교에 의하면 광적인 범죄자, 테러분자 등은 악을 저지르고도 영원히 무사하지는 못할 것이다. 인간의 양심과 정의에 대한 욕구는 망상이 아니다. 궁극적 정의를 부정하는 것은 무신론인데, 무신론이야말로 망상이다.

그렇지만 이것이 사실이라는 것을 어떻게 알 수 있는가? 죽음이 끝이 아니며 인간 역사의 처음부터 끝까지 범해진 모든 부정의에 관해 완벽한 정의가 시행될 최후 심판이 있을 것이라는 점을 어떻게 아는가? 예수 그리스도가 죽은 자 가운데서 역사적·신체적으로 부활했다는 토대 위에서 알 수 있다.

부활은 기독교의 중심 기둥이라는 점을 주목해야 한다. 기독교 교회 초기의 성장 역사인 사도행전은 기독교의 사도 바울이 아테네의 아레이오스파고스 학교에서 철학자들에게 신에 관한 그들의 포괄적인 사색에 대해 연설한 유명한 사건을 기록한다. 바울의 청중들 중에는 다소의 쾌락주의 철학자들이 있었는데 그들은 앞에서 본 바와 같이 그들의 물질주의적 원자에 대한 믿음으로 최후 심판에 대한 주장을 우스꽝스럽게 생각했다는 점에서 신무신론자들의 선구자였다. 바울은 그들에게 다음과 같이 말했다. 하나님께서 "이는 정하신 사람으로 하여금 천하를 공의로 심판할 날을 작정하시고 이에 그를 죽은 자 가운데서 다시 살리신 것으로 모든 사람에게 믿을 만한 증거를 주셨음이니라."[46] 예수의 부활은 그가 최종 재판관이라는 최고의 증거이기 때문에 기독교의 사도인 바울은 최후 심판을 예수의 부활과 연결시켰다.

장내에 웃음이 퍼졌다. 특히 쾌락주의자들이 그랬다. 그러나 그들만 그런 반응을 보인 것이 아니었다. 영혼 불멸은 그 자리에 있던 일부 플라톤주의자들에게는 존경할 만한 교리였지만 아무도 몸이 물리적으로 "다시

---

46 사 17:31.

일어날" 수 있다고 믿지 않았다.[47] 그러나 현재와 마찬가지로 그때에도 더 들어보고 싶어 할 만큼 충분히 관심이 있는 사람들이 있었다. 그리고 바울의 설명에 납득하는 남자와 여자들이 몇 명 있었다. 그중 아레이오스파고스 회원인 디오니시오스와 다마리스가 있었다.

신무신론자들이 그들의 쾌락주의 선조들이 그랬던 것처럼 부활을 우스꽝스럽다고 생각하더라도 놀랄 일이 아니다. 앨라배마에서 열린 "만들어진 신" 토론의 절정에서 내가 부활을 언급하자 리처드 도킨스는 자신의 생각에는 내가 순진하다는 데 놀라며 이렇게 대답했다. "자, 이제 우리는 예수 그리스도의 부활에 도달했습니다. 그것은 아주 하찮고, 사소하고, 지엽적입니다. 그것은 땅에 얽매였으며, 우주에는 어울리지 않습니다."

나는 이 말이 놀라우리만큼 비논리적인 발설이라고 생각했는데 왜냐하면 순진한 것은 내가 아니었기 때문이다. 만일 도킨스가 단순히 예수는 죽은 자 가운데서 다시 살아나지 않았다는 그의 믿음을 단언했더라면 나는 이를 이해했을 것이다. 그러나 부활이 하찮고, 사소하며, 땅에 얽매인 것이라고 말하는 것은 부활이 무엇이며 또 무엇을 함의하는지에 대해 전혀 이해하지 못함을 드러내는 것이다. 만약 부활이 일어났다면 그것은 전혀 하찮거나, 사소하거나, 땅에 얽매인 것이 아니다. 우리를 땅에 얽매고, 하찮고 사소하게 만드는 것은 무신론과 무신론이 가져 오는 죽을 때의 망각이다. 만일 예수가 죽은 자 가운데서 살아났다면, 그것은 예수가 땅에 얽매인 것이 아니라 성육신한 창조주 하나님임을 나타낸다. "우주에 어울리지

47 그들은 과학이 기적을 오래 전에 "판타지"라는 표시가 되어 있는 칸막이, 산타클로스, 이빨 요정, 날아다니는 스파게티 괴물 등의 올바른 자리에 위치시켰다는 입장을 보이기 때문이다.

않음"에 대해서는 "우주가 그에게 어울리는가?"가 바른 질문이다.

문제의 핵심

우리는 이제 중대한 문제에 도달했다. 만일 죽음이 모든 것을 끝낸다면 성경적 세계관은 사실이 아니다. 그리고 어느 누구에게도 궁극적인 정의가 없기 때문에 가난안 사람들(또는 그 문제에 대해서는 어느 누구든)의 멸망에 대한 더 이상의 논의는 의미가 없다. 그러나 죽음이 끝이 아니라면 그리고 최종적이고 공정한 심판이 있다면 문제들이 매우 다르게 보인다.

그런데 예수는 죽은 자들 가운데서 살아났는가? 많은 사람들은 다음과 같은 이유로 부활은 고려할 가치가 없다고 말할 것이다(그리고 아마도 도킨스는 이를 염두에 두고 있을 것이다). a) 계몽주의 철학자 데이비드 흄이 오래전에 지적한 바와 같이 기적은 불가능하다. 그리고 b) 버트런드 러셀이 전에 말한 바와 같이 충분한 증거가 없다.

이 문제는 매우 중요한 문제라서 우리는 이 책의 다음 두 장을 이 문제들에 할애할 것이다. 그러나 그 전에 우리는 그리스도인이 도덕적 악의 문제에 대해 예수의 죽음과 부활에 비추어서 보인 반응을 고려해야 한다.

우리가 살고 있는 세상의 지독한 악에 관한 지루한 이야기는 결코 끝나지 않을 것으로 보인다. 날마다 수천 명의 무고한 사람들이 죽고 있는데, 그들 중에는 유아와 아동들도 많이 있다. 여기서 만일 하나님이 있다면 하나님이 그들의 죽음에 대해 궁극적 책임을 져야 한다는 이의가 제기된다. 문제는 "어떻게 그런 하나님을 믿을 수 있는가?"다.

내 대답은 이렇다. 만일 내가 죽음이 끝이고 궁극적인 정의가 없다고 생각했더라면 나는 하나님을 믿을 수 없었을 것이다. 그러나 나는 죽음은 끝이 아니며 "**하나님은 보상의 하나님**"이라고 믿는다. 예수 그리스도의 부활은 마지막 평가가 있어서 그때 하나님은 단지 공정할 뿐만 아니라, 공정하다고 입증되기도 할 것임을 보여준다. 예수의 부활은 또한 고통도 없고, 죽음도 없고, 배고픔도 없는 영원한 영역, 즉 그 세상의 왕인 하나님과 그리스도의 직접적인 임재의 기쁨으로 가득 찬 세상이 있다는 성경의 주장을 입증한다. 맞다. 나는 천국에 대해 말하고 있다. 하지만 나는 내가 과학자라는 사실을 잊지 않고 있다.

C. S. 루이스는 다음과 같이 썼는데 그의 말은 오늘날에도 그가 이 말을 썼을 때와 같이 아주 적절하다.

> 고통에 관한 책이 천국에 대해 아무 말도 하지 않는다면 그 책은 사안의 한 쪽의 거의 전부를 빠뜨리는 것이다. 성경과 전통은 습관적으로 천국의 기쁨을 지상의 고통에 대비한 저울에 올려놓는다. 그리고 고통의 문제에 대해 그렇게 하지 않는 어떠한 해법도 기독교적 해법이라고 불릴 수 없다. 요즘의 우리는 천국에 대해 언급하는 것조차도 부끄러워한다. 우리는 "그림의 떡"이라는 조롱을 두려워한다.…그러나 천국은 있든지 없든지 둘 중 하나다. 이 교리가 기독교의 모든 부분에 들어가 있기 때문에 천국이 없다면 기독교는 거짓이다. 만일 천국이 있다면 다른 진리들에 대해서처럼 이 진리와 대면해야 한다….[48]

48 C. S. Lewis, *The Problem of Pain*, London, Geoffrey Bles, 1940, 133.

천국이 함의하는 바에 대해서도 그래야 한다. 기독교 개척자 사도 바울은 이렇게 썼다. "생각하건대 현재의 고난은 장차 우리에게 나타날 영광과 비교할 수 없도다.…내가 확신하노니 사망이나 생명이나…높음이나 깊음이나 다른 어떤 피조물이라도 우리를 우리 주 그리스도 예수 안에 있는 하나님의 사랑에서 끊을 수 없으리라."[49] 이 말들은 안락의자에 앉아 있는 철학자의 말이 아니라 인생의 거친 극단을 보고 경험했으며 부당하게 잦은 매질과 투옥을 당하고 심한 가난과 어려움을 경험한 사람의 말이다.

나는 때때로 그 영광스러운 영역이 어떤 모습일까를 상상해 보는데, 내 안에 다음과 같은 질문이 떠오른다. 만일 현재 보이는 세상과 보이지 않는 세상을 분리하고 있는 천이 잠깐 동안 없어져서 우리가 하나님이 예컨대 비도덕적인 정부, 군 지도자, 마약 거물에 의해 저질러진 참혹한 악으로부터 고통을 받은 수많은 무고한 아이들이나 자연재해의 무고한 피해자들을 어떻게 다루는지 볼 수 있다면, 하나님이 이 상황을 다루는 것에 관한 우리의 모든 우려가 즉각적으로 풀릴 수 있을까?

그러나 우리는 아직 그 영역을 볼 수 없다. 그래서 우리는 누더기가 된 종국과 극심한 불공정 문제들을 안고 있는 것이다. 이에 비추어 또 다른 문제가 크게 다가온다. 그럼에도 궁극적인 결과에 대해 하나님을 신뢰할 이유가 있는가? 애초에 이렇게 됐어야 했는가? 전능한 하나님은 그저 인간을 악을 행할 수 없는 존재로 만듦으로써 이 모든 참혹한 악과 고통을 예방할 수 있었을 것 아닌가?

확실히 하나님은 그런 존재들을 만들 수도 있었다. 그렇지만 그런 존

49 롬 8:18, 38-39.

재들이라면 **인간**이 아니었을 것이다. 그렇지 않은가? 이에 대해 설명해보겠다. 인간이 된다는 것의 본질적이고 멋진 부분 중 하나는 우리에게 사랑할 능력이 부여되었다는 것이다. 사랑은 다른 대상에게 "아니오"가 아니라 "예"라고 말하는 것과 관련이 있는데, 두 대안들 사이에서 선택할 능력이 없으면 무의미해질 것이다. 달리 말하자면 사랑할 수 있는 능력은 우리가 "자유 의지"라고 부르는 것의 보유와 긴밀히 연결되어 있다. 물론 우리는 여기서 함축된 자유는 무제한이 아니라는 것을 안다. 우리에게는 모든 것을 다 할 수 있는 자유가 있는 것이 아니다. 예를 들어 나는 시속 100km로 달릴 자유가 없다! 그럼에도 "예"라고 말할 자유가 있으려면 "아니오"라고 말할 자유가 있어야 한다. 사랑할 자유가 있으려면 미워할 자유가 있어야 한다. 선할 자유가 있으려면 악할 자유가 있어야 한다. 하나님은 우리를 기계로 만듦으로써 단번에 미움과 악에 대한 잠재력을 제거할 수도 있었다. 단순한 기계들은 우리가 프로그래밍한 대로만 작동할 뿐이다. 그러나 그렇게 했더라면 우리가 인간의 본질적인 요소로서 가치 있게 여기는 모든 것이 제거되었을 것이다. 진정으로 선택할 수 있는 힘을 지닌 존재를 만드는 데에는 불가피하게 이에 내재된 리스크가 있다. 우리 인간은 아이를 가질 때 이와 유사한 일을 하기 때문에 이에 대해 알아야 한다. 우리는 우리가 낳는 아이들이 자라서 우리를 사랑할 수 있다는 것을 안다. 우리는 또한 그들이 우리를 거절할 수도 있다는 것도 안다. 그런데 왜 아이를 가지는가? 우리들 대부분에게 있어서 자녀의 사랑에 대한 희망과 욕구가 그들이 우리를 거절할 리스크를 능가하기 때문이다.

우리는 우리의 자녀들이 기계로 전락하기를 원하지 않을 것이다. 마찬가지로 하나님도 인간을 기계로 전락시키지 않을 것이다. 바로 그렇게 하는 무신론적 사고의 강력한 기류가 있다는 점을 간략히 언급할 가치가 있다. 그것은 인간의 자유 의지를 망상으로 전락시킨다.

C. S. 루이스는 이렇게 썼다. "만일 하나님이 우주에서의 이러한 전쟁 상태를 자유의지를 위해 즉 하나님이 줄을 당길 때에만 움직일 수 있는 장난감 세상이 아니라 피조물들이 참된 선이나 악을 행할 수 있고 뭔가 참으로 중요한 일이 일어날 수 있는 살아 있는 세상을 만들기 위해 지불할 가치가 있는 대가로 생각한다면, 우리는 이를 지불할 가치가 있는 것으로 여길 수 있다."[50]

왜 그런가? 왜 이것을 지불할 가치가 있는 것으로 생각할 이유가 있는가? 그 대가가 분명히 너무 비싸지 않은가?

나는 그 대답은 그리스도의 십자가라는 지극히 값비싼 고통에 놓여 있다고 믿는다.

그리스도의 십자가의 의미

우선 여러 해 전 냉전 시대에 내가 동유럽에서 가르쳤을 때 겪었던 경험으로 이 대답의 한 측면을 설명해보겠다. 나는 한 무리의 방문객들에 끼어서 대형 회당을 둘러보았다. 나는 회당에 들어가서 남미에서 온 어떤 여성과 대화를 나눴는데 그녀는 자신의 정체성에 관해 약간의 단서를 얻기 위해, 즉 대학살 시 사망한 친척들에 관한 약간의 정보를 얻을 수 있지 않을까 해

50 C. S, Lewis, *Mere Christianity*, New York, Macmillan, 1952, 2권, 3장, 53.

서 그곳에 왔다고 말했다. 그 회당에는 이스라엘 국가의 달력에 표기되는 축제에 할애된 특별한 전시물이 있었다. 이 축제는 유월절에서부터 초막절까지였다. 한 랍비가 오늘날에도 여전히 지켜지고 있는 이 축제들에 대해 설명하고 있었다. 그리고 나는 최선을 다해서 새로 알게 된 지인에게 이를 통역해주고 있었다. 이 일에 집중하다 보니 나는 처음에는 전시실 중앙에 서 있던 출입구 모형을 알아차리지 못했다. 그러나 그 랍비가 그 지점에 도달했을 때 나는 그 출입구뿐만 아니라 그 위에 적힌 추한 말들을 보았다. 그것은 "*Arbeit macht frei*"(노동이 너희를 자유케 하리라!)라는 말이었다. 그것은 내가 여러 번 방문했던 장소인 아우슈비츠의 나치 죽음의 수용소로 들어가는 대문의 모형이었다. 그 뒤에는 즉 회당 안의 이 문을 통과하면 죽음의 수용소에서 악명 높은 요제프 멩겔레 박사에 의해 아동들에게 시행된 끔찍한 의료 실험 사진들이 있었다. 그때 내 지인은 갑자기 그 문 안으로 이동해서 양팔을 벌리고 그 문의 양쪽을 만졌다. 그녀는 이렇게 말했다. "당신의 종교는 여기서 무슨 역할을 하나요?" 그녀는 이에 앞서 내가 하나님을 믿는다는 것을 발견했었다.

그녀의 목소리가 커서 다른 사람 몇 명이 멈춰 서서 우리 쪽을 바라보았다. 내가 뭐라고 말했겠는가? 내가 뭐라고 말할 수 있었겠는가? 그녀는 대학살 때 부모와 많은 친척들을 잃었다. 그때 내게는 어린 자녀들이 있었는데 내 아이들이 그런 고통을 당한다고 상상하는 끔찍한 공포 때문에 나는 그 사진들을 보기가 힘들었다. 나는 나 자신이나 내 가족의 역사에서 그녀의 가족이 겪었던 공포에 조금이라도 필적할 만한 경험을 해본 적이 없다.

그러나 그녀는 여전히 출입구에 서서 대답을 기다리고 있었다. 나는 이렇게 말했다. "나는 당신의 질문에 지나치게 단순한 답변을 제공해서 당신의 부모님에 대한 당신의 기억을 모욕하지 않겠습니다. 더구나 내게는 어린아이들이 있는데 나는 멩겔레가 행한 악에 훨씬 미치지 못한다고 할지라도 내 아이들에게 무슨 일이라도 일어나면 어떻게 반응할지 생각조차 할 수 없습니다. 내게는 쉬운 답이 없지만 나는 최소한 나 자신에게는 답 안으로 들어가는 출입구가 될 수 있는 것을 갖고 있습니다."

"그게 뭔데요?" 그녀가 말했다.

"당신은 내가 그리스도인이라는 것을 압니다. 그것은 (그리고 나는 당신이 여기서 내 말을 따라오기 어렵다는 것을 압니다.) 내가 예슈아[51]가 메시아라고 믿는다는 뜻입니다. 나는 또한 그가 구주로 이 세상에 온, 성육신한 하나님이라는 것도 믿는데 그것이 바로 그의 이름 "예슈아"가 의미하는 바입니다. 나는 이것은 당신이 받아들이기 훨씬 더 어렵다는 것을 압니다. 그럼에도 이 질문을 생각해보십시오. 내가 예슈아가 하나님이라고 믿는 것처럼 그가 정말로 하나님이었다면 하나님은 십자가에서 무엇을 하고 있었을까요?

"그것은 하나님이 우리 인간의 고통을 멀리하지 않고 스스로 그 일부가 되었다는 것을 보여줌으로써 여기서 우리의 비통함을 만나주기 시작했다는 것이 아닐까요? 내게는 이것이 소망의 시작입니다. 그리고 그것은 죽음이라는 원수가 박살낼 수 없는 소망입니다. 그 이야기는 십자가의 어둠 속에서 끝나지 않습니다. 예슈아는 죽음을 정복했습니다. 그는 죽은 자들 가운데서 살아났습니다. 그리고 장차 어느 날 최후의 재판관으로

---

51 나는 예수에 대한 히브리 단어를 사용했다.

서 그는 절대적인 공정함, 의로움 그리고 자비 가운데 모든 것을 평가할 것입니다."

침묵이 흘렀다. 그녀는 여전히 두 팔을 벌리고 출입구에서 움직이지 않는 십자가 모양으로 서 있었다. 잠시 후에 그녀는 눈물을 흘리면서 매우 평온하게, 그러나 들을 수 있게 말했다. "왜 아무도 전에 내게 나의 메시아에 대해 말해주지 않았나요?"

인간의 고통에 의해 던져진 어려운 문제들에 대해 지나치게 단순한 대답은 없다. 기독교가 주는 대답은 일단의 명제들이나 가능성들에 대한 철학적 분석이 아니라 고난 당한 인물이다.

그러나 그것은 단순히 우리의 고난에 우리와 연대를 보이기 위해 고난 당한 인물이 아니다. 그것은 그보다 훨씬 더 깊이 들어갔다. 기독교의 독특한 주장은 십자가 위에서 예수가 십자가 처형보다 훨씬 더 심한 뭔가를 겪었다는 것이다. 그는 죄를 속하기 위해 고난을 당했다. "우리가 용서받기 위해 그가 죽으셨다"는 오래 된 찬송가 가사처럼 말이다.

그러나 신무신론자는 그 개념이 비난 받을 만하다고 생각한다.

6장

속죄가 도덕적으로 혐오감을 주는가?

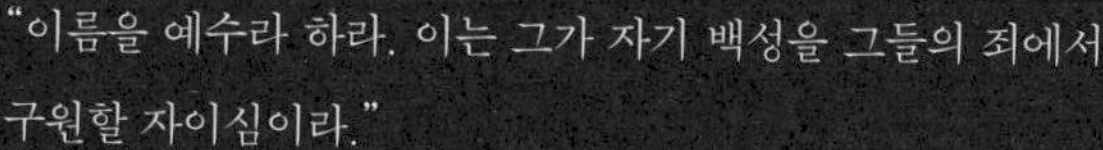

"이름을 예수라 하라. 이는 그가 자기 백성을 그들의 죄에서 구원할 자이심이라."

성 마태

"인자가 온 것은 섬김을 받으려 함이 아니라 도리어 섬기려 하고 자기 목숨을 많은 사람의 대속물로 주려 함이니라."

성 마가

"스스로에게 이 질문을 해보라. 아래의 이야기는 얼마나 도덕적인가? 나는 내가 원하지도 않았고, 그토록 끔찍하고, 만일 내가 그곳에 있어서 영향력을 행사할 수 있었다면 이를 막을 의무가 있고 이를 위해 노력했을 상황에서 2,000년 전에 인간 희생제사가 일어났다는 말을 듣는다. 이 살해의 결과 내 자신의 많은 죄들이 용서받았고, 나는 영생을 누리기를 희망할 수 있다는 것이다."

크리스토퍼 히친스

리처드 도킨스는 속죄가 "기독교의 중심 교리"임을 올바로 인식하지만, 그는 이를 "잔인하고, 가학성-피학성 변태이며, 혐오스럽다"[1]고 여긴다. 애석하게도 무신론은 바로 그 정의상 여기서 제공할 것이 전혀 없다. 무신론은 궁극적인 소망에 대한 일말의 기미도 없이 우리를 이 깨어진 세상에 남겨둔다. 그들의 입장에 소망이 없음에도 저명한 많은 무신론자들이 수 세기 동안 수많은 보통 사람들의 삶에 소망, 용서, 마음의 평화와 용기 그리고 힘을 주었던 바로 그 메시지를 멸시하고 이를 잔인하고 유치한 것으로 풍자하는 데 만족한다.

이는 확실히 줄곧 자신들은 합리적 사고와 증거에 대한 평가에 관심이 있다고 말하고 있는 사람들로서는 별로 감동을 주지 못하는 태도다. 풍자에 의해 아이디어들을 묵살하는 것은 게으른 피상성의 특징이다. 그럼에도 풍자는 근저의 오해들을 정확히 집어내는 데 도움이 될 수도 있다.

그러니 풍자들로부터 배우기 위해 몇 가지 풍자들을 살펴보기로 하자. 도킨스는 먼저 "기독교는 압도적으로 죄, 죄, 죄, 죄, 죄, 죄에 중점을 둔다.

---

1 *GD*, 287.

당신의 삶을 지배하는 것이 얼마나 고약하고 하찮은 선입견인가?"[2]라며 이의를 제기한다. 그러나 죄는 매우 고약할 수는 있지만 하찮은 선입견은 아니다. 죄는 세상을 지배하는 주요 선입견이다. 그것은 폭정, 전쟁, 집단 학살, 살해, 착취, 금융 위기, 부정의, 국제관계·사회·가족의 붕괴, 거짓말, 속임수, 비방, 괴롭힘, 절도, 가정폭력 그리고 모든 형태의 범죄에 기인하는 헤아릴 수 없는 불행의 근본 원인이다. (도킨스의 말을 사용하자면) 죄는 압도적으로 파괴적이어서 날마다 우리에게 이 비참한 사실을 인정하도록 강요한다. 오래 전에 "죄의 삯은 사망"[3]이라고 기록된 바와 같이 말이다.

신무신론자들은 우리들과 마찬가지로 모든 죄를 대면해야 한다. 그들의 철학처럼 죄를 하찮게 취급하거나 무시하는 철학은 순전한 공상이다. 그것은 또한 위험한 공상이다. 왜냐하면 역사는 인간의 죄를 대면함이 없이 지상 낙원을 세우려 했던 재앙적 시도들로 점철되어 있기 때문이다. 그리고 이러한 시도들은 대개 인간의 고통과 고난에 막대한 부담을 가했다.

케임브리지 대학교의 신학자 니콜라스 라쉬는 도킨스의 불평은 그가 초기 교회 교부들의 저작을 폭넓게 읽지 않았기 때문이라고 의심한다. 라쉬는 그들의 태도가 역설적이라고 생각한다.

> 교부들이 인간이 이기주의·폭력·탐욕을 통해 그리고 전쟁·노예제도·굶주림을 통해 자신들과 타인들 그리고 우리가 그 일부를 이루고 있는 세상에 가한 피해에 집착해온 것은 얼마나 슬픈 일인가! 도킨스보다 현명한 무신론자가

---

2 *GD*, 285.

3 롬 6:23.

최소한 비인간성의 끔찍하게 어두운 장식물이라는 데 동의할 사항들을 그리스도인들은 "죄"라고 부르는데, 그들은 피조물에 대한 모든 공격들은 창조주에 대한 불순종이라는 것을 안다.[4]

사실은 기독교 메시지는 이 죄의 문제에 대해 뭔가 독특하고도 심원한 내용을 말해준다. 나는 많은 무신론자들이 피상적인 반응을 보이는 진짜 이유는 그들이 죄를 문제로 보지 않기 때문이 아니라고 생각한다. 그것은 그들에게 해법이 없기 때문이다. 그것은 또한 "죄"라는 말이 그들의 마음속에 그들의 자연주의적 세계관을 위협하는 불안을 일으키기 때문이다. 죄라는 말은 그들에게 하나님, 그리스도, 그리스도의 십자가 위에서의 죽음, 그리스도의 부활에 대해 생각하게 한다. 그들의 본능은 정확하다. 왜냐하면 죄는 우선 하나님과 우리의 관계, 그 관계의 단절과 회복에 관련이 있기 때문이다.

더구나 도킨스와 같이 기독교는 "압도적으로" 죄에 중점을 둔다고 불평하는 것은 상황의 심각성을 완전히 오해하는 것이다. 우리들 대부분은 만일 우리가 암에 걸린다면 그 사실이 즉시 우리 삶의 중심 초점이 된다는 것을 알게 될 것이다. 또한 우리는 이 병을 치료하고 건강을 회복하기를 원하기 때문에 우리의 의사들과 컨설턴트들이 압도적으로 이 암에 초점을 맞추리라고 기대할 것이다. 그래서 의심할 여지없이 우리의 초점이 "압도적으로" 다른 곳을 향하지 않도록 말이다.

죄는 암과 같다. 죄는 진정한 평화, 기쁨 그리고 행복의 가능성을 빼

---

4 Nicholas Lash, *Theology for Pilgrims*, London, Darton, Longman and Todd, 2008, 10.

앗는다. 기독교가 죄에 대해 많이 언급하는 이유는 병적인 선입견 때문이 아니다. 그것은 기독교가 우리에게 인간의 죄 문제에 대한 현실적인 진단과 새롭고 만족을 주며 의미 있는 삶을 가져오는 죄의 해법 모두를 제공하기 때문이다.

원죄

특히 리처드 도킨스는 속죄 교리에 대해 격렬하게 반대한다.

> 그러나 이제 아담의 유전적인 죄에 대한 속죄물로 괴롭힘 당하고 사형 당하기 위해 하나님 자신이 예수라는 사람으로 성육신했다는 가학성-피학성 변태가 있다. 바울이 이 혐오스러운 교리를 자세히 설명한 이후 예수는 우리의 모든 죄에 대한 구속자로 숭배되었다. 아담의 과거의 죄만이 아니다. 미래의 사람들이 죄를 짓기로 결심하든 안 하든 미래의 죄도 해당된다.…나는 기독교의 중심 교리인 속죄가 잔인하고, 가학성-피학성 변태이며, 혐오스럽다고 묘사했다. 우리는 또한 이를 완전히 미친 것으로 일축해야 하지만, 이 개념이 도처에서 익숙해져 있어서 우리의 객관성을 무디게 했다. 만일 하나님이 우리의 죄를 용서하기를 원했다면 왜 죄의 대가로 자신이 괴롭힘을 당하고 사형에 처해짐이 없이 그냥 용서하지 않는단 말인가?…오늘날 진보적 윤리학자들은 범죄한 사람들의 죄의 대가를 지불하기 위해 무죄한 사람을 처형한다는 희생양 이론은 고사하고, 어떤 종류의 인과응보적인 처벌 이론도 방어하기 어렵다고 생각한다. 아무튼(우리는 이에 대해 의아해하지 않을 수 없다) 하나님은

> 누구에게 감명을 주려고 한 것인가? 아마도 처형의 희생자일 뿐만 아니라 재판관인 동시에 배심원인 자기 자신이었을 것이다. 더욱이 원죄를 범한 것으로 가정되는 아담은 애초에 존재한 적이 없다. 이 어색한 사실은 바울에게는 알려지지 않았었다고 변명할 수 있겠지만, 아마도 모든 것을 아는 하나님에게는 (그리고 예수가 하나님임을 믿는다면 예수에게도) 알려졌을 것이다. 이는 복잡하게 끔찍한 이론 전체의 가정을 근본적으로 훼손한다. 아담과 하와 이야기는 단지 상징적이었다고 말할 텐가? 상징적이라고? 그러면 예수는 하나님 자신에게 감명을 주기 위해 존재하지 않는 개인에 의해 저질러진 상징적인 죄를 대신한 처벌로 괴롭힘을 당하고 처형되었다는 말인가? 내가 말한 바와 같이, 이는 아주 불쾌할 뿐만 아니라 완전히 미친 짓이다.[5]

이와 유사한 정서가 킹 제임스역 성경에 관한 크리스마스 에세이의 끝 부분에 나타나는 아래의 말에 표현된다. "이 놀라운 영문학 작품의 400주년을 축하하자. 결점들까지 모두 말이다. 왜냐하면 나는…모든 아기들이 죄 가운데 태어나서, 우주의 창조주가 모든 사람을 용서하기 위한 더 나은 방법을 생각하지 못했기 때문에 십자가 위에서 고통을 당한 신적 희생양에 의해서만 구원된다는 바울의 역겨운 말에 대해서는 언급하지 않았기 때문이다."[6]

그처럼 조잡한 허위 진술로 인해 슬퍼지기는 했지만 나는 그에 대해 놀라지 않는다. 그런 정서는 처음부터 그랬기 때문이다. 기독교의 초창기

---

5 *GD*, 286-287.

6 Richard Dawkins, "Forgive me, spirit of science," *New Statesman*, 20 December 2010, 80.

에 바울이 지적한 십자가에 처형된 그리스도라는 메시지는 "유대인에게는 거리끼는 것이요, 이방인에게는 미련한 것"[7]이었고, 지금도 그렇다. 신무신론자들은 그들의 조롱에 의해서 부지중에 이 말이 사실임을 증명하는데, 나는 이런 말을 하는 것이 전혀 즐겁지 않다.

도킨스는 위의 인용문에서 속죄, 처벌 이론, 용서 그리고 죄의 역사적 기원 등 광범위한 주제들을 다룬다. 우리는 이를 적절한 곳에서 모두 다룰 것이다. 여기서 죄 문제가 논리적인 출발점이다. 신무신론자들은 인간의 죄의 심각성을 이해하지 못하기 때문에 십자가와 구원이라는 기독교 메시지를 이해하지 못한다. 그들은 인간의 죄를 사소한 것으로 취급해왔기 때문에 기독교 메시지를 조롱한다. 그러나 우리가 죄를 가볍게 여기기를 멈추면 죄가 우리 모두를 오염시킨다는 것을 알게 된다. 죄는 보편적이다.

인간 본성에 심원한 결함이 있다는 것이 태고적부터 인식되어 왔다. 유명한 존슨 박사는 언젠가 그의 전기 작가 제임스 보스웰에게 원죄에 대해 어떻게 생각하느냐는 질문을 받았다. 존슨은 이렇게 대답했다. "원죄에 관해서는, 물어볼 필요도 없다. 왜냐하면 인간 부패의 원인이 무엇이든 간에 인간은 하도 부패해서 천지의 모든 법률들도 그들이 범죄를 저지르지 못하도록 억제하기에 충분하지 않기 때문이다."[8]

G. K. 체스터턴은 「런던 타임즈」가 제기한 "이 세상은 무엇이 문제인가?"라는 질문에 대해 다음과 같은 유명해질 가치가 있는 편지를 써서 올바르게 답하는 간결한 표현의 걸작을 남겼다.

---

7 고전 1:23.

8 James Boswell, *The Life of Samuel Johnson*, London, John Sharpe, 1830, 513.

선생님,

제가 문제입니다.

안녕히 계십시오.

G. K. 체스터턴.

의료 영역에서는 질병이 치료될 수 있으려면 먼저 이에 대해 대면하고 이해해야 한다. 피상적인 진단은 피상적인 해법으로 이어진다. 증상들은 근본 원인과 구분되어야 한다. 두통은 증상이다. 두통의 근본 원인은 독감부터 뇌종양까지 다양할 수 있다. 뇌종양의 심각성을 이해할 때에만 왜 많은 불편을 끼칠 수도 있는 복잡한 수술이 필요한지 이해할 수 있다. 뇌종양에 아스피린을 처방하는 것은 의미가 없다.

이와 유사하게 기독교가 인간의 죄 문제에 대해 제공하는 해법을 이해하기 위해서는 죄에 대한 성경의 진단의 근본적인 성격을 파악할 필요가 있다. 그것은 인류 자체가 "타락했으며" 악에 의해 근본적으로 흠집이 났다는 것이다. 그런데 이 강력한 진술은 모든 인간이 악해질 수 있는 최고 수준으로 악하다는 의미로 이해되지는 않아야 한다. 결코 그렇지 않다. 왜냐하면 우리 인간은 악에 의해 흠집이 나기는 했지만 원래 하나님에 의해 흠이 없이 창조된 존재라는 사실에서 나오는 고귀한 특성들의 많은 부분을 유지하고 있기 때문이다. 이는 그리스도의 다음과 같은 말에 나타나 있다. "너희가 악할지라도 좋은 것을 자식에게 줄 줄 알거든 하물며 너희 하늘 아버지께서 구하는 자에게 성령을 주시지 않겠느냐?"[9]

---

9 눅 11:13.

어떤 종교를 믿든 또는 믿지 않든 사람들은 자기 자녀들에게 좋은 선물들을 주며, 사랑하는 부모로서의 본능이 있고, 때로는 가족의 한계를 훨씬 넘어서 다른 사람들을 돌볼 줄 안다는 것은 자명한 사실이다. 실로 동정심을 함양하고 과학자, 내과의사, 외과의사, 정신과 의사, 간호사, 교육자, 경제학자, 정치인들로서 인간을 괴롭히는 질병들과 고통들을 완화하기 위한 노력을 증진하고 격려하는 것은 성경적 세계관의 중요한 부분이다.

그러나 그럼에도 성경은 인간이 악에 의해 망가졌다고 진단하는데 이는 우리의 보편적인 경험에 비춰볼 때 놀라운 주장이 아니다. 그 악의 근원은 성 바울의 다음과 같은 문장에 나와 있다. "한 사람으로 말미암아 죄가 세상에 들어오고 죄로 말미암아 사망이 들어왔나니 모든 사람이 죄를 지었으므로[10] 사망이 모든 사람에게 이르렀느니라."[11] 이 구절은 첫째, 우리 모두는 타락하고, 사악하고, 죽을 운명의 본성을 물려받았다고 말한다. 둘째, 우리는 모두 개인적으로 죄를 지었다. 죄는 보편적이다. 우리는 바울이 "죄들"이 아니라 "죄"가 세상에 들어왔다고 말하는 것을 주목하는데 왜냐하면 그는 특정 죄들이 아니라 원리로서의 죄를 생각하고 있기 때문이다. 그것은 피조물인 인간이 창조주의 의지에 거슬러 자신의 의지를 주장하는, 깊이 자리잡은 이기주의로 구성된 태도다.

신무신론자들이 창세기 기사를 상징적인 인과관계론의 신화라고 무

10 Dawkins, Hitchens 등에 의해 "원죄"라고 풍자되는 점에 비추어볼 때, 이 인용문의 마지막 절은 (종종 제안되듯이) "모든 사람이 **그 사람 안에서**(즉 아담 안에서)" 죄를 지었다고 말하지 않는다는 점을 주목할 필요가 있다. 마지막 절은 그리스어 접속사 *eph' hō*에 의해 도입되는데, 이 단어는 "그 사람 안에서" 또는 "그 남자 안에서"를 의미할 수 없다. 왜냐하면 그 경우 *en hō*를 요구했을 것이기 때문이다. *Eph' hō*는 "~때문에"를 의미한다.

11 롬 5:12.

시함으로써 "원죄"와 같은 아이디어를 조롱하는 것은 놀라운 일이 아니다. 그러나 대부분의 과학자들은 호모 사피엔스가 공통 조상(확실히 공통 조상은 2명이어야 하지 않았겠는가?)으로부터 나왔다고 단언한다는 점을 주목해야 한다. 또는 아무도 이 두 사람의 모든 자손들이 그들의 유전자, 따라서 그들의 본성을 물려받았다는 점을 논박하지 않는 듯하다. 그러니 성경의 설명을 내팽개치는 것은 다소 현명하지 않을 수 있다. 결국 다른 어떤 설명도 우리가 실제로 경험하는 인간 본성을 현실적으로 대면하지 않는 듯하다. 예를 들어 인간은 그들의 지성적인 본성이 그들의 동물적인 본성을 다스리는 상태로 점진적으로 발전하고 있다는 점에서 도덕적 시대정신이 개선되고 있다는 주장[12]은 가장 최근 세기에 벌어진 엄청난 악에 비춰볼 때 그다지 설득력이 있어 보이지 않는다. 흥미롭게도 내 토론을 주관했던 픽스트 포인트(Fixed Point) 재단의 래리 톤턴 이사 및 나와 토론했던 크리스토퍼 히친스는 다른 신무신론자들과는 대조적으로 인간은 의심할 나위 없이 악하다는 점을 솔직하게 인정했다. 그러므로 인내심을 가지고 성경이 실제로 뭐라고 말하는지 알아보기로 하자.

에덴 동산 이야기는 모든 문학 중 가장 유명한 이야기들 중 하나다. 이 이야기는 창조주가 최초의 인간들을 어떻게 약속과 흥미로 가득 찬 낙원에 두었는지를 설명한다. 그들은 마음껏 그 동산을 즐기고 그 동산과 그 주위를 탐구할 수 있었다. 그러나 한 가지 열매 즉 "선악의 지식의 나무"는 하나님에 의해 금지되었다. 그러나 그 금지는 인간의 지위를 약화시키기는커녕 도덕적 존재로서의 인간의 존엄을 확립하는 데 필수적이었다. 이곳의

12 *GD*, 304.

성경 이야기는 도덕적 존재로서의 인간을 구성하고 그들을 도덕적 존재로 기능할 수 있게 해주는 축소할 수 없는 구성요소를 정의한다. 도덕성이 진정성이 있으려면 앞장에서 본 바와 같이 인간에게 어느 정도의 자유가 있어야 한다. 그래서 그들은 동산 안의 모든 것을 마음대로 먹을 수 있었다. 그러나 옳음과 그름 사이에 진정한 도덕적 선택도 있어야 한다. 따라서 도덕적 경계가 있어야 한다. 그래서 한 가지 열매는 금지되었다. 하나님은 그들에게 그들이 그 열매를 먹으면 그날에 확실히 죽을 것이라고 말했다.

이 고사(古事)는 다음에 뱀(원수)이 하나님이 인간을 아름다운 나무들과 달콤한 열매가 있는 멋진 환경에 둔 다음에 그 열매를 먹지 못하게 해서 하나님이 그들을 비웃고 있다고 제안함으로써 어떻게 하나님을 잘못 대변했는지를 설명한다. 그 원수는 또한 하나님이 인간들로 하여금 하나님처럼 되지 못하게 함으로써 인간의 자유를 제한하기 원했다고 암시했다.[13] 그 속임수는 효과가 있었다.

인류의 시작부터 인류를 감염시킨 "원래의" 죄는 인간의 영혼을 창조한 하나님에 대한 인간 영혼의 반란이었으며, 자신의 창조주와 다른 인간들 그리고 자기 주위의 피조물에 대한 인간의 태도를 변화시킨 반란이었고, 신무신론자들이 생겨나게 한 반란이었다. 최초의 인간들이 금지된 그 열매를 먹자마자 그들은 수치, 불편함 그리고 무엇보다 하나님으로부터의

---

13 창 3:5. 성경은 여기서 외부의 악한 지성이 관여하고 있음을 나타내는데, 많은 사람들은 이를 즉각적으로 기각한다. 나는 동일한 많은 사람들이 우주에 (아직 발견되지 않은) 외부의 지성체들이 존재한다고 주장하며 장래에 그들을 발견하리라고 생각하는 것이 재미있다고 (그리고 다소 역설적이라고) 생각한다. 창세기 내러티브에 관한 보다 자세한 내용은 내 책 *Seven Days that Divide the World*, Grand Rapids, Zondervan, 2011(『최초의 7일』, 새물결플러스 역간)을 보라.

소외를 경험했다. 하나님과 그들의 관계의 죽음에 이어서 불가피하게 신체적 죽음이 따라오게 되었지만, 즉각적으로 죽는 것은 아니었다. 하나님을 기뻐하고 그 분과 교제를 누렸던 남녀는 이제 하나님이 그들의 적이 되었다고 느꼈으며 하나님을 피해 달아났다.[14]

우리 인간들은 그 이후 그들과 마찬가지로 하나님으로부터 달아나고 있다. 인간의 마음속에는 하나님은 (만일 그가 존재한다면) 우리에게 적대적이라는 의심이 잠복해 있다. "그는 우리가 자연스러운 쾌락을 즐기지 못하게 하고, 심리적으로 우리를 억누른다. 그는 우리가 인간의 잠재력을 완전히 개발하지 못하도록 제한한다." 히친스는 다른 많은 사람들과 마찬가지로 모든 허위 진술들의 원형을 곧이곧대로 믿었다. 그것은 그의 사고에 스며들었다. 앞에서 보았던 것과 같이 그는 하나님은 폭군이고 불량배라고 생각하며 이렇게 설명한다. "아담은 만족할 줄 모르는 불만과 호기심을 가진 존재로 창조되고서는 이를 만족시키지 못하도록 금지된 것 같다고 이의를 제기해 봐야 소용이 없다…."[15]

이런 태도는 옳지 않을 뿐 아니라 비합리적이다. 결국 무엇보다 우리에게 다른 사람들을 사랑할 수 있는 능력을 구비해준 창조주 자신이 우리를 대적한다고 생각하는 것이 정말로 말이 되는가? 창세기 텍스트를 피상적으로 살펴보기만 해도 히친스의 불평은 심각한 왜곡에 근거하고 있음을 알 수 있다. 하나님은 확실히 아담을 호기심이 있는 존재로 창조했지만, 만족하지 못하는 존재로 창조하지는 않았다. 최초의 인간들은 그들의 호기

---

14 창 3:7-10.

15 *GNG*, 209.

심을 만족시키지 못하도록 금지되지 않았다. 오히려 그 반대였다. 그들 앞에는 모든 가능성의 세계가 열려 있었다. 하나님은 그들에게 사물(그들의 경우 동물)의 이름을 짓는 매혹적인 과업에 참여하도록 격려했는데 이 과업은 바로 과학의 정수(精髓)다. 하나님은 그들에게 하나님이 만든 우주를 탐구하고 하나님의 지혜의 보물들을 발견하기 원했다.

"금지"와 관련해서는 (히친스가 주는 인상과는 달리) 오직 한 가지만 금지되었음을 주목해야 한다. 그리고 그 특별한 열매는 인간을 제한하기 위해서가 아니라 인간이 창조주와 신뢰 관계를 발전시킬 수 있도록 금지되었다. 인간은 참으로 창조주를 신뢰하고 그의 말을 믿기로 선택하든지, 아니면 그들이 창조주로부터 독립을 주장함으로써 그들이 얻게 되리라고 상상했던 것을 움켜잡을 수 있었다.

성경의 진단은 우리가 죄 많은 본성을 물려받았으며 본인이 원해서 죄로 나아갔다는 것이다. 우리는 사방에서 타락한 세상의 지배적 기풍에 의해 영향을 받고 압력을 받는다. 신약성경이 말하는 바와 같이 "모든 사람이 죄를 범하였으매 하나님의 영광에 이르지 못했다."[16] 그러나 많은 사람들은 이 말이 지극히 부당하다고 생각한다. 그들은 이렇게 말한다. "우리는 근원이 손상된 종족으로부터 태어나도록 요청하지 않았다. 왜 우리가 다른 사람이 한 행동의 결과로 저주를 받아야 하는가?" 바울은 위에 인용한 것과 동일한 서신에서 이 타당한 이의에 대한 대답을 다음과 같이 제시한다. "한 사람이 순종하지 아니함으로 많은 사람이 죄인 된 것 같이 한 사람이

16 롬 3:23.

순종하심으로 많은 사람이 의인이 되리라."[17]

죄가 세상에 들어온 데 대해 우리가 개인적으로 책임이 있는 것이 아니기 때문에 우리는 개인적으로 전체 상황을 교정할 입장이 아니다. 그것이 바로 신약에서 인간의 죄를 위해 제공된 구원이 일리가 있는 이유인데, 왜냐하면 그것은 (그리고 그것만이) 문제의 규모에 상응하기 때문이다. 우리가 다른 사람이 행한 어떤 일로 죄인이 되었다 해도 구조와 구속은 우리에게 같은 조건하에 값없이 제공된다. **우리가 할 수 있는 일에 의해서가 아니라** 다른 사람이 행한 일을 통해서 말이다.

많은 사람들은 매우 중요한 이 대리 고통의 원리가 이해하기 어렵다고 하며 그 결과 오해가 많다. 그 오해의 한 가지 이유는 인간이 하나님과 서먹해진 결과로 생겨난 또 다른 영향이다. 즉 적선(積善)을 통해 하나님께 받아들여질 자격을 갖추는 데 종교가 사용될 수 있다는 주장이 널리 퍼졌기 때문이다. 사실은 우리 중 어느 누군가가 행했거나 할 수 있는 선한 모든 일들은 궁극적으로 창조주로부터 나왔는데도 마치 종교 또는 피조물 편에서의 다른 활동이 창조주에게 받아들여질 자격을 갖춰줄 수 있기라도 하듯이 말이다. 그 결과 많은 사람들이 "구원"은—그것이 뭔가를 의미한다면—하나님께 받아들여지기 위해서 지켜야 하는 "이웃을 자기 자신과 같이 사랑하기"와 같은 모종의 도덕법이라고 생각한다.

기독교 메시지는 이 대중적인 견해와 정반대다. 기독교에서 "구원"은 바로 스스로를 도울 수 없는 사람들을 구조하기 위한 하나님 편에서의 행동이다. 하나님의 은혜라는 위대한 교리가 기독교 메시지의 핵심이다. 기

17 롬 5:19.

독교는 자신이 원한다면 모든 사람이 다음과 같이 될 수 있다고 말한다. "그리스도 예수 안에 있는 구속을 통하여, 그의 은혜에 의하여 선물로 의롭게(즉 하나님과 바른 관계를 맺게) 된다.…우리는 사람이 율법의 행위와는 별개로 믿음에 의해 의롭게 된다는 입장을 취한다.…행위가 아니라 경건하지 않은 자를 의롭다 하시는 분을 믿는 사람들에게는 그의 믿음이 의로움으로 간주된다."[18]

특히 하나님께 받아들여지는 것은 인간으로서는 달성할 수 없는 완벽성 기준의 달성에 의존하지 않는다.[19] 구원은 신약성경이 거듭해서 말하듯이 하나님의 은혜에 의해 선물로 주어진다. "그것은 하나님의 선물이지 일의 결과가 아니다. 따라서 아무도 자랑할 수 없다."[20] 그러나 모든 선물들과 마찬가지로 구원은 받아들여져야 한다. 구원은 자동이 아니다.[21] 구원은 우리 의지의 의도적 행동으로서의 회개 및 하나님에 대한 신뢰와 관련이 있다. 이 논리는 중요하다. 왜냐하면 시초의 반역은 신뢰의 결여와 하나님으로부터 독립을 얻으려 한 것과 관련이 있기 때문에 이를 돌이키는 것은 불가피하게 그 태도에 대한 회개,[22] 하나님에 대한 신뢰 그리고 그 분을 의지하는 법을 배우기와 관련이 있기 때문이다. 그러므로 돌이킴은 우리가 우리의 상태의 심각성을 직면하고, 회개하며, 그리스도에게서 우리가 얻거

18 롬 3:24, 28; 4:5(역자의 번역).

19 Christopher Hitchens가 하나님을 전체주의라고 하면서 "전체주의의 본질적인 원칙은 **복종하기 불가능한** 법률들을 만드는 것이다"고 비난할 때 그는 이 실수를 한 듯하다.

20 엡 2:8-9(역자의 번역).

21 그러나 Hitchens는 구원이 자동이라고 생각하는 듯하다. *GNG*, 209.

22 신약에서 "회개"를 뜻하는 말로 사용된 그리스어 **메타노이아***(metanoia)*는 "마음의 변화"를 의미한다.

나 스스로 공급하지 못할 구원의 선물을 받아들임으로써 시작한다.

이제 위의 내용들을 요약해보자. 인류의 시조가 태초에 하나님께 저지른 불순종의 죄에 의해 오염된 것과 마찬가지로 우리도 개인적으로 하나님에 의해 용서되고, 화해되고, 받아들여질 수 있다. 이것은 우리의 순종의 노력을 통해 이루어질 수 없으며 (그 노력들은 아무리 최선을 다해도 완벽하지 않고 적절하지 않다) 다른 사람, 즉 그리스도의 순종에 의해 이루어진다. 이를 다른 식으로 표현하면 다음과 같다. 우리가 아담에게서 타락하고 죄 있는 본성을 받았듯이, 우리는 회개와 그리스도에 대한 신뢰를 통해 하나님에게서 그분의 타락하지 않고 영원한 생명을 받을 수 있다. 그리고 영생과 함께 하나님과 조화를 이루고, 하나님을 위해 살 수 있는 모든 잠재력을 받을 수 있다.

대속(代贖)이 비도덕적인가?

신무신론자들은 그들이 속죄의 희생양 이론이라고 부르는 "죄 있는 자의 죄값을 지불하기 위한 죄 없는 자의 처형"[23]에 대해 강하게 이의를 제기한다. 사실 리처드 도킨스는 속죄 교리는 "완전히 정신 나간" 짓이라고 생각한다. 그가 제시하는 이유가 재미있다. "만일 하나님이 우리의 죄를 용서하기를 원했다면 왜 죄의 대가로 자신이 괴롭힘을 당하고 사형에 처해짐이

---

23 *GD*, 287.

없이 그냥 용서하지 않는단 말인가?"[24] 참으로 왜 그렇게 하지 않는가?

왜냐하면 도덕적 세계가 있는데 죄의 처리는 사소하지 않은 도덕적 문제이기 때문이다. 인간의 역사 자체인 유감스런 도덕의 지형을 잠시만 생각해봐도 이 사실을 납득할 수 있다. 도킨스의 피상적인 반응은 용서에 무엇이 관련되어 있는지 이해하지 못한 데서 나온다. 이에 대해서 자세히 생각해보자. 신약에서 "용서"를 뜻하는 말로 가장 많이 사용된 단어는 그리스어 "아페시스"(*aphesis*) 인데, 이 말은 "석방하다"(release) 또는 "놔 주다"(let go)를 의미한다. 이 용어들에서 도킨스는 "하나님은 왜 그냥 자유롭게 해줄 수 없는가?"라고 묻고 있다. 그 답은 인간의 죄책감(guilt)과 관련이 있다.

죄책감이 우리를 과거에 옭아맨다는 것이 보편적인 인간의 경험이다. 내가 불법 주차를 한다고 가정해보자. 나는 교통법규위반 죄를 범한 것으로 간주되고 벌금의 형태로 처벌을 받게 된다. 법률은 내가 처벌받도록 요구한다. 벌금이 납부되어야 한다. 법률이 그렇게 주장한다. 내가 그것에 관해 그냥 잊어버릴 수는 없다. 법원은 확실히 "그냥 놔주지" 않을 것이다. 이 점이 보다 중요한데, 법원은 중대 범죄는 결코 그냥 "놔주지" 않을 것이다. 그러한 범죄에 대해 처벌이 없다면 **범죄가 문제가 되지 않는다**는 메시지가 퍼질 것이기 때문에 세상이 무정부 상태로 전락할 것이다.[25] 로버트 맥아피

24 *ibid.*

25 "하나님이 왜 그냥 용서하지 못하는가?"라는 그의 질문의 맥락에서 Dawkins는 인상적으로 "오늘날 진보적인 윤리학자들은 어떤 종류의 보복적 처벌 이론도 방어하기 어렵다는 것을 발견한다.…"고 말한다. 그렇다면 우리는 "진보적 윤리학자들"로부터 보호되기를 기원한다. "처벌"을 "치료"로 대체하기와 관련된 "진보적 윤리"의 위험에 대해서는 C. S. Lewis의 *Undeceptions*, London, Geoffrey Bles, 1971, 250 이하에 나오는 논문 "On the Humanitarian Theory of Punishment"(인도주의적 처벌 이론에 관하여)를 보라.

브라운은 이렇게 말한다. "철학자이자 시인인 하인리히 하이네가 '하나님은 용서할 것이다. 그것이 바로 그의 존재 이유다'고 말하는 입장을 인간의 원칙으로 허용할 수는 없다."[26]

하나님이 "그냥 놔줄" 수 없는 또 하나의 이유가 있다. 방금 전에 남편의 외도를 발견해서 결혼 생활의 행복이 망가진 여인이 있다고 가정하자. 그녀는 큰 상처를 받았고, 그녀의 가정이 박살났다. 이 상황에서 용서는 두 개의 뚜렷한 과정과 관련될 것이다. 첫째, 가능하면 피해를 자신에게 한정시키기 위해 **내적으로** "그냥 놔줄" 수 있는 여인이 있다. 이 경우 진전은 매우 어려울 수도 있으며 많은 시간과 친구들의 훌륭한 상담을 필요로 한다. 그러나 그녀의 남편 문제와 그녀의 적극적인 **외적** 용서의 문제가 있다. 그녀가 자기 남편을 용서할 마음이 생기게 되었다고 가정하자. 그러면 어떻게 할 것인가? 여기서 참된 용서는 그녀의 남편의 회개를 조건으로 한다. 만일 그녀가 "그냥 놔준다"면 그것은 "그래도 상관없다"고 말하는 셈이다. 이는 사실상 그 죄를 눈 감아 주는 것으로 해석될 수 있다. 종종 가해자 측이 회개할 기미가 없는데도 불구하고 선의의 친구들이 비행의 희생자에게 "용서해, 그게 네 의무잖아"라고 말하는데, 그러면 용서의 내적 측면과 외적 측면을 분리하지 않아서 불필요한 고통을 가져오게 된다.

이 지점에서 다음과 같은 보편적인 이의가 제기된다. "하지만 예수는 자기를 십자가에 못 박은 군인들을 용서해달라고 기도하지 않았는가?" 확실히 예수는 그렇게 기도했다. 그러나 그가 기도한 근거를 주목해야 한다. "이에 예수께서 이르시되 '아버지, 저들을 사하여 주옵소서. **자기들이 하는**

26 Simon Wiesenthal, *The Sunflower*, New York, Schocken Books Inc., 1997, 123에 실린 글.

것을 알지 못함이니이다' 하시더라[강조는 덧붙인 것임]."[27] 그리스어 학자인 데이비드 구딩 교수는 이렇게 설명한다.

> 무서운 고통의 순간에 이 고통을 야기하고 있는 사람들을 위해 드려진 이 기도는 수많은 사람들의 마음을 움직였고, 수많은 피해자들에게 맹목적 보복에 굴복하지 말고 심지어 원수들의 유익을 구하라고 가르치는 이상이 되었다.… 그러나 그 기도가 자신들이 무슨 짓을 하고 있는지 전혀 모르고 있는 군인들을 위해 드려졌음을 지적하더라도 그리스도의 기도의 영광을 조금도 손상하지 않는다. 그릇된 감상으로 그리스도의 기도의 범위를 그분의 의도를 뛰어넘어 확장시켜서는 안 된다. 자기가 무슨 짓을 하고 있는지 잘 알고 있고 이를 멈추거나 회개할 의도가 없는 사람을 위해 용서를 비는 것은 비도덕적인 처사일 것이다. 그것은 그의 죄에 대한 공모는 아닐지라도 묵인에 해당할 것이다. 그리스도는 확실히 그렇게 하지 않았다.[28]

죄는 중요하다. 내 죄가 중요하지 않다면 결국 내가 중요하지 않은 셈이다. 당신의 아이가 살해되었는데 법이 범인을 체포해서 심리하고 형을 선고하려 하지 않는다면 법이 사실상 당신의 아이는 중요하지 않다고 말하는 셈이다. 법원은 "이를 그냥 놔줄" 수 없다. 그런 태도는 모든 도덕과 정의가 확립되리라는 희망의 종말을 초래할 것이다. 그것은 불가피하게 무정부 상태로 이어질 것이다. 따라서 만일 법률 체계가 도킨스가 하나님이 따라야

---

27 눅 23:34.

28 D. W. Gooding, *According to Luke*, Leicester, IVP, 1987, 342. 자기들이 하고 있는 일을 잘 알고 있는 사람들에 대한 그리스도의 태도는 아주 달랐다. 막 11:20 이하를 보라.

한다고 생각하는 듯한 견해를 채택한다면, 그것은 우리의 도덕적 양심을 침해하게 될 것이다. 그러나 하나님은 결코 우리의 거짓말, 탐욕, 도둑질, 간음, 폭력, 살인 등이 중요하지 않다는 견해를 받아들이지 않을 것이다. 하나님은 우리를 미워해서가 아니라 우리를 사랑하기 때문에 우리의 죄를 심각하게 여긴다. 하나님의 우주는 도덕적 우주이고, 우주의 도덕적인 최고 통치자인 거룩하고 완벽한 하나님은 인간의 죄를 공정하게 다뤄야 한다. 죄가 세상에 인간의 죽음을 가져왔다. 죄가 삶과 행복을 망친다. 하나님의 거룩과 우리의 단점, 약점, 실패, 위반 그리고 죄 됨을 더 많이 알수록 우리를 하나님에게서 분리시키는 격차와 죄와 죽음 사이의 연결 관계를 더 많이 이해할 수 있다.

우리는 마음속에서 이것이 일리가 있음을 안다. 그것은 우리가 타고난 정의와 공정함에 대한 감각에 부합한다. 그러나 그것은 우리 각자에게 명백한 문제를 만들어낸다. 만일 하나님이 나를 공정하게 다룬다면 내가 설 자리는 어디인가? 나는 나를 내 과거에 얽어 매는 죄책감을 떨칠 수 없다. 하나님이 정의롭고 내가 도덕적 존재로서 중요성을 조금이라도 유지하려면 하나님은 그냥 봐줄 수 없다. 벌칙을 치러야 하고, 그와 관련된 대가가 수반되는데 나는 그것을 치를 수 없다. 기독교 복음의 핵심은 **하나님이 그리스도 안에서 십자가 위에서 그 벌칙을 치렀다는 것이다**. 그 결과 하나님은 구원을 위해 회개하고 그리스도를 믿는 모든 사람들을 정당하게 용서하고 받아들일 수 있다.

도킨스보다는 이 문제에 대해 더 많은 통찰력이 있는 히친스도 여기서 큰 어려움을 겪고 있는 듯하다. 그는 이렇게 쓴다.

> 사랑하는 이여, 나는 당신을 위해 당신의 채무를 지불할 수 있다. 만일 당신이 경솔했다면 그리고 내가 (찰스 디킨스의 책) 『두 도시 이야기』에 나오는 시드니 카튼과 같은 영웅이라면 나는 당신의 형기를 복역하거나 당신 대신 교수대에 설 수도 있다. 이보다 더 큰 사랑은 있을 수 없다. **그러나 나는 당신의 책임을 면해줄 수는 없다. 내가 그것을 제의하면 비도덕적이고, 당신이 그것을 받아들이면 비도덕적이다**(강조는 덧붙인 것임). 그리고 동일한 제의가 다른 시간과 다른 세상에서 중개자의 중재를 통해 이뤄지고 유인(inducements)이 수반된다면 그것은 그 모든 위대함을 상실하고 가망 없는 희망 또는 더 나쁘게는 협박과 뇌물의 결합으로 전락하게 된다.[29]

히친스가 이후에 명확히 주장하는 바와 같이, 위의 글에서 그의 마지막 요점은 다양한 형태의 공로, 의식(ceremonies) 또는 금전상의 기여에 의해 하나님께 받아들여질 수 있다는 잘못된 주장에서 발달한 (그리고 선전에 도움이 되는) 괘씸한 종교의 상업화를 가리킨다. 크리스토퍼 히친스보다 오래 전에 그리스도 자신이 그러한 착취들과 그에 수반하여 하나님을 잘못 나타내는 것에 대해 강하게 항의했음을 주목할 필요가 있다.[30] 왜냐하면 그러한 착취들은 스스로를 뭐라고 부르든 참된 기독교가 아니기 때문이다. 참된 기독교에는 자기 권력을 확대하는 중개자나 히친스가 말하는 식의 유인이 없다. 기독교에는 협박이나 뇌물이 없다. 기독교는 다음과 같이 가르친다. "하나님은 한 분이시요 또 하나님과 사람 사이에 중보자도 한 분이시니 곧

---

29 *GNG*, 211.

30 예컨대 마 21:12-13, 막 11:15-17, 눅 19:45-46 그리고 요 2:13-17.

사람이신 그리스도 예수라. 그가 모든 사람을 위하여 자기를 대속물로 주셨으니."[31]

이 말은 무슨 뜻인가? 비록 히친스가 다소 농담조로 말하기는 하지만 우리는 그가 받아들이는 듯한 곳에서부터 시작할 수 있다. 우리 모두는 경제적으로 어려운 상황에 빠지게 되면 누군가 다른 사람이 개입해서 그 채무를 지불하는 것이 무엇을 의미하는지 알고 있다. 참으로 우리 중에서 장차 누군가에게 그러한 도움을 받을 사람이 많이 있을 것이다. 우리는 모두 죄(예컨대 절도, 탐욕 등)가 어떻게 우리를 이러한 종류의 채무에 빠지게 하는지 알고 있다. 우리는 또한 벌금, 범칙금, 또는 인질을 석방시키기 위한 보석금 지급을 이해한다. 이러한 종류의 채무는 누군가에 대한 지불을 상정한다. 물론 채무와 관련이 없는 다른 종류의 "지불"도 있다. 우리는 『두 도시 이야기』에서 시드니 카튼이 다네이를 대신해서 (궁극적인) 대가를 지불했다고 말할 수 있다.[32] 그 대가는 아주 실제적이었지만 카튼으로부터 이를 지불 받은 사람은 없다. 히친스는 (우리들과 같이) 이 궁극적인 고귀한 희생을 이해할 수 있고 존경할 수 있다. 한 사람이 다른 사람을 대신한다는 대리의 원칙은 우리 모두가 어느 정도 익숙한 개념이다.

히친스는 이제 도덕적 곤경을 제시한다. "나는 당신의 책임을 면제해줄 수는 없다. 내가 그것을 제의하면 비도덕적이고, 당신이 그것을 받아들이면 비도덕적이다." 그의 요점은 인간은 다른 인간의 죄를 면제해줄 수

---

31 딤전 2:5-6a.

32 카튼의 말을 기록할 가치가 있다. "내가 지금 하는 일은 지금까지 했던 일들보다 훨씬 더 낫다. 내가 가는 곳은 내가 지금까지 알았던 것보다 훨씬 더 나은 안식이다." (다네이와 외모가 똑같았던 카튼은 다네이가 사형 선고를 받자 사형이 집행되기 직전에 다네이와 옷을 바꿔 입고 다네이를 마취시켜 자신이 대신 죽는다—역자 주)

없다는 것이다. 이 문제를 제기한 것은 히친스가 처음이 아니다. 그 문제는 당대의 종교 지도자들에 의해 예수 자신에게 제기되었다. 서기관들은 예수가 몸이 마비된 사람에게 "네 죄 사함을 받았느니라"[33]고 말하자 경악해서 화를 냈다.

이 요점은 참으로 실제적이다. 만일 내가 심각한 잘못을 저질러 당신에게 피해를 입혀서 당신이 나를 제소했는데 판사가 내게 "당신을 용서합니다"라고 말한다면 당신은 어떻게 생각하겠는가? 당신은 당연히 항의할 것이다. "잠깐만요. 이건 어불성설이에요. 당신이 판사라 해도 당신은 이 사람을 용서할 수 없어요. 그 사람은 당신에게 잘못한 게 아니라 내게 잘못했거든요. 용서하는 건 내 권한이고 나만 용서할 수 있어요."

지몬 비젠탈의 『해바라기』(*The Sunflower*)[34]는 이 문제를 깊이 있게 다루는 가장 유명한 책들 가운데 하나다. 이 책은 비젠탈이 우크라이나의 수용소에 감금되어 있던 중에 병원 당국이 그를 젊은 나치 군인이 죽어가고 있는 방으로 데려갔을 때 일어났던 참으로 감동적인 이야기를 말해준다. 그 군인(비젠탈은 그를 개인적으로 알지 못한다)은 비젠탈에게 자기가 드네프로페트로프스크 시에서 나치 친위대의 끔찍한 잔학 행위(유대인 가족들이 모여 있는 집을 폭파하고 안전한 곳으로 달아나려는 사람을 사살했음)에 참여했다고 말했다. 그 나치 군인은 비젠탈에게 유대인 대표로서 자신을 용서해달라고 요청했다.

비젠탈은 그 말을 듣고 아무 말도 없이 그곳을 떠났다. 그가 나중에 수

---

33 마 9:2.

34 Wiesenthal, *The Sunflower*.

용소에 있던 몇 명의 친구들에게 이 일을 말하자 그중의 한 명인 요섹은 뒤에 남아서 개인적으로 이렇게 말하기 시작했다. "자네, 이거 아는가? 자네가 우리에게 나치 친위대원을 만난 이야기를 했을 때 나는 처음에는 자네가 그를 정말로 용서해줬을까 봐 두려웠다네. 자네는 자네에게 용서할 권한을 주지 않은 사람들의 이름으로 용서할 권리가 없었던 거지. 사람들이 자네에게 했던 일에 대해서는 자네가 원한다면 용서해주고 잊어버릴 수 있겠지. 그것은 자네 자신의 일이니까. 하지만 다른 사람들의 고통으로 자네의 양심에 짐을 지웠더라면 그건 무서운 죄가 되었을 거야.…그가 다른 사람들에게 한 일에 대해서 자네는 용서할 입장에 있지 않다네."

이후에 자신의 결정이 옳았는지에 대해 많은 고심을 했던 비젠탈은 다음과 같이 말하면서 그의 책을 끝맺는다. "물론 사안의 정점은 용서의 문제다. 망각은 시간만이 처리할 수 있는 그 어떤 것이지만 용서는 의지의 행동이고, 오직 고통 받은 자만이 그 결정을 내릴 자격이 있다."

사지가 마비된 사람의 죄를 용서할 수 있는 예수의 권리에 대해 도전을 제기했던 서기관과 마찬가지로 히친스와 비젠탈은 자연스럽게 참여자들(그들을 X, Y 그리고 Z라 하자)이 단지 인간에 불과한 상황을 가정한다. 그 경우 X는 Y가 Z에 대해 저지른 죄를 용서할 수 없다는 점이 명백하다.

예수의 경우 모든 차이를 만들어내는 요소는 **그는 단지 또 한 명의 다른 사람에 불과한 것이 아니었다**는 점이다. 그는 하나님이면서 사람이었기 때문에 중재자로서 다른 사람들의 죄를 담당할 수 있었다. 그는 인간이었지만 결코 단순한 인간이 아니었다. 그는 바로 성육신하신 하나님이었다. 그리고 죄는 궁극적으로 하나님에 대해 저지른 것이다. 신무신론자들은 이 점을 인정하지 않고 성육신도 받아들이지 않는다. 그러나 그들은 자기들이 십자가에서 아무런 중요성도 발견하지 못하는 이유는 바로 그들이 성육신을 부인하기 때문이라는 점을 알아차려야 한다. 십자가와 성육신은 분리할 수 없다.

성육신 이야기가 시작될 때, 예수의 어머니 마리아의 남편 요셉은 이 말을 들었다. "네 아내 마리아 데려오기를 무서워하지 말라. 그에게 잉태된 자는 성령으로 된 것이라. 아들을 낳으리니 이름을 예수라 하라. 이는 그가 자기 백성을 그들의 죄에서 구원할 자이심이라."[35] 그러므로 처음부터 예수의 이름 자체가 그가 죄를 감당할 자가 되리라는 점을 증언했다. 예언자 세례 요한은 다음과 같은 극적인 말로 그 민족에게 예수를 알렸다. "보라, 세상 죄를 지고 가는 하나님의 어린 양이로다."[36]

수 세기 동안 이스라엘 민족은 자신의 죄를 속죄하기 위해 어린 양을 죽임으로써 죄의 심각성을 배워왔다. 이 절차는 그들에게 기본적인 수준에서 그 경험이 끊임없이 강조하는 사실, 즉 죄는 예속시키고, 궁극적으로 사망의 원인이며 따라서 속죄될 필요가 있다는 사실을 생생하게 가르쳤다. 물론 성경 자체가 인식하는 바와 같이,[37] 동물의 죽음은 결코 이 문제를 진정으로 다루지 못했다. 예언자 요한은 예수는 희생제물로 드려진 어린 양이 예표했던 실재라고 발표했다. 예수는 실제로 속죄할 수 있었던 진짜 어린 양이었다. 그 이미지는 오해의 여지가 없었다. 예수는 장차 자기 백성의 죄를 위해 죽게 되어 있었다.

예수는 계속해서 자신에 대해 다음과 같이 말했다. "인자가 온 것은 섬

35 마 1:20-21.

36 요 1:29.

37 히 10:4을 보라.

김을 받으려 함이 아니라 도리어 섬기려 하고 자기 목숨을 많은 사람의 대속물로 주려 함이니라."[38] 예루살렘에서 행해진 최후의 만찬에서 예수가 그의 최초의 제자들 및 그 이후의 모든 신자들이 이를 통해 그를 기억해야 할 의식을 제정했을 때, 예수는 빵과 포도주를 자신의 죽음에 대한 웅변적인 상징으로 선택했다. "이것은 너희를 위하여 주는 내 몸이라. 너희가 이를 행하여 나를 기념하라.…이 잔은 내 피로 세우는 새 언약이니 곧 너희를 위하여 붓는 것이라."[39]

우연히도 이는 바울이 그리스도의 의도와 맞지 않는 대리 고통이라는 유대인의 개념을 도입함으로써 "기독교를 망쳤다"는, 널리 퍼져 있지만 그릇된 생각을 완전히 반박한다. 왜냐하면 성찬식은 사람들이 그리스도가 왜 죽었는지에 대해 오해의 여지가 없이 상기할 수 있도록 바울이 아닌 그리스도에 의해 의도적으로 설계되었기 때문이다. 우리의 죄를 위해 그의 몸이 주어졌고, 그의 피가 흘려졌다. 바울은 이의 중요성을 복음서 저자들과 똑같은 방식으로 이해했다. 대부분의 학자들이 기독교 메시지의 가장 초기에 속하고 가장 중요한 진실 중 하나로 받아들이는 서신에서 바울은 이렇게 썼다. "내가 받은 것을 먼저 너희에게 전하였노니, 이는 성경대로 그리스도께서 우리 죄를 위하여 죽으시고 장사 지낸 바 되셨다가 성경대로 사흘 만에 다시 살아나사…."[40] 죄를 위한 그리스도의 죽음은 바울 또는 복음서 저자들이 꾸며낸 이야기가 아니었다. 그것은 예컨대 고난 받는 종, 메시아에 관한 예언자 이사야의 유명한 말과 같은 구약성경 구절에서 예언되

38 막 10:45.
39 눅 22:19-20.
40 고전 15:3-4.

었다. "그가 찔림은 우리의 허물 때문이요, 그가 상함은 우리의 죄악 때문이라. 그가 징계를 받으므로 우리는 평화를 누리고 그가 채찍에 맞으므로 우리는 나음을 받았도다."[41]

그렇다면 신약에 따르면 하나님이 인간과 하나님 사이에 화해를 가져오기 위해서는 다름 아닌 성육신과 하나님의 아들의 십자가상의 죽음이 필요했다. 그 메시지는 이렇다.

> 곧 하나님께서 그리스도 안에 계시사 세상을 자기와 화목하게 하시며 그들의 죄를 그들에게 돌리지 아니하시고 화목하게 하는 말씀을 우리에게 부탁하셨느니라. 그러므로 우리가 그리스도를 대신하여 사신이 되어 하나님이 우리를 통하여 너희를 권면하시는 것 같이 그리스도를 대신하여 간청하노니 너희는 하나님과 화목하라. 하나님이 죄를 알지도 못하신 이를 우리를 대신하여 죄로 삼으신 것은 우리로 하여금 그 안에서 하나님의 의가 되게 하려 하심이라.[42]

이를 완전히 이해하는 사람이 있는가? 아니다. 우리는 이 사실에 놀라지 않아야 한다. 가장 영리한 과학자들도 에너지, 빛, 중력 등을 완전히 이해하지 못하는데 어느 누가 우주 역사의 모든 사건들 중 가장 심오한 이 사건, 즉 성육신하신 하나님의 십자가 처형을 헤아리기를 바라겠는가? 불가피하게 십자가를 둘러싼 깊은 신비가 있다. 그러나 대속물, 칭의, 화해 등과 같은 풍부한 성경 용어들[43]은 우리에게 예수께서 가져 오신 구원의 적정성

---

41 사 53:5.

42 고후 5:19-21.

43 이 용어들에 대한 대중적 차원의 추가적 설명에 대해 관심 있는 독자들은 David Gooding

을 이해하기에 충분한 통찰을 준다. 그것은 매우 심오하다. 그러나 그것이 다루는 문제도 그렇다. 그것은 또한 독특하다. 그리스도는 다른 어떤 종교, 철학 또는 이생에서의 생활 방식과도 경쟁하지 않는다. 이는 다른 어느 누구도 그분이 하신 일을 한 적이 없고, 그분이 제공하시는 것(우리의 공적이 아니라, 하나님의 은혜와 선물에 대한 신뢰에 의존하는 용서와 하나님과의 평화)을 제공할 수도 없고 제공하지도 않기 때문이다.

2,000년 전에 그리스도의 심리와 십자가 처형에 관여한 자들의 조롱이 그리스도가 십자가 위에서 하신 일을 약화시키지 않듯이 당대의 신무신론자의 조롱도 이를 약화시키지 못한다. 그런 조롱은 새로울 게 없다. 역사가 누가는 이렇게 기록한다. "헤롯이 그 군인들과 함께 예수를 업신여기며 희롱하고…관리들은 비웃어 이르되 '저가 남을 구원하였으니 만일 하나님이 택하신 자 그리스도이면 자신도 구원할지어다' 하고, 군인들도 희롱하면서 나아와 신 포도주를 주며 이르되 '네가 만일 유대인의 왕이면 네가 너를 구원하라' 하더라."[44]

심지어 예수와 함께 십자가에 처형된 두 명의 도적들[45] 중 한 명도 "'네가 그리스도가 아니냐? 너 자신과 우리를 구원하라!'고 말하며 그를 욕했다." 그러나 예수가 자신이 주장한 것처럼 실제로 구세주였다면 그는 자신을 구원할 수 없었다. C. S. 루이스는 이렇게 쓴다. "'그가 남은 구원했는데 자신은 구원하지 못한다'가 그 나라의 **정의** 중 하나다. 동서고금을 통틀

---

and John Lennox, *Key Bible Concepts*, Grand Rapids, Gospel Folio Pres, 1977을 보라. 이 책은 www.keybibleconcepts.org에서 내려 받을 수 있다.

44 눅 23:11, 35-37.

45 사용된 그리스어는 강도, 도적, 노상강도 또는 범법자를 포함하는 넓은 범위를 의미한다.

어 큰 일에나 작은 일에나 모든 구원은 대리적이다."[46]

다른 도적은 자기 주위에서 일어나고 있던 모든 일을 조롱하는 데 가담하지 않았다. 그는 그처럼 극심한 고통 중에 있는 사람이 생각할 수 있는 한 최대로 생각하고 있었다. 그는 자기 주위에서 정의가 풍자되고 있음을 알아차렸다. 그는 이에 대해 하도 기가 막혀 자기의 고통도 잊은 채 다른 십자가에 달린 동료 범죄자의 조롱을 꾸짖어 이렇게 말했다 "네가 동일한 정죄를 받고서도 하나님을 두려워하지 아니하느냐? 우리는 우리가 행한 일에 상당한 보응을 받는 것이니 이에 당연하거니와 이 사람이 행한 것은 옳지 않은 것이 없느니라."[47] 그리스어 학자인 데이비드 구딩 교수는 이 이야기를 취해서 이 이야기가 용서의 성격에 관해 어떻게 심원한 통찰을 주는지 설명한다.

> 첫 번째 악당은 정부에 의해 가해진 현세적 처벌 형태로 자기 잘못의 결과를 당하고 있었다. 그의 모든 고통에도 불구하고 그에게는 명백히 하나님에 대한 두려움도 없었고, 하나님 앞에서 유죄 고백도 없었고, 회개의 표현도 없었고, 심지어 신에게 용서해달라는 요청도 없었다. 그는 예수가 기적을 일으켜 자기를 자기의 범죄의 결과로 받고 있는 현세의 처벌에서 풀어준다면 예수를 믿을 용의가 있었다. 예수가 그것을 시도하지 않자 그는 예수와 예수의 종교를 속임수라고 저주했다. 그러나 먼저 사람들을 회개 및 하나님과의 화해로 이끄는 것이 없이 단지 그들을 자기들의 죄의 현세적 결과로부터 구해

46 Charles Williams, *Taliessin through Logres*, Grand Rapids, Eerdmans, 1974, 307에서 인용함.
47 눅 23:40-41.

주는 것은 전혀 참된 구원이 될 수 없을 것이다. 그것은 사람들에게 어떤 추한 결과나 불편한 결과라도 요청하기만 하면 제거될 수 있고 또 실제로 제거될 것이라는 인상을 줘서 사람들로 하여금 그들의 죄를 되풀이하도록 격려할 것이다. 어떠한 낙원도 죄에 대한 그러한 무책임한 태도 위에 세워질 수 없다.

두 번째 악당은 달랐다. 그리스도는 죄가 없는데도 죄 있는 사람들과 함께 고통을 받고 있다는 사실을 성찰하자, 그의 양심은 세상에는 이 세상의 부정의가 바로잡힐 심판의 순간이 오게 되리라는 점을 확신하게 되었다. 그것은 나아가 그의 마음에 하나님에 대한 건전한 두려움을 일깨웠고, 그를 회개와 자기의 죄인 됨에 대한 솔직한 인정으로 이끌었다. 국가가 가한 현세적 처벌조차도 그럴 만한 이유가 있었고, 그는 자기 죄의 결과에서 자기를 풀어줄 기적을 요청하지 않았다(23:40-41을 보라). 다시금 그리스도가 죄 없이 고통을 받고 있다는 사실에 대해 묵상한 그는 그리스도가 참으로 왕이신 메시아라고 믿었다. 그리고 그는 만일 예수가 메시아이고 정의에 대해 관심을 갖는 하나님이 있다면 자기가 부활에 관해 들었던 모든 말들은 사실임에 틀림없다고 믿게 되었다. 메시아는 죽은 자들로부터 다시 살아나 "그의 왕국에 오게" 될 것이다.

그 악당이 그렇게 생각한 것은 아마도 그리스도가 자기 아버지께 자기를 십자가에 못 박은 군인들을 용서해달라고 하는 기도를 들었기 때문이었을지 모른다. 또는 성령으로부터 난 본능이었을지도 모른다. 그러나 그것을 야기한 이유가 무엇이든 그는 마음속에 자기가 자신의 범죄의 현세적 결과로부터 풀려날 수는 없지만, 그럼에도 하나님의 진노와 죄의 영원한 형벌로부터 구원받을 가능성이 있다는 것을 깨닫게 되었다. 그와 함께 그의 마음에 깊은 변화도 일어났다. 그는 더 이상 반역자가 되고 싶지 않았다. 그는 만일 그 왕이 자기를 받아준다면 그의 영원한 나라에서 그 왕의 신하가 되도록 허락 받는 외에는 아무것도 원하지 않았다. 그는 이렇게 말했다. "예수여, 당신의 나라에 임하실 때에 나를 기억하소서"(23:42).

그 왕의 대답은 그에게 즉각적인 용서를 선포했을 뿐만 아니라 죽어가는 악당에게 그리고 회개하고 믿는 모든 이들에게 용서가 무엇과 관련되는지를 설명해주기도 하였다. 이는 하나님으로부터 즉각적이고 완전하게 수용되어 죽는 즉시 왕의 현존 앞으로 즉시 받아들여져 시간 간극이 없이 "그리스도와 함께" 있게 되리라고 확신하게 되고 더 이상 고통, 울음, 죄 또는 저주가 없을 낙원으로 들어가도록 허용되는 것이다(22:43). 그리스도는 "오늘 네가 나와 함께 낙원에 있으리라"고 말했다. 한 반역자가 개종했다. 그것은 왕의 참된 사역이 아닌가?[48]

48 David Gooding, *According to Luke*, Leicester, Inter-Varsity Press, 1987, 344-345.

7장

기적들은 순전히 환상인가?[1]

"기적은 자연법칙 위반이다. 그리고 확고하고 변경할 수 없는 경험이 이 법칙들을 확립했기 때문에 기적에 불리한 증거는 사실의 본성상 경험으로부터 상상할 수 있는 모든 주장만큼이나 완전하다."

데이비드 흄

"그 결과 여러 세대에 걸친 흄 학파 학자들은…인과관계나 자연법칙들의 존재를 받아들일 아무런 토대가 없었기 때문에 인과관계와 자연법칙이 매우 허약하다는 분석을 제공하는 방향으로 오도되었다.…물론 흄이 자신의 연구를 떠나는 순간 인과관계에 대한 그의 회의론과 외부 세계에 관한 그의 불가지론은 버려진다."

안토니 플루

1 이번 장의 이전 버전이 내 책 *God's Undertaker* 12장에 나온다. 이번 장은 부활의 증거에 관한 다음 장과 필수적인 연결 고리를 형성하기 때문에 이곳에 포함되었다.

기적에 대한 신무신론자들의 격렬한 반응은 그들이 기적은 "과학의 원리를 위반한다"[2]고 확신한다는 사실에서 비롯된다. 크리스토퍼 히친스는 스탠퍼드 대학교에서 제이 리차드와 토론할 때 리차드에게 예수가 죽은 자들 가운데서 부활했다고 믿는지 물어보았다. 리차드가 그렇다고 답변하자 히친스는 그가 예수 그리스도는 처녀에게서 태어났다고 믿느냐고 물었다. 리차드는 또다시 그렇다고 대답했다. 히친스는 이렇게 답변했다. "자, 내가 말한 대로이잖습니까? 이 사람은 과학이 자기의 세계관과는 아무 관련이 없음을 매우 분명히 밝힌 정직한 사람입니다."[3] 이에 대해서 나는 히친스는 방금 과학이 할 수 있는 일과 할 수 없는 일을 이해하는 것은 자신의 강점 중 하나가 아님을 분명히 드러냈다고 대답하겠다.

리처드 도킨스에 대해서도 마찬가지다. 나는 옥스퍼드 대학교에서 "과학이 하나님을 매장했는가?"라는 질문에 관해 그와 토론을 벌였다. 그 토론은 옥스퍼드 자연사박물관에서 개최되었는데, 그 장소는 1860년에 토

2 *GD*, 83.

3 http://daily.stanford.edu/article/2008/1/28/hichensKnocksIntelligentDesign.

머스 헨리 헉슬리와 사무엘 윌버포스 주교 사이에 찰스 다윈의 『종의 기원』에 관해 벌어진 토론으로 유명한 장소였다. 그 토론은 현재 2010년에 이 박물관의 정문에 놓여 있는 **다윈의 주추**(Darwin Plinth)와 함께 기념되고 있다. 그 입구를 통해 토론장에 들어가면서 나는 갑자기 그 건물에 기독교와 관련된 재미있는 역사가 있다는 생각이 떠올랐지만 토론 전의 부담감으로 이 생각에 그다지 집중할 수 없었다. 나는 토론 중에 머뭇거리며 도킨스에게 이 생각을 말했다. 그는 아니라며 그 건물은 기독교와 아무런 관련이 없다고 말했다. 하지만 그가 틀렸다. 사실 그 건물은 그 대학교의 흠정 의학교수였던 헨리 액랜드 교수의 건축 프로젝트였는데 중앙의 전시구역 주위에 과학의 모든 측면들을 함께 모으는 것이 그의 목표였다. 액랜드는 1858년 강의에서 자기가 그 건물을 지은 이유는 사람들에게 자연 세계를 배우고 "위대한 명장-일꾼이 우리를 그 구성원으로 만든 자연 세계의 위대한 주요 디자인에 대한 지식"을 획득할 기회를 주는 것이었다고 설명했다. 그뿐 아니라 이 박물관 건축 예산에 주어진 돈의 상당 부분이 옥스퍼드 대학교 출판부가 성경 인쇄사업이 성공하여 벌어들인 이익에서 나온 것이었다!

나는 나중에 이에 대해 숙고하면서 여기에 놀라운 역설이 있음을 깨달았다. (이를 토론 당시에 생각했더라면 좋았겠지만 사후 통찰은 바로 그런 것이니 어쩔 수 없다.) 도킨스는 과학이 하나님을 매장한 사례를 발표하게 되어 있었다. 특별히 과학이 하나님의 영광을 보여준다는 점을 보여주기 위해 건축된 건물에서 말이다. 그리고 그는 서두에서 나를 기적을 믿는 옥스퍼드 대학교 수학자라고 밝혔다! 나는 이것이 과학이 하나님을 매장하지 **않았다**는 합리적 증거로 여겨질 수 있다고 생각했어야 했다.

도킨스는 내가 자기가 우스꽝스럽다고 생각하는 것을 믿는다고 나를 조롱했는데 그의 조롱은 공허하다. 조롱은 논쟁이 아니다. 그것은 태도이며 이와 관련해서 조롱을 채택하는 사람에게 아무런 신임을 주지 않는다. 우주를 창조한 하나님이 존재한다면 확실히 그가 특별한 일을 할 수 있다고 믿는 것이 전혀 어렵지 않다. 물론 그가 특별한 경우에 실제로 그렇게 할지 여부는 별개의 문제지만 말이다. 예수의 기적들을 믿는 프랜시스 콜린스는 이에 대해 다음과 같이 현명하게 말한다.

> 종교적 통찰력의 무결성(integrity)과 합리성에 의문을 제기하지 못하게 하려면 기적일 가능성이 있는 사건들을 해석할 때 건강한 회의론을 적용하는 것이 매우 중요하다. 손쉽게 자연적인 설명을 할 수 있는 일상의 사건들에 기적의 지위를 부여하는 주장은 확고한 물질주의보다 기적의 가능성을 더 빨리 말살할 수 있다.[4]

그 이유로 나는 신약에 기록된 기적들에 집중할 것이다.

기적과 초자연적 사건들 사이에는 중요한 차이가 있다. 진정한 기적들은 초자연적 사건들이다. 그러나 모든 초자연적 사건들이 엄격한 의미의 기적들인 것은 아니다. 예를 들어 우주와 그 법칙들의 기원은 초자연적 사건이지만 아마도 기적의 범주에 포함되지 않아야 할 것이다. 엄격히 말해서 기적들은 인식된 법칙들에 대해 예외적인 사건들에 관련된다. 그래서 기적들은 확실히 사물들의 일반적인 경로가 존재할 것을 전제한다. 그렇다

---

4 Francis Collins, *The Language of God*, London, Simon & Schuster Ltd, 2006, 51-52.

면 사물들의 일반적인 경로의 창조를 기적이라고 생각하는 것은 참으로 말이 되지 않는다고 말할 수 있다.

우리는 여기서 리처드 도킨스가 자기는 무엇이 우주의 기원을 초래했는지 모른다고 고백한 점을 주목한다. 그러나 그는 장차 언젠가는 우주에 대해 자연적으로 설명할 날이 올 것이라고 믿는다(그의 믿음이 다시 한번 빛나고 있다). 도킨스가 우리의 옥스퍼드 대학교 토론에서 말한 바와 같이 그는 마법에 의존해서 우주를 설명할 필요가 없다. 그러나 그 토론 이후의 언론사 컨퍼런스에서 도킨스는 저널리스트이자 저자인 멜라니 필립스의 질문에 자기는 우주가 그냥 무(無)로부터 출현할 수도 있었다고 믿는다고 대답했다. 그녀는 그것은 "마법"이라고 말했다. 그녀는 도킨스가 나중에 자기에게는 우주에 대한 설명으로 창조주를 상정하기보다는 녹색 난쟁이 우주인을 믿는 것이 합리적이라고 말했다고 전했다. 그 말은 하나님만 아니라면 무엇이든 상관없다는 말로 들릴 것이다.

기독교 복음은 기적에 기초를 둔다. 그리스도의 부활이라는 기적이 기독교를 출범시켰으며 그 기적은 기독교의 중심 메시지였다. 사실 기독교 사도의 기본 자격은 부활에 대한 목격자여야 했다.[5] C. S. 루이스는 그 상황을 정확하게 표현한다. "기독교 역사의 첫 번째 사실은 부활을 보았다고 말하는 한 무리의 사람들이다. 만일 그들이 다른 어느 누구도 이 '복음'을 믿게 하지 않고 죽었더라면 어떤 복음서도 기록되지 않았을 것이다."[6] 그래서 초기 그리스도인들에 따르면 부활이 없다면 기독교의 메시지도 없다.

---

5 행 1:22.

6 Lewis, *Miracles*, 148.

바울은 이렇게 쓴다. "그리스도께서 만일 다시 살아나지 못하셨으면 우리가 전파하는 것도 헛것이요 또 너희 믿음도 헛것이다."[7]

데이비드 흄과 기적

이 지점에서 기독교 복음은 과학이 기적을 불가능하게 만들었다는, 널리 퍼져 있는 주장과 충돌한다. 크리스토퍼 히친스는 앨라배마주에서 열린 나와의 토론에서 내게 이 점을 지적했다. 그는 스코틀랜드의 계몽주의 철학자 데이비드 흄을 인용하면서 흄이 이 문제에 대해 최종적으로 결론을 내렸다고 말했다.

히친스는 흄이 다음과 같이 쓴 유명한 에세이를 언급했다.

> 기적은 자연법칙 위반이다. 그리고 확고하고 변경할 수 없는 경험이 이 법칙들을 확립했기 때문에 기적에 불리한 증거는 사실의 본성상 경험으로부터 상상할 수 있는 모든 주장만큼이나 완전하다.…건강해 보이는 사람이 갑자기 죽는 것은 기적이 아니다. 왜냐하면 그런 종류의 죽음은 다른 종류의 죽음보다 이례적이기는 하지만 자주 관찰되고 있기 때문이다. 그러나 죽은 사람이 살아나는 것은 기적인데 왜냐하면 그것은 어느 시대, 어떤 나라에서도 관찰되지 않았기 때문이다. 그러므로 기적적인 사건에 반하는 균일한 경험이 있음이

7 고전 15:14.

분명하다. 그렇지 않다면 그 사건은 그런 이름으로 불릴 가치가 없다.[8]

흄은 여기서 두 개의 주장이 겹치기는 하지만 실제로 두 개의 논거를 제출하고 있다.

1. 자연의 균일성으로부터의 논거
    a. 기적들은 자연법칙 위반이다.
    b. 자연법칙들은 "확고하고 변경할 수 없는" 경험에 의해 확립되었다.
    c. 그러므로 기적에 반하는 논거는 경험에서 이끌어낼 수 있는 다른 논거들만큼이나 훌륭하다.

2. 경험의 균일성으로부터의 논거
    a. 건강한 사람이 갑자기 죽는 것과 같이 이례적이지만 자주 관찰되는 사건들은 기적이 아니다.
    b. 부활은 어느 곳에서도 그리고 어느 때에도 관찰된 적이 없기 때문에 기적일 것이다.
    c. 모든 기적적인 사건에 반하는 균일한 경험이 있다. 그렇지 않으면 그것은 기적적이라고 불리지 않을 것이다.

---

8 David Hume, *An Enquiry Concerning Human Understanding: A Letter From a Gentleman to His Friend in Edinburgh*, Indiana, Hackett Publishing Co., 1993, 10.1, 76-77을 보라.

흄이 여기서 부활을 기적의 한 예로 선택한 것은 흥미롭다. 사실 무신론자들은 일반적으로 몸이 다시 "일어나는 것"[9]에는 초자연적 존재가 관여해야 한다는 점을 인정한다.

자연의 균일성으로부터의 논거—흄의 자기 모순적 입장

기적은 균일한 자연법칙에 반하기 때문에 흄은 기적을 부인한다. 그러나 다른 곳에서 그는 자연의 균질성을 부인한다! 그는 수천 년 동안 아침에 태양이 뜬 것이 관찰되었다는 이유만으로는 내일도 태양이 뜨리라고 확신할 수 있음을 의미하지 않는다고 주장한다.[10] 이것은 **귀납법의 문제**의 한 예다. 흄은 과거의 경험을 토대로 미래를 예측할 수 없다고 말한다. 그러나 그 말이 옳다면 그 말이 특히 무엇을 함축하는지 알아보자. 흄이 옳고 이제까지 지구의 역사 전체를 통틀어 아무도 무덤에서 살아난 사람이 없었다고 가정하자. 흄 자신의 논거에 의해 그는 죽은 사람이 내일 살아나지 않으리라고 확신할 수 없다. 그러니 그는 기적을 배제할 수 없다. 자연법칙과 그 균일성에 관한 흄의 단언은 이제 어떻게 되었는가? 그는 그 토대 위에서 기적의 가능성을 부인하려고 하는 토대 자체를 파괴했다.

동일한 논거가 시간의 앞으로뿐 아니라 뒤로도 작동한다. 예를 들어 과거 1,000년간 죽었다 살아난 사람이 관찰되지 않았다는 사실은 그 전에

9 이것이 "부활"에 해당하는 그리스어 단어(*anastasis*)의 의미다.
10 David Hume, *An Enquiry Concerning Human Understanding*, 4.1, 15.

부활이 없었음에 대한 보증이 아니다. 이를 예시하자면 과거 300년간 균일한 경험은 영국의 왕들이 참수당하지 않았음을 보여준다고 말할 수 있을 것이다. 당신이 이 사실을 알고 있는데 찰스 1세가 참수당했다는 주장에 직면하면 그 주장은 균일한 경험에 반하기 때문에 당신은 그것을 믿기를 거절할 수도 있다. 그러나 그러면 당신이 틀리게 될 것이다! 그는 **실제로** 참수당했다. 균일성과 절대적 균일성은 별개다.

아무튼 흄에 의하면 아무 규칙성도 추론할 수 없다면 자연법칙과 관련한 자연의 균일성은 고사하고 자연법칙에 대해서조차 말할 수 없을 것이다. 그리고 자연이 균일하지 않다면 자연의 균일성을 기적에 반하는 논거로 사용하는 것은 그저 황당할 뿐이다.

이처럼 근본적인 비일관성에 비춰볼 때 나는 흄의 주장이 우리가 상호배타적 대안(기적을 믿거나 자연법칙의 과학적 이해를 믿을 수 있을 뿐 둘을 다 믿을 수는 없다) 사이에서 확실한 선택을 해야 한다는 (최소한 서구 세계에서는) 널리 퍼진 현재의 견해에 상당한 책임이 있음을 발견하고 깜짝 놀랐다. 예를 들어 리처드 도킨스는 이렇게 주장한다. "19세기는 교육받은 사람이 당황하지 않고 동정녀 탄생과 같은 기적을 믿는다고 인정할 수 있는 마지막 시기였다. 압박을 받으면, 교육받은 많은 그리스도인들은 그들의 신앙에 너무도 충실해서 동정녀 탄생과 부활을 부인하지 못한다. 그러나 그들의 합리적인 마음은 그것이 터무니없다는 것을 알기 때문에 그것은 그들을 당황하게 하며 따라서 그들은 질문을 받지 않기를 원한다."[11]

그러나 그것은 도킨스가 생각하는 것처럼 그리 간단하지 않다. 왜냐하

---

11 *GD*, 187.

면 (세 명만 거명하자면) 필립스 교수(1998년 노벨 물리학상 수상자), 영국 왕립협회 회원 존 폴킹혼 교수(케임브리지 대학교 양자물리학자), 현재 미국 국립보건기구 소장이자 전에 인간 게놈 프로젝트 총 책임자였던 프랜시스 콜린스 등과 같이 매우 지성적이고 탁월한 과학자들로서 흄의 주장을 잘 알지만 그럼에도 공개적으로 그리고 당황하거나 비합리적이거나 터무니없다고 느끼지 않으면서 초자연적 현상 특히 그리스도의 부활에 대한 그들의 믿음을 긍정하는 사람들이 있으니 말이다. 그들은 그리스도의 부활이야말로 기독교 세계관이 진리라는 최고의 증거라고 여긴다.

이 사실은 기적의 가능성(또는 실재성)을 부인해야 과학자가 될 수 있는 것이 아님을 보여준다. 그러한 과학자들이 왜 흄에 의해 위협을 느끼지 않는지 알아보기 위해 우리는 이제 기적이 "자연법칙 위반"이라는 흄의 주장을 보다 면밀하게 살펴볼 것이다.

기적과 자연법칙

우주에 어떤 일이 일어나는지에 대해 묘사할 뿐만 아니라 우주의 작동을 다스리기도 하는 법칙을 발견한 것은 과학의 인상적인 성과들 중 하나다. 흄은 기적을 이러한 법칙의 위반이라고 정의하기 때문에 과학자들이 이 법칙들을 어떻게 생각하는지 이해할 필요가 있다. 과학법칙들은 최소한 무슨 일이 일어나는지에 대한 묘사이기는 하지만, 단지 그것만은 아니다. 과학법칙들은 주어진 현상에 관련된 본질적인 프로세스들에 대한 우리의 인식에서 나온다. 즉 법칙들은 우리에게 특정 시스템 구성 부분들의 인과관계

면에서 이 시스템의 내부 논리에 대한 통찰을 제공한다.

여기서 우리는 흄의 입장에 놀라운 자기 모순적 요소가 있음을 만나는데 이는 흄이 이 법칙들의 형성에 관여하는 인과관계 자체를 부인하기 때문이다! 그는 이렇게 말한다. "모든 사건들은 완전히 느슨하고 별개로 보인다. 한 사건이 다른 사건을 뒤따라 일어난다. 그러나 우리는 결코 그 사건들 사이의 관계를 관찰할 수 없다. 그 사건들은 결합되었지만 결코 연결되지 않은 듯하다."[12] 흄은 다음에 누군가가 움직이는 당구공이 정지해 있는 공과 부딪히고, (부딪힌) 두 번째 공이 움직이기 시작하는 것을 지켜보는 예를 제시한다. 그러나 흄에 의하면 그 사람이 그런 일을 처음 보았을 때에는,

> 그는 한 사건이 다른 사건과 연결되어 있다고 선언할 수 없었고 다른 사건과 결합되어 있다고만 선언할 수 있었다. 이러한 성격의 사례들을 여러 번 관찰한 뒤에 그는 그 사건들이 연결되어 있다고 선언했다. 어떤 변경이 일어났길래 두 사건들이 연결되어 있다는 이 새로운 아이디어가 떠올랐는가? 어떤 변경도 일어나지 않았다. 그러나 그는 이제 자기의 상상에서 이 사건들이 연결되어 있다고 생각하고 한 사건의 출현에서 다른 사건의 존재를 쉽게 예견할 수 있다. **그러므로 우리가 하나의 대상이 다른 대상과 연결되어 있다고 말할 때, 우리는 그 대상들이 우리의 생각 속에서 연결을 획득했다는 것만을 의미한다.**…

나는 흄이 필요한 연결이라는 아이디어를 명시적으로 부인한다는 사실을

---

12 David Hume, *An Enquiry Concerning Human Understanding*, 49.

강조하기 위해 마지막 문장을 강조했다. 과학법칙들은 정확히 흄이 부인하는 것, 즉 특정 시스템 작동의 인과관계 기술(記述)과 관련이 있기 때문에 흄은 현대 과학의 많은 부분을 훼손하는 셈이다. 예를 들어 흄은 흡연이 폐암과 관련이 있는 경우가 많다는 점을 인정할 테지만 그는 둘 사이의 인과관계는 부정할 것이다. 그의 주장이 사실이라면 이는 흡연과 폐암 사이에 과학적으로 확립된 관계를 훼손할 것이다. 그리고 거품 상자 안에서 관측하는 궤도(tracks)로부터 소립자의 존재를 추론하도록 허용되지 않는다면 원자 물리학에 무엇이 남을지 생각해보라!

저명한 수학자이자 철학자인 알프레드 노스 화이트헤드 경은 유명한 흄의 인과관계 이론에 대한 공격에서 우리 모두에게는 원인과 결과가 연결되어 있음을 직접적으로 알 수 있는 일상의 경험들이 많이 있음을 지적했다. 예컨대 어두운 방에 있는 사람이 전등이 켜지면 눈을 깜빡이는 반사적 행동과 같이 말이다. 분명히 그 사람은 전등 불빛이 자기 눈의 깜빡임을 야기했음을 안다. 리서치는 전구에서 나온 광자 흐름이 눈과 충돌해서 시신경 활동을 자극하고 두뇌의 특정 부위를 흥분시킴을 보여준다. 이 사실은 복잡한 인과관계 사슬이 있음을 과학적으로 입증한다.[13]

우리는 왜 기적에 관한 흄의 견해에 큰 결함이 있는지에 대해 다음과 같은 두 가지 주요 원인이 있다고 결론을 내린다.

1. 그는 자연의 균일성이 확립될 수 있다는 것을 부인하기 때문에 방향을 바꿔서 자연의 균일성을 사용하여 기적을 논박할 수 없다.

---

13 Alfred North Whitehead, *Process and Reality*, Macmillan, London, 1929.

2. 그는 필요한 인과관계를 부인하기 때문에, 자연을 기적을 배제하는 데 필요한 관계를 구현하는 법칙들에 의해 묘사되는 것으로 여기지 못한다.

세계적인 흄 연구의 권위자이자 한때는 크게 칭송 받는 무신론자였던 철학자 안토니 플루는 자기의 유명한 책이 다시 써질 필요가 있다고 말하며 흄에 대한 평가를 근본적으로 수정했다.

> …내가 새롭게 발견한 인식에 비춰볼 때 흄은 우리가 사안이 일어나게 하거나 일어나지 않게 않도록 방지하는 것에 관해, 그리고 물리적 필요성과 물리적 불가능성에 대해 아무 경험도 없으며, 따라서 이에 대해 참된 지식도 없다는 입장을 유지한다는 점에서 완전히 틀렸다. 그 결과 여러 세대에 걸친 흄 학파 학자들은…인과관계나 자연법칙들의 존재를 받아들일 아무런 토대가 없었기 때문에 인과관계와 자연법칙이 매우 허약하다는 분석을 제공하는 방향으로 오도되었다.…물론 흄이 자신의 연구를 떠나는 순간 인과관계에 대한 그의 회의론과 외부 세계에 관한 그의 불가지론은 버려진다.[14]

저명한 과학 철학자 존 어먼은 이렇게 쓴다.

> 그것은 단지 흄의 논문이 그 목적을 달성하지 못한다는 것이 아니라 그의 목적이 모호하고 혼란스럽다는 것이다. 흄의 고려사항들의 대부분은 독창적이

---

14 Anthony Flew, *There is a God*, New York, HarperOne, 2007, 57-58.

아니며, 선대 사람들과 당대 사람들의 저작들에서 발견되는 논거들의 재탕이다. 그리고 흄의 주목받는 논문인 "기적에 관하여"의 일부분은 정밀조사를 견디지 못한다. 설상가상으로 이 논문은 귀납과 확률적 추론에 관한 흄 자신의 설명의 약점과 결핍을 드러낸다. 그리고 그 결과 그 논문은 철학의 평판을 떨어뜨리는 지나침(overreaching)을 대표한다.[15]

이 모든 논의에 비춰볼 때 크리스토퍼 히친스와 같은 저자들이 흄이 "이 주제에 관해 최종 결론"을 썼다고 생각하는 것은 참으로 이상하다.[16] 히친스는 앨라배마주 버밍햄에서 열린 그의 책에 관한 우리의 토론에서 내게 그 점을 지적하기를 부끄러워하지 않았다. 히친스는 과학자가 아니지만, 도킨스 등은 같은 변명을 하지 못한다.

그러나 공정을 기하자면 기적을 자연법칙 위반이라고 생각하는 사람들이 모두 흄처럼 주장하지는 않을 것이다. 그러니 우리는 이 이슈를 당대 과학과 자연법칙에 관한 당대 과학의 사고라는 관점에서 좀 더 고려해봐야 한다. 과학법칙들은 인과관계를 구현하기 때문에 요즘의 과학자들은 과학법칙들이 단순히 과거에 무엇이 일어났는지 기술할 수 있을 뿐이라고 생각하지 않는다. 양자 수준에서 연구하고 있지 않다는 전제하에 그런 법칙들은 향후 무슨 일이 일어날지 매우 정확하게 예측할 수 있다. 예컨대 통신위성의 궤도가 정확하게 계산되고, 달 착륙과 화성 착륙을 성공적으로 예측할 수 있다.

15 John Earman, *Hume's Abject Failure*, Oxford, Oxford University Press, 2000, 3.

16 *GNG*, 141.

그러므로 많은 과학자들이 어떤 신이 임의로 개입해서 이 자연법칙들을 변경하거나, 정지시키거나 전복하거나 또는 다른 방식으로 "위반"한다는 생각에 분개하는 것도 이해할 만하다. 왜냐하면 그것은 그들에게는 이 자연법칙들의 불변성에 모순되고 따라서 우주에 대한 과학적 이해의 토대 자체를 뒤집는 것으로 보일 것이기 때문이다.

주장 1. 기적 일반 그리고 특히 신약의 기적에 대한 믿음은 사람들이 자연법칙을 몰랐고 기적 이야기들을 쉽게 받아들였던, 과학 시대 이전의 원시적인 문화에서 생겨났다.

흄은 기적에 대한 기사들은 "주로 무지하고 야만적인 국가들에서 많이 관찰된다"고 말함으로써 이 견해를 지지한다.[17] 이 설명이 얼핏 보기에는 아무리 그럴 듯해 보일지라도 이를 신약의 기적들에 적용하면 그 주장은 사실은 허튼 소리다. 잠깐만 생각하면 어떤 사건을 기적으로 인정하기 위해서는 그 사건이 어느 정도 인지된 규칙성에 명백한 예외가 되어야 한다는 점을 알 수 있을 것이다! 정상적인 것을 알지 못하면 어떤 것을 비정상이라고 인식하지 못한다.

이 점은 오래 전에 인식되었다. 당대에 의학 훈련을 받은 의사였던 누가가 그리스도의 전기를 바로 이 문제를 제기함으로써 시작한다는 점은 흥미롭다.[18] 그는 한 남자 사가랴와 그의 아내 엘리사벳의 이야기를 말해주는데 그녀가 아이를 낳지 못해서 사가랴는 여러 해 동안 아들을 낳게 해

17 *GNG*, 79.
18 눅 1:5-25.

달라고 기도했다. 그의 노년에 한 천사가 그에게 나타나서 그의 이전의 기도가 응답되려 하고 있고 그의 아내는 잉태하고 아들을 낳을 것이라고 말했다. 사가랴는 매우 정중하고 단호하게 이를 믿기를 거부했다. 그가 제시한 이유는 그는 이제 늙었고 그의 아내의 몸은 노쇠했다는 것이었다. 이 나이에 그와 그의 아내가 아이를 가진다는 것은 자신이 알고 있는 모든 자연법칙들에 어긋날 터였다. 흥미롭게도 그는 무신론자가 아니라 하나님, 천사의 존재 그리고 기도의 가치를 믿는 제사장이었다. 그러나 그는 하나님이 기도를 들어주겠다고 한 약속이 성취되는 것이 자연법칙의 전도와 관련될 때에는 이를 믿으려 하지 않았다.

누가는 여기서 초기 그리스도인들은 자연법칙을 모르고 따라서 아무리 터무니없어도 아무 기적 이야기라도 믿는, 속기 쉬운 무리들이 아니었다는 점을 분명히 밝혀둔다. 그들은 요즘 사람들과 마찬가지로 그런 기적 이야기를 믿기에 어려움을 느꼈다. 만일 그들이 결국에는 기적 이야기를 믿었다면 그것은 그들이 자연법칙을 몰라서가 아니라 그들에게 제시된 직접적인 증거의 중대함 때문에 어쩔 수 없었기 때문이다.

이와 유사하게 기독교의 부상(浮上)에 관한 그의 설명에서 누가는 예수 그리스도의 부활에 관한 기독교 메시지에 대한 최초의 반대는 무신론자들에게서 나온 것이 아니라 유대교의 사두개파 대제사장들에게서 나왔음을 보여준다.[19] 그들은 매우 종교적인 사람들이었다. 그들은 하나님을 믿었다. 그들은 기도를 하고 성전에서 섬겼다. 그렇지만 예수가 죽은 자 가운데서 다시 살아났다는 주장을 처음으로 들었을 때 그들은 이를 믿지 않

---

19 행 4:1-21.

았다. 왜냐하면 그들은 예수 그리스도의 몸의 부활뿐 아니라 어느 누구의 몸의 부활 가능성도 부인하는 세계관을 갖고 있었기 때문이다.[20]

참으로 그들은 널리 퍼진 확신을 공유했다. 역사가 톰 라이트는 이렇게 말한다.

> 고대 이교 사상은 모든 종류의 이론들을 포함하지만 부활이 언급될 때마다 그들은 "우리는 그것이 일어나지 않는다는 것을 안다"며 이를 완강하게 부정했다. (이 점은 오늘날의 문맥에서 강조할 가치가 있다. 종종 현대 과학이 발흥하기 전에는 사람들이 부활과 같은 모든 종류의 이상한 일들을 믿었지만 200년 동안의 과학적 연구를 갖춘 지금은 우리는 죽은 사람들은 죽은 채로 머물러 있음을 안다고 말하거나 이를 함축하는 말을 듣는다. 이는 어리석은 말이다. 고대 세계에서도 그런 증거와 결론은 오늘날과 마찬가지로 막대했으며 대량으로 입수되었다.)[21]

그렇다면 기독교가 과학 시대 이전의, 쉽사리 믿고 무지한 세계에서 태어났다고 가정하는 것은 사실과 전혀 부합하지 않는다. 고대 세계는 우리처럼 자연법칙을 알았고 시신들이 무덤에서 일어나지 않는다는 것을 알았다. 기독교는 한 사람이 실제로 죽은 자 가운데서 부활했다는 증거의 무게에 의해 자리를 잡았다.

---

20 행 23:8.

21 Tom Wright, *James Gregory Lecture*, University of Durham, 2007.

주장 2. 이제 우리는 자연법칙을 알기 때문에 기적을 믿는 것은 불가능하다.

기적은 자연 법칙 "위반"이라는 아이디어는 또 다른 오류와 관련이 있는데, C. S. 루이스는 아래의 비유로 이를 보여 준다.

> 만일 이번 주에 내가 내 책상 서랍에 1,000파운드를 넣고, 다음 주에 2,000파운드를 추가하고, 그다음 주에 또 1,000파운드를 넣는다면 연산법칙은 내가 다음 번에 내 서랍에 가면 4,000파운드를 발견할 것이라고 예측할 수 있게 해준다. 그런데 가령, 다음 번에 서랍을 열 때 1,000파운드만 있다면 나는 뭐라고 결론을 내려야 하는가? 연산법칙이 깨졌는가? 그렇지 않다! 어떤 도둑이 법을 어기고 내 서랍에서 3,000파운드를 훔쳤다고 결론을 내리는 것이 더 합리적일 것이다. 연산법칙이 그러한 도둑과 그의 개입 가능성의 존재를 믿을 수 없게 만든다고 주장한다면 어리석을 것이다. 오히려 이러한 법칙이 정상적으로 작동해서 도둑의 존재와 활동을 드러내 준 것이다.[22]

이 비유는 또한 "법"(또는 법칙, law)이라는 단어의 과학적 용법은 법률적 용법과 같지 않음을 보여주는 데 도움이 된다. 법률적 용법에서는 우리는 흔히 법을 누군가의 행동을 제약하는 것으로 생각한다.[23] 위의 예에서 연산법칙이 도둑을 제약하거나 압력을 준다는 것은 말이 되지 않는다! 뉴턴의 중력법칙은 만일 내가 사과를 떨어뜨리면 그 사과는 지구의 중심을 향해 떨

---

22 Lewis, *Miracles*, 62.

23 이와 관련하여 비트겐슈타인의 말이 생각난다. "현대성의 커다란 망상 중 하나는 자연법칙들이 우리에게 우주의 존재 이유를 설명해 준다는 것이다. 자연 법칙들은 우주를 기술하고, 규칙성들을 기술한다. 그러나 법칙들은 아무것의 존재 이유도 설명하지 않는다."

어질 것이라고 말해준다. 그러나 그 법칙은 누군가가 개입해서 사과가 떨어질 때 그것을 붙잡는 것을 막지 못한다. 달리 말하자면 그 법칙은 실험이 수행되었던 조건에 변화가 없을 때에만 무슨 일이 일어날지 예측할 수 있다.

따라서 유신론자의 관점에서 볼 때 자연법칙은 하나님이 개입하지 않는 조건에서 무슨 일이 일어나게 될지 예측할 수 있다. 물론 창조주가 자신의 피조물에 개입한다면 그것은 도둑의 행동이 아니지만 말이다. 자연법칙은 우리가 하나님의 존재와 우주에 대한 하나님의 개입 가능성을 믿지 못하게 한다고 주장하는 것은 분명히 잘못이다. 그것은 "우리가 내연기관 법칙을 이해하면, 우리는 자동차 설계자 또는 기계공들 중 한 명이 개입해서 실린더 헤드를 제거할 수 있을 것이라고 믿을 수 없다"고 주장하는 것과 마찬가지일 것이다. 물론 그들은 개입할 수 있다. 그리고 그들이 개입한다 해서 이 법칙들이 파괴되지도 않을 것이다. 실린더 헤드가 달려 있던 엔진이 왜 작동했는지 설명했던 동일한 법칙이 이제 실린더 헤드가 제거되고 나서는 왜 작동하지 않는지를 설명할 것이다.

그러므로 흄과 같이 기적들이 자연법칙을 "위반"한다고 말하면 부정확하고 오도하는 것이다. C. S. 루이스의 다음과 같은 말은 매우 도움이 된다.

> 만일 하나님이 사안의 한 단위를 없애거나, 창조하거나, 방향을 바꾸게 하면, 하나님이 그 시점에 새로운 상황을 창조한 것이다. 즉각적으로 모든 자연이 이 새로운 상황에 안착하고, 이를 자신의 영역에 편안히 받아들이며, 모든 다른 사건들을 이에 적응시킨다. 그것은 자신이 모든 법칙들에 일치함을 발견

한다. 만일 하나님이 처녀의 몸 안에 정자를 창조한다면 그것은 어떤 법칙도 깨뜨리려 하지 않는다. 법칙들이 즉각적으로 이를 이어받는다. 자연은 준비가 되었다. 모든 정상적인 법칙에 따라 임신이 이어지고, 9개월 뒤에 한 아이가 태어난다.[24]

이 맥락에서 우리는 어떤 자연적인 기제에 의해서는 인간이 죽은 자 가운데서 다시 살아나지 않는 것이 자연법칙이라고 말할 수 있다. 그러나 그리스도인들은 그리스도가 그런 기제에 의해 죽은 자들 가운데서 다시 살아났다고 주장하지 않는다. 그들은 그리스도가 초자연적 힘에 의해 부활했다고 주장한다. 자연법칙은 그 자체로는 그 가능성을 배제하지 못한다. 기적이 발생하면 자연법칙이 우리에게 그것이 기적이라고 주의를 준다. 흄은 그리스도인들이 자연법칙을 부인한다고 암시하지만, 실제로는 그리스도인들이 자연법칙을 부인하지 않는다는 점을 이해할 필요가 있다. 창조주에 의해 만들어져 우주에 내재된 이들 규칙성과 인과관계, 그리고 그에 따라 우주가 일반적으로 운행하는 방식에 대한 기술로서의 자연법칙을 믿는 것은 기독교의 입장의 본질적인 부분이다. 우리가 그 법칙들을 모른다면 설사 기적을 보더라도 결코 그것을 인식하지 못할 것이다.

---

24 Lewis, *Miracles*, 63.

경험의 균일성으로부터의 논거

누구의 책에서든 기적은 정의상 일반적으로 일어나는 일들에 대한 예외다. 기적이 일반적이라면 그것은 기적이라고 불리지도 않을 것이다! 그렇다면 흄이 말하는 "균일한 경험"이라는 것은 무슨 의미인가? 우리는 이렇게 말할 수 있다. "경험에 의하면 이러이러한 일들이 일반적으로 일어난다. 그러나 비록 아무도 관찰하지는 않았지만 예외가 있을 수도 있다. 즉 **지금까지의** 우리의 경험은 균일했다." 다음과 같이 말하는 것은 완전히 별개의 얘기다. "이것은 우리가 일반적으로 경험하는 것이다. 예외는 있을 수도 없고 있지도 않다. 그러니 우리는 항상 이것을 경험해야 한다."

흄은 두 번째 정의를 선호하는 듯하다. 그에게 기적은 뭔가 결코 경험하지 않았던 일이다. 왜냐하면 전에 경험해 보았다면 더 이상 그것을 기적이라 부를 수 없기 때문이다. 그러나 그것은 매우 독단적인 진술이다. 왜 우리가 현재 논의하고 있을 수 있는 특정 기적뿐만 아니라 과거에 어떤 기적도 일어났을 수 없는가? 흄은 자신이 증명하고 싶은 것, 즉 "과거에 기적이 일어난 적이 없으니 균일한 경험에 비춰볼 때 현재의 이 사건이 기적일 수 없음"을 가정하고 있다. 그러나 여기서 그의 주장은 매우 심각한 문제에 부딪힌다. 그는 이를 어떻게 아는가? 기적에 반하는 경험이 절대적으로 균일하다는 것을 알기 위해서는 우주의 모든 시간과 모든 장소의 모든 사건들에 대해 총체적으로 접근할 필요가 있는데 이것은 명백히 불가능하다. 흄은 인간은 우주에서 일어난 사건들의 작은 부분만 관찰했을 뿐이고 어느 경우에든 인간이 관찰한 전체 내용 중 아주 일부만 기록되었을 뿐임을 잊은 것으로 보인다. 그러므로 흄은 기적이 결코 일어나지 않았다는 것을 알 수 없다. 그는 단지 자신이 증명하고 싶어 하는 것, 즉 자연이 균질적이고 기적이 일어나지 않았다는 것을 가정하고 있을 뿐이다!

물론 흄의 순환논법에 대해 유일한 참된 대안은 기적이 일어났을 가능성을 열어두는 것이다. 그것은 역사적 문제이지 철학적 문제가 아니며, 증인과 증거에 의존한다. 그러나 흄은 "기적 또는 기적들이 일어났다는 타당한 역사적 증거가 있는가?"라는 문제를 고려할 의향이 없는 것으로 보인다. 그는 기적들에 반하는 경험은 "확고하고 변경할 수 없다"고 주장하면서 그저 기적이 일어났을 가능성을 부인할 뿐이다. 그러나 거듭 말하거니와 흄이 기적에 대한 모든 보고들이 틀렸음을 입증하지 않는 한 그의 주장에는 실체가 없다. 그는 특히 이런 시도조차 하지 않는데 따라서 그에게는 대답을 알 수 있는 방법이 없다. 신무신론자들은 양처럼 흄을 추종한다. 그러나 흄은 이 사안에 대해서는 눈먼 인도자다.

증거 그리고 증인들의 신빙성에 관한 흄의 기준

흄이 다음과 같이 생각하는 것은 불합리하지 않다. "현명한 사람은 자기의 믿음을 증거에 비례시킨다."[25] 그것은 예컨대 현명한 사람은 기적이 일어났다는 말을 들으면 한편으로는 기적이 일어났다는 모든 증거들을 살펴보고 다른 한편으로는 기적이 일어나지 않았다는 모든 증거들을 고려한 뒤에 자기의 결정을 내림을 의미한다. 흄은 이 프로세스를 지원하기 위해 추가

25 David Hume, *An Enquiry Concerning Human Understanding*, 73.

기준을 덧붙인다.

> 증언이 확립하고자 하는 사실보다 그 증언이 허위라는 것이 더 기적적인 종류가 아닌 한, 증언은 기적을 확립하기에 충분하지 않다.…어떤 사람이 내게 죽은 사람이 살아난 것을 보았다고 말하면 나는 즉시 스스로 이 사람이 속이는 것인지 속은 것인지 또는 그가 설명하는 사실이 정말 일어난 것인지를 숙고한다. 나는 하나의 기적을 다른 기적과 저울질한다. 그리고 내가 우월하다고 생각하는 바에 따라 내 결정을 발표하는데 언제나 더 큰 기적을 기각한다. 만일 그의 증언이 거짓이라는 점이 더 기적적이라면 그때에야 비로소 나는 그가 설명하는 사건에 대해 내가 그를 믿는다고 또는 나도 같은 의견이라고 얘기할 수 있다.[26]

흄이 여기서 하는 말을 조사해보자. 누군가가 당신에게 기적이 일어났다고 말한다고 가정하자. 당신은 그 말이 참인지 거짓인지 결정해야 한다. 그 증인의 성격이 의심쩍다면 그의 이야기를 일축할 가능성이 있다. 그러나 그 증인이 올곧은 사람으로 알려져 있다면 당신은 주장되고 있는 실제 사건으로 넘어간다. 흄의 견해는 그 증언이 허위라고 믿는 것은 당신을 불가능한 상황에 처하게 하고 역사적으로 그런 일이 일어난 적이 없어서 이를 설명하려면 더 큰 기적이 필요한 경우가 아니면 이를 허위라고 기각해야 한다는 것이다.

---

26 *ibid*, 77.

예수의 제자들이 사기꾼들이었다는 아이디어에 대해 흄의 기준 적용하기

흄의 이 기준은 바로 그리스도인들이 사용할 기준이다! 영국 학술원 회원이고 런던 대학교 고등법률연구소 전 소장인 노먼 앤더슨 경은 그의 책 『부활의 증거』 서두에서 이렇게 쓴다.

> 부활절은 우선 위로가 아니라 도전이다. 그 메시지는 역사상 최고의 사실이거나 아니면 거대한 속임수다.…만일 부활이 사실이라면 그것은 역사상 최고의 사실이다. 그리고 자기 삶을 부활이 함축하는 바에 맞추지 못하는 사람은 돌이킬 수 없는 손실을 입게 된다. 그러나 그것이 사실이 아니라면, 만일 그리스도가 부활하지 않았다면, 기독교 전체는 사기이고, 한 무리의 새빨간 거짓말쟁이들 또는 기껏해야 속아 넘어간 얼간이들이 세상으로 하여금 이를 믿도록 억지를 쓴 것이다. 성 바울 자신이 다음과 같은 편지를 썼을 때 이를 깨달았다. "**그리스도께서 만일 다시 살아나지 못하셨으면 우리가 전파하는 것도 헛것이요 또 너희 믿음도 헛것이며 또 우리가 하나님의 거짓 증인으로 발견되리니.**"[27]

흄보다 십여 세기 전에 사도 바울은 이 문제를 명확히 알았다. 즉 그리스도는 죽은 자들 가운데서 살아났거나 바울과 다른 사도들은 고의적인 사

27 Norman Anderson, *The Evidence for the Resurrection*, Inter-Varsity Press, Leicester, 1990, 1.

기꾼들이었다.[28] 그러나 그렇다면 아래의 질문을 피할 수 없다. 그리스도의 사도들이 거짓말을 지어내고, 그들의 추종자들로 하여금 이를 믿도록 속이고, 그것 때문에 그 추종자들이 죽음에 처해지는 것을 지켜볼 뿐만 아니라, 스스로도 고의로 만들어 낸 거짓말에 대한 대가로 투옥되고 끝없는 괴롭힘과 고통을 당하고 궁극적으로 자신의 생명을 치를 수 있는가?

우리는 기독교가 시작될 때 사도 베드로와 요한이 부활을 설교한다는 이유로 당국에 의해 두 번 투옥된 것을 기억해야 한다.[29] 그리 오래 지나지 않은 뒤에 요한의 형제 야고보가 헤롯에게 살해당했다. 요한이 만일 부활이 거짓임을 알았다면 그는 자기 형제가 그런 고통을 당하는데도 침묵을 지키고 있었으리라고 상상할 수 있겠는가? 요한이 신앙 때문에 밧모 섬에 추방되어 늙어서 죽을 때쯤에는 많은 사람들이 부활하신 그리스도의 이름으로 자신의 생명을 바쳤다. 요한은 좋은 대의명분으로도 거짓말을 눈감아 줄 용의가 없다고 명시적으로 말한다. 그의 이유는 '**우리는 거짓은 진리에서 나지 않음을 안다**'[30]는 것이었다. 그렇다면 요한은 자신이 지어낸 거짓말 때문에 자기 형제와 다른 사람들이 죽는 것을 지켜볼 사람이었는가? 그렇지 않다. 그리고 베드로는 어떤가? 전승에 의하면 그는 결국 순교했다. 예수가 베드로에게 그는 순교할 것이라고 말해 주었듯이 말이다.[31] 그가 자신이 거짓말이라고 알고 있는 것을 위해 순교를 허용할 가능성이 있었는가?

---

28 고전 15:15.
29 행 4:3; 5:18.
30 요일 2:21. 역자의 번역.
31 요 21:18.

아무튼 그런 사기를 저질렀던 제자들 중 어느 누구도 고문당할 때 마음을 바꿔서 그것은 사기라고 고백하지 않았으리라고 가정하는 것이 합리적인가? 아니다. 그들이 고의적인 거짓말쟁이들이었다고 믿는 것은 솔직히 불가능하다. 따라서 흄의 기준에 따르면 만일 제자들이 고의적인 거짓말쟁이들이었다고 믿는 것이 전혀 설명할 수 없는 역사적·도덕적 모순이라면, 지난 2,000년 동안 수많은 사람들이 그랬던 것처럼, 우리는 그들의 증언을 받아들여야 한다.

기독교의 발생 이유에 대해 흄의 기준 적용하기

전 세계에 걸친 기독교의 존재는 논박할 수 없는 사실이다. 흄의 기준에 따라서 우리는 이렇게 묻는다. 어떤 설명이 초기 제자들의 철저한 변화를 설명하기에 적당한가? 겁에 질린 남녀의 무리들에게서 (그들의 지도자가 십자가에 처형된 순간 그들에게 닥친 재앙으로 완전히 의기소침하고 환멸을 느낀 무리들에게서) 갑자기 강력한 국제적 운동이 폭발하여 급속하게 로마 제국 전역에 그리고 궁극적으로 전 세계에 자리 잡았다. 그리고 놀랄 만한 점은 초기 제자들은 모두 유대인들이었다는 점인데 유대교는 다른 민족들에게서 개종자를 만들려고 열심히 노력하는 종교가 아니었다. 무엇이 이 모든 일이 일어나도록 만들기에 충분할 만큼 강력한 힘이 있었는가?

만일 우리가 초기 교회에 물어본다면 그들은 즉각적으로 그것은 예수의 부활이었다고 말할 것이다. 참으로 초기 교회들은 그들의 존재 이유와 목적은 그리스도의 부활의 증인이 되는 것이라는 입장을 유지했다. 즉 그들은 어떤 정치적 프로그램이나 도덕적 갱신 운동을 위해서가 아니라 일차적으로 하나님께서 역사에 개입하셨고, 그리스도를 죽은 자 가운데서 살리셨으며, 그의 이름으로 죄 용서를 받을 수 있다는 사실에 대한 증인이 되기 위해 존재하게 되었다. 이 메시지는 궁극적으로 사회에 커다란 도덕적 함의가 있겠지만 핵심적인 것은 부활의 메시지 자체였다.

초기 기독교인들의 존재에 대한 그들 자신의 설명을 너무 큰 기적과 관련되어 있다는 이유로 기각한다면, 그것을 믿을 수 있는 우리의 능력에 더 큰 무리를 주지 않을 수 있는 다른 어떤 것으로 이를 대체할 것인가? 부활을 부인하면 교회를 **존재하게 한 이유**를 제거할 텐데, 그것은 역사적으로 그리고 심리적으로 터무니없는 일이다.

케임브리지 대학교의 C. F. D. 모울 교수는 이렇게 썼다.

> 신약에 의해 부인할 수 없도록 입증된 현상인 나사렛파의 등장은 역사에 커다란 구멍, 즉 부활이라는 크기와 형태의 구멍을 남긴다. 세속 역사가들은 무엇으로 이 구멍을 채울 것인가?…기독교 교회의 탄생과 급속한 부상(浮上)은…교회 자신에 의해 제공된 유일한 설명을 진지하게 받아들이기를 거부하는 모든 역사가에게 풀리지 않은 수수께끼로 남아 있다.[32]

---

32 C. F. D. Moule, *The Phenomenon of the New Testament*, London, SCM, 1967, 3, 13.

기적에 대한 흄의 추가 반대 논거

흄의 기준은 여기까지는 아주 일리가 있다. 그러나 그는 더 나아가서 기적 발생 여부를 결정하기 위한 공평한 증거의 평가로도 만족하지 않음을 보여준다. 그는 어떤 실험도 해보도록 허용하지 않으면서 미리 기적이 발생할 수 없다고 결정했다! 그의 글의 다음 단락에서 흄은 "많은 증거가 있는 기적 사건은 결코 없었기" 때문에 자신은 마음 놓고 "증언이 기적이 발생했다는 유일한 증거에 해당할 수도 있다"고 생각했다고 말한다. 그러나 그리스도인은 바로 이 점에 대해 논박할 것이다. 예컨대 그들은 그리스도의 부활의 강력한 역사적 증거, 흄이 결코 고려하지 못한 것으로 보이는 증거가 있다고 주장할 것이다.

그렇다면 흄의 논리는 아래와 같은 모습일 것이다.

1. 자연법칙은 규칙성을 묘사한다.
2. 기적들은 특이점(singularities), 곧 자연의 규칙적인 경로에 대한 예외 그리고 극히 드문 경우들이다.
3. 규칙적이고 반복 가능한 사건에 대한 증거는 항상 일회성이고 반복되지 않는 사건에 대한 증거보다 많아야 한다.
4. 현명한 사람은 자기의 믿음의 토대를 증거의 무게에 둔다.
5. 그러므로 현명한 사람이라면 어느 누구도 기적을 믿을 수 없다.

달리 말해서 비록 흄은 처음에는 증거가 충분히 강력하다면 기적이 일어났다는 이론적 가능성에 대하여 개방적인 듯이 보이지만, 그는 궁극적으로 자기는 처음부터 합리적인 사람에게 기적이 일어났다고 설득할 충분한 증거가 없다고 완전히 확신했음을 드러낸다. 왜냐하면 합리적인 사람은 기적이 일어날 수 없음을 알기 때문이라는 것이다. 흄은 논점을 교묘히 피한다는 혐의를 받는다.

규칙적이고 반복 가능한 사건에 대한 증거는 항상 일회성이고 반복되지 않는 사건에 대한 증거보다 많아야 한다는 위 3번의 아이디어는 안토니 플루가 흄의 주장을 옹호하면서 강조했다.[33] 플루는 "(발생했다고 주장하는) 기적의 발생을 보고하는 진술은 일회성이고, 특별하고, 과거 시제일 것"이라고 주장하고, 이런 종류의 진술들은 어느 경우이든 직접 테스트될 수 없기 때문에 이런 진술들에 대한 증거는 항상 일반적이고 반복 가능한 사건들에 대한 증거보다 논리적인 힘 면에서 대단히 약할 것이라고 추론한다.[34]

그러나 기적 문제와는 별도로 이 주장은 과학에 적대적인데 우주의 기원이 이의 고전적인 예다. 소위 "빅뱅"은 과거의 특이점으로서 반복될 수 없는 사건이다. 따라서 플루의 주장이 타당하다면 어떤 과학자도 빅뱅을 믿으려 해서는 안 된다! 사실 과학자들이 특이점에서 우주가 시작된다고 말하기 시작했을 때 그들은 플루처럼 강력한 균일성 견해를 보였던 동료 과학자들로부터 강력한 반대에 직면했다. 그러나 빅뱅은 그럴 법한 설명이라고 그들을 설득한 것은 (가정된 균일성의 토대에서 무엇이 가능하고, 무엇이 가능하지 않은지에 대한 이론적 주장이 아니라) 그들에게 제공된 데이터에 대

33 *The Encyclopedia of Philosophy*, Paul Edwards, Macmillan 편, New York, 1967, 5권, 346-353에 나오는 그의 글 "기적들"(Miracles)을 보라. 또한 *Defense of Miracles,* R. D. Geivett and G. R. Habermas 편, Leicester, Apollos, 1997, 45-57에 나오는 에세이 *"기적에 관한 흄 학파의 주장"(Neo_Humean Arguments about the Miraculous)*도 보라.

34 Edwards, *Encyclopedia of Philosophy*, 252.

한 연구였다. 그러므로 과학자들이 자연의 균일성에 대해 말할 때조차, (특히 그들이 빅뱅과 같은 특이점들을 믿을 경우) 그들은 절대적 균일성을 의미하지 않는다는 점을 깨달을 필요가 있다. 플루는 생명의 기원은 자연의 균일성이라는 자연주의적인 설명 안에 들어맞을 수 없다는 증거의 토대에서 자신의 이전 견해를 포기하고 유신론자가 되었다.

그리스도의 부활 문제로 돌아오면, 흄과 플루는 예수의 부활의 발생 가능성은 죽은 사람들은 계속 죽은 채로 있을 가능성이 높다는 관측 결과의 토대 위에서 판단하는 것이 부적당하다는 점을 간과했다. 그들은 예수의 무덤이 비었다는 사실에 대해 예수의 부활 가능성과 부활 이외의 **다른 가설**의 확률을 비교했어야 했다(그러나 그들은 그렇게 하지 않았다).[35] 우리는 아래에서 부활 가능성과 다른 가설의 확률을 비교할 것이다.

물론 흄은 사람들이 자기가 경험해보지 않아서 이를 받아들이기가 어렵기는 하지만 그럼에도 그것이 사실인 상황이 있다는 것을 안다. 그는 강이 얼어붙을 수 있다는 말을 믿기를 거부하는 인도 왕자 이야기를 들려준다.[36] 흄의 요점은 그 왕자가 들은 말은 그의 경험에 반하지는 않지만 그 경험에 일치하지 않았다는 것이다.

그러나 여기서조차 흄의 논거는 안전한 토대 위에 서 있지 않다. 현대 과학 특히 상대성 이론과 양자 역학에서는 우리의 경험과 모순되는 듯이 보이는 핵심 아이디어들이 있다. 흄의 원칙들을 엄격히 적용하면 그런

---

35 흄-플루 견해의 또 다른 결점 중 하나는 (그들의 견해가 그릇되었음을 증명할 관측을 생각할 수 없는 것 같다는 의미에서) 그들의 견해는 그릇되었음을 증명할 수 없는 것 같다는 점이다.

36 David Hume, *An Enquiry Concerning Human Understanding*, 76.

아이디어들을 기각하고 과학발전을 방해했을 수도 있다! 종종 직관에 반하는 변칙(anomaly), 모순되는 사실, 과거의 반복된 관측과 경험에 대한 예외가 새로운 과학적 패러다임의 발견에 열쇠가 되는 경우가 있다. 그러나 여기서 중요한 점은 과거의 반복적인 경험의 토대에서는 아무리 일어날 법하지 않다 하더라도 예외는 하나의 **사실**이라는 점이다. 현명한 사람들은, 특히 과학자들은 사실들이 동일과정론자의 체계에 부합하지 않는 듯이 보일지라도 확률에 관심을 두는 것이 아니라 사실들에 관심을 둔다.

나는 기적들은 본질적으로 발생할 개연성이 낮다는 데 동의한다. 확실히 특정한 경우에 기적이 일어났다고 주장하려면 강력한 증거가 있어야 한다(흄의 요점 5를 보라). 그러나 이것은 신약에서 발견되는 종류의 기적들에는 진정한 문제가 아니다. 진정한 문제는 그 기적들이 이 지점에서 흄의 세계관인 자연주의의 기초를 위협한다는 것이다. 즉 흄은 자연이 존재하는 모든 것이며, 자연의 외부에는 때때로 자연에 개입할 아무것도 없고 아무도 없다는 것을 공리(公理)로 간주한다. 이것이 바로 그가 자연은 균일하다고 주장할 때 의미하는 바다. 물론 그의 공리는 자신의 세계관에서 비롯되는 믿음일 뿐이다. 그것은 과학적 조사의 결과가 아니다.

역설적이게도 그리스도인들은 **애초에 우리에게 자연의 균일성을 믿을 충분한 근거를 주는 것은 창조주에 대한 믿음뿐**이라고 주장할 것이다. 무신론자들은 창조주의 존재를 부인함으로써 자신의 주장의 토대를 걷어차고 있는 것이다! C. S. 루이스가 다음과 같이 말하듯이 말이다.

> 만일 자연에 존재하는 만물이 무심하고 서로 맞물린 거대한 사건이라면 그리고 만일 우리 자신의 가장 깊은 확신들이 단지 비합리적 프로세스의 부산물

> 이라면 이치에 들어맞는다는 우리의 느낌과 그에 따른 균일성에 대한 믿음이 우리 외부 세계의 실재에 관해 조금이라도 말해준다고 가정할 일말의 근거도 없다. 우리의 확신은 단지 우리의 머리카락 색깔과 같이 우리에 관한 사실일 뿐이다. 자연주의가 사실이라면 자연이 균일하다는 우리의 확신을 신뢰할 이유가 없다. 그것은 완전히 다른 형이상학이 사실일 경우에만 신뢰할 수 있다. 실재에서 가장 심원한 것, 다른 모든 사실들(facthood)의 근원인 원천 사실(the Fact)이 어느 정도는 우리들과 같은 것이라면—그것이 합리적 정신이고, 우리가 그로부터 합리적 기풍을 도출한다면—그러면 참으로 우리의 확신은 신뢰될 수 있다. 무질서에 대한 우리의 혐오는 자연과 우리의 창조주로부터 나온다.[37]

따라서 기적의 가능성을 배제하고 과학의 이름으로 자연과 자연과정을 절대적인 것으로 만들면 애초에 과학의 합리성에 대해 신뢰할 모든 근거가 제거된다. 다른 한편 자연을 지적인 창조주 하나님을 포함하는 보다 큰 실재의 일부에 지나지 않는 것으로 간주하면 자연 질서에 대한 믿음, 현대 과학의 발생으로 이끌었던 확신에 대한 합리적 정당성이 부여된다.

그러나 자연의 균일성을 설명하기 위해 창조주의 존재를 인정하면 불가피하게 바로 그 창조주가 자연의 행로에 개입할 문이 열리게 된다. 자신이 창조한 우주에 적극적으로 관여할 수 없거나, 관여해서는 안 되거나, 감히 관여하려고 하지 않는 순한 창조주 같은 것은 없다. 따라서 기적들이 일어날 수 있다.

---

37 Lewis, *Miracles*, 109.

나는 "균일한 경험"은 **자연적인 기제에 의한** 부활은 일어날 가능성이 매우 낮으며, 우리는 이를 배제해도 된다는 흄의 말에 동의할 수 있음을 다시금 강조한다. 그러나 그리스도인들은 예수가 어떤 자연 기제에 의해 부활했다고 주장하지 않는다. 그들은 뭔가 완전히 다른 것을 주장한다. 즉 하나님께서 그를 죽은 자 가운데서 살리셨다고 주장한다. 그리고 만일 하나님이 존재한다면 왜 그것이 불가능하다고 판단되어야 하는가?

이는 볼프하르트 판넨베르크가 명확히 밝히는 바와 같이 역사의 관점에서 부활을 고려하기 위한 길을 닦는다. "역사 서술이 '죽은 사람은 살아나지 않는다'는 좁은 개념의 실재에서 시작하지 않는 한, 우리가 왜 원칙상 예수의 부활이 예수가 제자들에게 나타난 경험, 빈 무덤의 발견과 같은 사건들에 대해 가장 잘 설명해준다고 서술할 수 없는지 그 이유가 명확하지 않다."[38]

이번 장에서 우리는 흄과 같은 사람들이 기적을 기각하는 본질적으로 **선험적인** 이유들[39]을 살펴보았다. 그러나 우리는 기적을 배제하는 것은 과학이 아님을 살펴보았다. 그렇다면 이성에 의해 요구되는 개방적인 마음의 태도를 갖고 이제 증거를 조사하고, 사실 관계를 확립하고, 그 절차가 이끄는 대로 따를 자세가 되어야 한다. 비록 그것이 우리가 이미 인식하고 있던 것을 바꾸게 되더라도 말이다. 그러니 바로 그 일을 하자. 그리고 신무신론자들에게 흄을 제쳐두고 우리를 따르라고 도전하자. 실제로 가서 보기 전에는 다락방에 생쥐가 있는지 여부를 결코 알 수 없다!

---

38 Wolfhart Pannenberg, *Jesus — God and Man*, L. L. Wilkins and D. A. Priebe 역, Philadelphia, Westminster, 1974, 109.

39 즉 특정 상황에 관련시키기 전에 이미 가지고 있는 확신, 믿음, 그리고 원칙들과 관련이 있는 이유들.

8장

예수는 부활했는가?[1]

"이제 우리는 예수 그리스도의 부활에 도달했다. 그것은 아주 하찮고, 사소하고, 지엽적이다. 그것은 땅에 얽매인 것이며, 우주에는 어울리지 않는다."

"예수의 부활과 승천 기사는 잭과 콩나무만큼이나 잘 문서화되어 있다."

리처드 도킨스

"예수의 부활은 빈 무덤 및 예수와의 만남에 대한 충분한 설명을 제공한다. 내가 읽어본 문헌에 나오는 다른 모든 가설들을 조사해본 뒤에 나는 예수가 부활했다는 설명이 필요하다고 생각한다."

톰 라이트

1 이번 장은 D. W. Gooding and J. C. Lennox, "Worldview," Yaroslavl, Nord, 2004에 나오는 자료들에 근거를 두고 있다.

신무신론자들은 버트런드 러셀이 죽은 뒤 하나님이 그에게 왜 믿지 않았느냐고 물으면 어떻게 대답할 것인가라는 질문에 그가 "하나님, 충분한 증거가 없었어요. 증거가 불충분했다고요"라고 한 대답을 질리지도 않고 인용한다. 그런데 희한한 일이 벌어진다. 그들에게 증거가 제시되면 그들은 이를 조사하기를 거부한다. 나는 이미 우리의 "만들어진 신" 토론에서 리처드 도킨스가 거만하게 부활을 일축한 것을 언급했는데, 그의 태도는 명확하다. 또한 내가 아는 신무신론자들 중에는 예수 그리스도의 부활의 증거를 진지하게 조사해보려 한 사람이 단 한 명도 없다. 사실은 그보다 더 심하다. 역사 일반에 대한 그들의 전체적인 태도는 순전히 옹졸한 편견이라는 특징을 보인다. 이는 그들이 열린 마음의 과학적 태도를 가진 체함으로써 크게 존경을 받는 것과는 엄청나게 동떨어진 것이다.

예를 들어 예수의 존재 자체를 의문시하는 사람들로 하여금 예수의 부활의 역사적 증거를 진지하게 고려하게 만들기는 매우 어려울 것이다. 크리스토퍼 히친스는 "예수가 존재했었는지 매우 의심스럽다"고 말한다.[2] 리

2 *GNG*, 114.

처드 도킨스는 비록 다음과 같이 말하기는 했지만 예수가 존재했을 수도 있음을 인정한다. "누구보다도 런던 대학교의 G. A. 웰스 교수처럼 예수가 실존 인물이 아니라는—비록 널리 지지를 받지는 않지만—중대한 역사적 주장을 할 수도 있다."[3] 같은 책의 조금 뒤에서 도킨스는 이렇게 말한다. "실로 만일 그가 존재했다면 예수(또는 그가 존재하지 않았다면 예수의 어록을 쓴 사람)…." 여기서 흥미로운 점은 히친스나 도킨스는 유명한 고대 역사가와 상의하는 수고도 하지 않는 것 같다는 것이다. 웰스는 독일어 명예교수다. 만일 웰스의 주장이 "널리 지지되지" 않는다면 도킨스는 왜 정확성을 기하기 위해 그 이유를 말해주지 않는가? 나는 정확성에 관심이 있는데 나도 도킨스처럼 역사가가 아니기 때문에 나는 전문가에게 상의했다. 내가 발견한 몇 가지 예들은 다음과 같다. 우연히도 이 예들 중 일부는 한 고대 역사학자가 무신론자 물리학자인 빅터 스텐저에게 지적했는데, 그 역사학자는 예수가 존재했었다는 역사적 증거가 없다는 스텐저의 주장을 반박하는 증거를 내가 그들과 함께 있을 때 스텐저에게 제시했다.[4]

먼저 미국에서의 의견이다. 지난 30년간 역사적 예수 연구에서 선도적 인물들 중 하나이고 스스로 불가지론자라고 고백하는 듀크 대학교의 에드 샌더스(Ed Sanders)는 이렇게 쓴다.

그가 언제 어디에서 살았고, 대략 언제 어디에서 죽었으며, 그의 공생애 동

---

3 *GD*, 122.

4 이 일은 *Sydney Morning Herald*가 주최한 토론 직후에 일어났는데, Stenger와 나는 이 토론회에 참석했었다. 이 토론은 http://www.iq2oz.com/events/event-details/2008-series/08-08-19.php에서 볼 수 있다.

안 한 일 등 예수의 생애의 일반적인 과정에 대해서는 중대한 의문이 없다.… 나는 먼저 두 가지 기준을 충족시키는 예수에 관한 진술 목록을 제시할 것이다. 이 진술들은 거의 논쟁의 여지가 없으며 예수의 삶, 특히 그의 공적 경력의 틀에 속한다. 예수는 헤롯 대왕의 사망 시기에 가까운 기원전 4년에 태어났다. 그는 아동기와 성년기 초기를 갈릴리 지역의 마을인 나사렛에서 보냈다. 그는 세례 요한에게서 세례를 받았다. 그는 제자들을 불렀다. 그는 갈릴리의 동네, 마을 그리고 시골(명백히 대도시가 아닌 곳들)에서 가르쳤다. 그는 "하나님 나라"를 설교했다. 그는 약 30세 때에 유월절을 지내러 예루살렘에 갔다. 그는 성전 지역에서 소란을 일으켰다. 그는 제자들과 마지막 식사를 했다. 그는 체포되어 유대의 당국, 특히 대제사장에게 심문 받았다. 그는 로마 총독 본디오 필라투스의 명령으로 처형되었다. 우리는 여기에 예수의 생애의 여파에 관해 동등하게 확실한 사실들의 짧은 목록을 추가할 수 있다. 그의 제자들은 도망쳤다. 제자들은 예수가 죽은 뒤 그를 보았다(어떤 의미에서 보았는지는 확실하지 않다). 그 결과 제자들은 예수가 나라를 세우러 돌아오리라고 믿었다. 그들은 예수의 재림을 기다리기 위해 공동체를 구성하고, 다른 사람들로 하여금 예수를 하나님의 메시아로 믿게 하려 했다.[5]

다음은 영국에서의 의견이다. 역사적 예수에 관한 케임브리지 대학교 교과서 저자인 옥스퍼드 대학교 크리스토퍼 터켓은 이렇게 말한다.

이 모든 것들을 감안할 때 예수의 존재마저도 기독교가 지어낸 것이라는 너

5 E. P. Sanders, *The Historical Figure of Jesus*, Penguin Books, 1993, 11.

무 심하게 나간 이론들은 아주 설득력이 떨어진다. 예수가 존재했고, (어떤 이유에서였든) 폰티우스 필라투스 치하에서 십자가 처형을 당했고, 그에게는 계속해서 그의 대의를 지지했던 일단의 추종자들이 있었다는 것은 역사적으로 확실한 사실인 듯하다. 최소한 기독교 외부의 증거도 그 점에 관해서는 확실히 알려줄 수 있다.[6]

마지막으로 독일에서의 의견이다. 자유주의적/회의주의적 신학 사조를 보이는 독일의 선도적 신약 역사가인 게르트 타이센은 이렇게 말한다.

고대 역사가들의 저작에 등장하는 예수에 대한 언급은 그의 역사성에 대한 의심을 누그러뜨린다. 유대인과 이방인 작가들의 저술(특히 요세푸스의 저술, 세라피온과 타키투스의 서한)에서 예수를 언급하는 것은 고대에 예수의 역사성이 당연하게 받아들여졌음을 보여준다. 특히 위에 언급한 출처에서 다음과 같은 두가지 사항을 지적하듯이 말이다.

예수에 관한 언급들은 서로 독립적이다. 서로 배경이 다른 세 명의 저자들은 독립적으로 예수에 관한 정보를 활용한다. 그들은 각각 유대인 귀족이자 역사가, 시리아의 철학자, 그리고 로마의 정치가이자 역사가였다.

아래의 3명은 모두 예수의 처형을 알았지만, 다르게 알았다—타키투스는 책임을 폰티우스 필라투스에게 돌리며, 마라 바르 세라피온은 유대 백성들에게 책임을 돌리고, 요세푸스의 "플라비우스의 증언"(Testimonium

---

6 Christopher Tuckett, "Sources and Methods," *The Cambridge Companion to Jesus*, Markus Bockmuehl 편, Cambridge, Cambridge University Press, 2001, 124에 실린 글.

Flavianum)은 (아마도) 유대 귀족들과 로마 총독의 협동에 책임을 돌린다. 예수에 대한 어떤 신앙에도 십자가 처형은 역겨웠다. 그것은 "스캔들"로서 꾸며질 수 없었다.[7]

이 모든 의견들은 버트런드 러셀이 자신의 저서 『왜 나는 그리스도인이 아닌가』(*Why I am not a Christian*)에서 "역사적으로 그리스도가 존재했었는지 여부는 매우 미심쩍고, 그가 존재했다 해도 우리는 그에 관해 아무것도 아는 게 없다"[8]라고 썼을 때 그가 사실 관계를 전혀 모르면서 말하고 있었음을 보여준다. 나는 케임브리지 대학교 학생 시절에 러셀의 책을 처음 읽었던 때를 잘 기억한다. 그 책은 지금까지 쓰인 책 중 가장 강력하고 중요한 기독교에 대한 지성적 논박의 하나로 내게 추천되었다. 그리고 나는 그 책이 내 사고에 어떤 영향을 줄지 궁금해하면서 그 책을 집어 들었다. 내 기대는 완전히 빗나갔다. 나는 러셀이 손쉽게 구할 수 있는 증거에 대해 주의 깊고 예리하게 조사했을 것으로 기대했다. 증거들 중 많은 부분은 나도 이미 접해본 적이 있었다. 그러나 나는 러셀이 기독교를 지지하는 상당한 양의 증거를 깊이 있게 조사해 본 적이 없다는 인상을 받았다. 그 책의 영향으로 나는 러셀에 대해 매우 실망했으며(어쨌든 그는 수학자였다), 내 기독교 신앙이 훼손된 것이 아니라 확인되었다. 나는 훨씬 최근에 신무신론자들의 책들에서도 유사한 경험을 했다.

한편으로는 자신들의 견해를 지지하는 것으로 그들 스스로 생각하는

7 Gerd Thiessen and Annette Merz, *The Historical Jesus: a comprehensive guide*, Minneapolis, Fortress Press, 1998, 93–94.

8 Bertrand Russell, *Why I Am Not a Christian*, London, George Allen and Unwin, 1957, 16.

증거들을 조사하라고 우리에게 요구하면서, 다른 한편으로는 소란스럽게 우리에게 증거를 요구해 놓고서는 우리가 그들에게 제공하는 증거를 독단적으로 무시해버리는 사람들을 어떻게 다뤄야 할지 정말 알 수 없다. 나는 증거를 보지도 않은 채 자신의 답변을 결정한 소수파를 설득하기를 바랄 수 없다는 것을 안다. 그래서 나는 이제 소크라테스의 정신으로, 신무신론에 의해 만들어진 지적 안개 속에 머무르는 데 만족하지 않고 역사적 증거가 이끄는 곳으로 따라가는 데 진정으로 관심이 있는 사람들을 위해 글을 쓰겠다.

내가 "증거"(evidence)라는 용어를 쓰고 있고, "증명"(proof)이라는 말을 쓰고 있지 않음을 상기하기 바란다. 왜냐하면 2장에서 지적한 바와 같이 다른 학문 또는 경험의 영역에서는 소위 "경성"(hard) 과학에서조차 엄격한 수학적 의미에서의 증명은 구할 수 없기 때문이다. 다른 모든 학문들에서 우리는 증거에 대해 말한다. 그리고 그 증거가 그들을 납득시키는지 여부에 대해 결정을 내리는 것은 각자에게 달려 있다. 나는 여기서 바로 그 접근법을 취한다. 나는 내가 이해하는 대로 증거를 제시하고, 내가 독자들에게 내 주장을 납득시켰는지는 독자들이 결정하도록 독자들에게 맡겨 둘 것이다.

예수 그리스도가 죽은 자들 가운데서 부활한 것은 기독교의 중심에 위치한다. 참으로 예수의 죽음과 부활에 어느 수준의 윤리적 가르침이 공통적으로 존재하든(상당한 공통점이 있다), 예수의 죽음과 부활은 유대교, 이슬람교 그리고 기독교라는 3대 주요 단일신 종교를 분리시키는 분수령적인 이슈다. 유대교는 예수가 죽었지만 부활하지 않았다는 입장을 유지한다. 이슬람교는 예수가 결코 죽은 적이 없다는 입장을 보인다. 그리고 기독교는 예수가 죽었다가 다시 살아났다는 입장을 취한다. 역사에 대한 이러한 세 가지 이해는 서로 배타적임이 명확하다. 이 견해들 중 오직 한 가지 견해만 사실일 수 있다.

그리스도인들은 수백 년 동안 부활절 때 확신 가운데 실로 승리에 도취해서 서로 "그리스도께서 부활하셨습니다! 그분은 진실로 부활하셨습니다"라고 인사해왔다. 그러므로 이제 그러한 확신의 근거를 조사해볼 때다.

증거의 출처

즉각적으로 또 다른 어려움이 등장한다. 우리가 지닌 대부분의 증거는 신약에서 온 것인데, 신약은 역사적으로 믿을 만하지 않다는 주장이 널리 퍼져 있다. 신무신론자들이 매우 그릇된 이 인상을 대중에게 유포시키는 데 일익을 담당했다. 예컨대 리처드 도킨스는 이렇게 쓴다. "예수가 존재했을 수도 있지만 유명한 성경학자들은 일반적으로 신약(그리고 구약은 확실히 더 그렇다)을 역사에서 실제로 일어난 일에 대한 기록으로 믿을 만하다고 여기지 않으며, 나도 더 이상 성경을 증거로 간주하지 않을 것이다.…『다빈치 코드』와 복음서들의 유일한 차이는 복음서들은 고대의 허구인 반면, 『다빈치 코드』는 현대의 허구라는 점이다."[9] 히친스는 신약을 "사건들이 발생한 지 오래 뒤에 조립되고, 사건들을 올바르게 보이게 만들기 위한 즉흥적인

9 *GD*, 122.

시도들로 가득 찬 조잡한 목공품"이라고 생각한다.[10]

이처럼 오만하게 복음서들을 고대의 허구라고 무시하는 것은 복음서들의 진정성에 대해 말해주기보다는 도킨스와 히친스의 역사에 대한 태도에 대해 더 많이 말해준다. 다른 많은 사람들과 마찬가지로 그들은 신약 텍스트의 진정성과 신뢰성에 대한 증거를 모르는 것 같다. 그들은 문헌을 찾아보지 않은 듯하다. 사실 히친스는 대학을 나오지도 않은 미국의 저널리스트 H. L. 멘켄을 자기의 권위로 인용한다. 그들이 진지하게 조사했더라면 발견했을 사항 몇 가지를 아래와 같이 열거한다.

사본들의 수

오늘날 남아 있는 신약 원본은 없다. 우리가 갖고 있는 사본들은 수백 년에 걸친 복사 과정의 결과다. 따라서 많은 사람들은 사본이 어떻게 원본 텍스트와 유사할 수 있겠는지 궁금해 한다.

이 어려움은 일반적으로 현재 우리가 보유하고 있는 텍스트가 사실상 신약의 원본 텍스트라는 증거가 얼마나 강력한지를 모르는 사람들이 느끼는 것이다. 첫째, 현재 우리는 엄청나게 많은 수의 사본들을 가지고 있다. 그리스어 원어로 써진 5,664개의 부분적이거나 완전한 신약 사본들의 목록이 작성되어 있으며, 라틴어, 시리아어, 콥트어, 아랍어 등으로 된 초기 번역본들이 9,000개가 넘는다. 이에 더하여 기원후 2세기에서 4세기 사이

10 *GNG*, 110.

에 저술했던 초기 교부들에 의해 신약에서 인용된 38,289개의 인용문들이 있다. 그래서 만일 신약의 사본들을 모두 분실한다 하더라도 이 인용문들로부터 (11개 절들을 제외한) 신약 전체를 재구성할 수 있다.

사본이 지지하는 이 무게가 어느 정도인지 감을 잡기 위해서는 다른 고대 문학 작품들에 대해 구할 수 있는 문헌 증거와 비교해보는 것이 도움이 된다. 예를 들어 로마의 역사가 타키투스는 기원후 116년경에 『로마 제국 연대기』(*The Annals of Imperial Rome*)를 썼다. 이 『연대기』의 처음 여섯 권의 책들은 기원후 850년경에 필사된 사본 하나만 남아 있다. 11권에서 16권까지는 11세기에 필사된 또 하나의 사본이다. 그러므로 사본 증거는 매우 빈약하며, 원전과 남아 있는 가장 초기 사본 사이의 시간차는 700년이 넘는다.

1세기 유대인 역사가 요세푸스에 의해 그리스어로 써진 『유대전쟁사』(*The Jewish War*)에 대한 문헌 증거는 10세기에서 12세기에 필사된 사본 아홉 부, 4세기의 라틴어 번역본 한 부, 그리고 11세기와 12세기로 소급하는 러시아어판 몇 부로 구성되어 있다. 문서의 지지가 가장 많은 고대 세속 작품은 호메로스의 『일리아스』(*Iliad*, 기원전 800년경)인데, 이에 대해서는 기원후 2세기 이후에 제작된 필사본 643개가 있다. 따라서 이 경우 원본과 현존하는 가장 초기 사본들 사이의 시간 차이는 1,000년이다.

여기서 말하려는 주된 요점은 학자들은 사본들이 적고 (원본보다 아주) 후대에 제작되었음에도 이 문서들이 원본을 진실되게 표시한다고 본다는 점이다. 이 문서들과 비교할 때 신약은 고대 세계에서 제작된 문서 중 월등하게 가장 잘 확증된 문서다.

사본들의 제작 연대

특정 고대 사본들과 그 원본 문서들 사이에는 상당한 시간 간격이 있다. 신약은 이 점에서 어떠한가? 여기서도 신약 텍스트의 진정성에 대한 증거는 다른 문서들과 비교해볼 때 매우 인상적이다.

신약 사본들의 일부는 연대가 매우 오래되었다. "보드머 파피루스"(*The Bodmer Papyri*, 보드머 수집물에 포함됨, 쿨라니, 스위스) 가운데 하나는 요한복음의 약 3분의 2를 포함하고 있는데 이 문서는 기원후 200년경에 필사되었다. 또 다른 3세기 파피루스는 누가복음과 요한복음의 일부를 담고 있다. 아마도 가장 유명한 파피루스는 1930년에 발견되어 현재 아일랜드 더블린의 체스터 비티 박물관에 소장되어 있는 "체스터 비티 파피루스"(*Chester Beatty Pipyri*)일 것이다. 파피루스 1은 3세기 작품이며 4복음서들과 사도행전의 일부를 포함하고 있다. 기원후 200년경에 제작된 파피루스 2는 바울서신 8개의 상당 부분들과 히브리서 일부를 포함하고 있다. 3세기에 제작된 파피루스 3은 요한계시록의 많은 부분을 담고 있다.

일부 조각들은 그보다 더 일찍 제작되었다. 요한복음의 5개 절로 구성된 유명한 "존 라이랜즈 파편"(*John Rylands Fragment*; 영국 맨체스터 존 라이랜즈 도서관 소장)은 기원후 117-138년의 하드리아누스 황제 때 제작된 것으로 추정하는 사람들이 있으며, 어떤 이들은 심지어 기원후 98-117년의 트라야누스 황제 치하에 돌리기도 한다. 이는 요한복음은 기원후 160년 이전에 써질 수 없었다는 19세기의 회의적인 독일 학자들의 영향력 있는 견해를 반박한다.

현존하는 사본들 중 신약의 모든 책들을 포함하고 있는 가장 초기의 사본들은 기원후 325-350년경에 써졌다. (우연히도 325년에 니케아 공의회에서 성경이 자유롭게 복사될 수 있다고 공표되었다.) 이 사본들 중 가장 중요한 것은 "코덱스 바티카누스"(*Codex Vaticanus*)와 "코덱스 시나이티쿠스"(*Codex Sinaiticus*)로서, 이들은 그리스어 대문자로 써졌기 때문에 언셜(uncial) 사본이라 불린다. "코덱스 바티카누스"는 1475년에 바티칸 도서관에 의해 편집되었으나(그래서 그 이름을 얻었음) 니케아 공의회에 의한 원래의 결정에 비춰 다소 희한하게도 학자들은 그 후 400년간 이를 연구하는 것이 금지되었다.

"코덱스 시나이티쿠스"는 아라비아에 있는 시나이산 성 카타리나 수도원에서 티셴도르프(1815-1844)에 의해 발견되었으며, 현재는 런던의 대영박물관에 소장되어 있다. 이 사본은 오래되었고, 정확하고, 누락이 없어서 신약 텍스트에 대한 가장 중요한 증언 중 하나로 여겨진다.

필사 과정에서의 실수들

우리는 이제 신약은 너무도 많이 필사되었기 때문에 믿을 수 없다는 이의는 완전히 근거가 없음을 쉽게 알 수 있다. 기원후 200년경에 쓰였고 따라서 현재 약 1,800년이 된 사본을 예로 들어보자. 필사할 때 원본으로 삼은 문서는 얼마나 오래되었는가? 물론 우리는 알지 못한다. 그러나 그것을 필사할 때 원본 역할을 한 문서는 140년이 되었을 수도 있다. 그럴 경우 원본 역할을 한 사본은 많은 신약 저자들이 아직 살아 있을 때 쓰인 것이다. 따라서 우리는 신약 시대부터 오늘날에 이르기까지 겨우 두 단계만 거친 것이다!

또한 대부분의 사본들에 필사상의 실수들이 있기는 하지만(긴 문서를 실수하지 않고 손으로 옮겨 적기는 사실상 불가능하다), 어떤 사본들도 정확하게 동일한 실수들을 포함하고 있지는 않다. 그러므로 전문가들은 이 모든 사본들을 상호 비교함으로써 텍스트의 2퍼센트 미만만이 불확실하다는 의견을 표명할 수 있는 수준까지 원본 텍스트를 재구성할 수 있는데, 뜻이 불확실한 2퍼센트도 그중 많은 부분이 일반적인 의미에 영향을 주지 않는 사소한 언어적 특성에 관한 것이다. 더욱이 신약의 어떤 교리도 한 절 또는 한 단락에 의존하지 않기 때문에 이처럼 사소한 불확실성 때문에 의심을 받는 신약 교리는 없다.

이 상황을 요약해서 대영박물관의 관장이자 고대 사본에 관한 권위자인 프레데릭 케니언 경은 이렇게 썼다. "신약의 사본, 그로부터의 초기 번역본, 그리고 교회에서 가장 오래된 저자들의 사본/번역본으로부터의 인용문의 수가 하도 많아서 모든 의심스러운 구절의 진정한 의미가 이 고대 문서들 중 어딘가에 보존되어 있음이 사실상 확실하다. 이 세상의 다른 고대 서적들에 대해서는 이렇게 말할 수 없다."[11]

이 의견에 대해서는 프린스턴 신학교 신학 명예교수이며 세계에서 가장 뛰어난 신약학자 중 한 사람이고 『신약 텍스트의 전달, 변질과 복구』(*The Text of the New Testament, Its Transmission, Corruption and Restoration*)[12]의 저자인 브루스 메츠거도 동의한다. 그는 이렇게 말한다. "우리는 이 자료들이 특히

11 Frederic G. Kenyon, *Our Bible and the Ancient Manuscripts*, 4판, Harper, NewYork, 1958, 55

12 Bruce M. Metzger and Bart D. Ehrman, *The Text of the New Testament, Its Transmission, Corruption and Restoration*, Oxford, Oxford University Press, 3판 증보판, 1992.

다른 고대 문학 작품들과 비교할 때 우리에게 충실히 전해져 내려왔다는 점을 확신할 수 있다."[13]

그렇다면 이를 토대로 우리는 오늘날 신약을 읽을 때 모든 실제적 목적상 원저자들이 우리에게 의도한 바를 알 수 있다고 확신해도 된다. 이 점은 즉각적으로 우리를 중요한 마지막 질문으로 이끈다. 복음서들은 역사로서 얼마나 믿을 만한가?

복음서들은 고대의 허구인가?

이번 장의 앞에서 언급했던, 복음서들과 『다빈치 코드』의 유일한 차이는 전자는 고대의 허구라는 점이라는 도킨스의 조롱을 기억한다. 이와 유사하게 히친스는 그리스도인들은 "4복음서들이 어떤 의미에서든 역사적 기록이라고 가정하는"[14] 잘못을 저지른다고 생각한다. 그러나 잘못을 저지르는 사람은 바로 그들이다.

중요한 누가의 저작들을 예로 들어보자. 누가의 저작 중 신약에 포함된 문서는 그의 복음서와 사도행전이다(사도행전은 기독교의 시작을 기록한 누가의 역사서다). (어느 문서에 대해서든) 먼저 "저자는 어떻게 이해되기를 기대하는가?"라는 질문을 해야 한다. 신약을 읽는 사람은 거의 즉각적으로 신약의 강한 역사적 어조에 사로잡힐 것이다. 예컨대 세 번째 복음서의 도

---

13 Lee Strobel이 기록한 인터뷰, *The Case for Christ*, Zondervan, Grand Rapids, Michigan, 1998, 63.

14 *GNG*, 111.

입부에서 누가는 이렇게 말한다.

> 우리 중에 이루어진 사실에 대하여 처음부터 목격자와 말씀의 일꾼 된 자들이 전하여 준 그대로 내력을 저술하려고 붓을 든 사람이 많은지라. 그 모든 일을 근원부터 자세히 미루어 살핀 나도 데오빌로 각하에게 차례대로 써 보내는 것이 좋은 줄 알았노니 이는 각하가 알고 있는 바를 더 확실하게 하려 함이로라.[15]

누가는 이렇게 자기가 일정 기간 동안에 일어난 일에 대해 기록하고 있으며, 그 기원은 목격자들에게까지 거슬러 올라갈 수 있다고 주장한다. 그리고 그는 테오필로스라 불리는 로마의 고위직 시민에게 이 사건들의 확실성을 보여줄 목적으로, 그에게 보낼 적절한 설명서를 준비하기 위해 자신의 연구도 수행했다고 주장한다.

그리스도의 생애에 대한 자신의 설명으로 하여금 당대의 역사적 배경 안에 확고히 자리잡게 하는 것이 누가의 목표였기 때문에 그는 자신의 기사 본론을 "유대 왕 헤롯 때에"로 시작한다. 그다음에 그는 그리스도의 탄생 무렵에 발생한 사건들의 일자를 보다 자세하게 말한다. "그때에 가이사 아구스도가 영을 내려 천하로 다 호적하라 하였으니 이 호적은 구레뇨가 수리아 총독이 되었을 때에 처음 한 것이라."[16] 그리스도의 공생애가 시작되자 누가는 날짜에 관한 정보를 더 많이 제공한다. "디베료 황제가 통치

15 눅 1:1-4.

16 눅 2:1

한 지 열다섯 해 곧 본디오 빌라도가 유대의 총독으로, 헤롯이 갈릴리의 분봉 왕으로, 그 동생 빌립이 이두래와 드라고닛 지방의 분봉 왕으로, 루사니아가 아빌레네의 분봉 왕으로, 안나스와 가야바가 대제사장으로 있을 때에…"[17]

이처럼 상세한 날짜 기입 방법은 중요한 사건들을 표시하기 원하는 진지한 고대 역사가들의 특징이다. 누가는 신화나 허구의 역사 기록에서 사용하는 "어느 때, 어느 곳"이라는 표현에 만족하지 않는다. 그는 이 사건들을 점검할 수 있는 역사적 맥락에 정확하게 연결시킨다. 이는 그의 독자들이 그가 쓴 내용을 진지한 역사로 취급하도록 의도했음을 보여준다. 그렇다면 "누가가 믿을 만하다는 증거는 무엇인가?"가 다음에 물을 질문이다.

역사 연구와 고고학 연구는 누가의 역사가로서의 높은 지위를 거듭 확인했다. 예를 들어서 우리는 위에서 누가가 그리스도의 공생애 시작 시기를 "리사니아스(개역개정에서는 루사니아)가 아빌라(개역개정에서는 아빌레네)의 영주였을 때"라고 기록한 것을 인용했다. 리사니아스는 영주가 아니었고 반세기 전에 칼키스(Chalcis)의 통치자였다는 것이 보편적으로 알려졌기 때문에, 이 기록은 오랫동안 누가가 역사가로서 진지하게 취급될 수 없다는 증거로 인용되었다. 하지만 티베리우스 황제 때(기원후 14-37)에 리사니아스라는 어떤 사람을 정확히 누가가 말한 바대로 다마스쿠스 근처의 아빌라 영주라고 부르는 비명(碑銘)이 발견되자 비판자들은 입을 다물게 되었다!

이와 유사하게, 누가가 초기 기독교 교회의 역사인 사도행전에서 테

17 시기와 날짜들은 각각 눅 1:5, 2:1 그리고 3:1-2에서 찾을 수 있다.

살로니키의 시 관리들을 "당국자"(politarchs)[18]라고 언급하자 비판자들은 그가 실수했다고 생각했는데, 왜냐하면 다른 당대 로마 문서들에서 그런 용어가 사용되었다는 증거가 없었기 때문이다. 그런데 뒤에 고고학자들은 이 단어를 언급하는 비명을 35개도 넘게 발견했는데, 그중 일부는 테살로니키에서 발견되었으며 누가가 언급하고 있던 바로 그 시기에 기록된 것으로 밝혀졌다.

앞 세대 학자들은 사도행전에서 유대인이 아닌 "경건한 이방인들"[19]에 대해 언급하는데, 그런 이방인들의 존재는 미심쩍기 때문에 누가를 진지한 역사가로 취급할 수 없다고 생각했다. 그러나 러시아 과학협회 회원이자 상트 페테르부르크 대학교의 고대 역사가인 아이리나 레빈스카야는 누가의 기사는 고고학적 연구에 의해 입증되었음을 인상적으로 보여준다.[20] 정확히 그런 부류의 이방인들의 존재를 나타내는 비명들이 발견되었다. 그런 비명들은 사실은 아프로디시아스에서 나온 그리스 비명 중 하나에 유대인 공동체의 구성원들과는 별도의 제목하에서 열거되었다. 레빈스카야는 이렇게 쓴다. "유대교에 대한 이방인 동조자들에 관한 역사적 논쟁에 대해 이 비명이 지니는 중요성은 이 비명이 단번에 균형을 무너뜨리고 이를 입증할 부담을 누가가 말한 경건한 사람들의 존재를 믿는 사람들로부터 이를 부인해왔거나 이에 대해 의심했던 사람들에게로 옮겼다는 사실에 놓여 있다."[21]

---

18 행 17:6

19 예컨대 행 17:17

20 Irina Levinskaya, *The Book of Acts in its First Century Setting*, 5권 Diaspora Setting, Michigan, Eerdmans Grand Rapids, 1996, 51 이하.

21 *ibid*, p.80.

누가가 기록했던 지역 주위에서 20년 넘게 고고학을 연구한 저명한 역사가인 윌리엄 램지 경은 누가는 32개 국가, 54개 도시, 그리고 9개 섬들에 대한 언급에서 어떤 실수도 하지 않았음을 보여주었다.[22]

그의 결정적인 저작에서 콜린 헤머는 누가가 매우 정확한 지식을 보여주는 여러 지역들을 상세히 설명한다.[23] 발견된 사항들의 맛을 보여주기 위해 헤머의 많은 예들 중 일부를 인용한다.

1. 사도행전 13:7. 키프로스가 당시에 식민지 총독이 다스리는 (상원의원 선출권이 있는) 지방이었으며, 지방 총독은 파포스(개역개정에서는 바보)에 거주했음을 정확하게 보여준다.
2. 14:11. 당시에 리시트라에서 (일반적으로) 리카오니아어가 사용되었음을 정확히 보여준다.
3. 14:12. 유피테르 신과 헤르메스 신에 대한 지방의 관심과 그 신들의 개념을 반영한다.
4. 16:12(개역개정은 11절). 필리피(개역개정에서는 빌립보)는 정확하게 로마 식민지라고 밝혀지며, 필리피의 항구는 정확하게 네아폴리스(개역개정에서는 네압볼리)라는 이름으로 불린다.
5. 16:14. 티아티라(게역개정에서는 두아디라)는 염색의 중심지로 밝혀지는데, 이는 이 도시에서 발견된 최소 7개의 비명들에 의해 확인

22 William Ramsey, *St. Paul The Traveller and The Roman Citizen*, New York, G. P. Putnam's Son's, 1896.

23 Collin J. Hemer and Conrad H. Gempf, *The Book of Acts in the Setting of Hellenistic History*, London, Coronet Books Inc, 1989, 107 이하

된다.

6. 17:1. 암피폴리스(개역개정에서는 암비볼리)와 아폴로니아(개역개정에서는 아볼로니아)가 필리피에서 테살로니키로 가는 에그나티아 가도 도상에 있는 기지임을 올바로 보여준다.
7. 17:16-18. 아테네의 많은 우상들, 철학 토론에 대한 관심, 아테네의 스토아 학파 및 쾌락주의 철학자들과 그들의 가르침 등 아테네에 대한 정확한 지식을 보여준다.
8. 27장-28장. 로마로 가는 항해의 지리와 항해에 관한 세부 사항들에 대한 상세하고 정확한 지식을 보여준다.

정확하게 기록된 이 모든 세부 사항들 그리고 훨씬 더 많은 그 외의 사항들은 로마 역사가 셔윈 화이트가 다음과 같이 심사숙고한 의견을 지지한다. "사도행전의 역사성은 압도적으로 확인된다.…세부 사항에서조차 사도행전의 기본적인 역사성을 부인하려는 어떤 시도도 이제 터무니없는 것으로 보여야 한다."[24]

이처럼 누가는 일류 역사가로 밝혀졌으며 그의 기록을 의심할 아무런 이유가 없다. 할 말이 훨씬 더 많지만 우리는 이제 신약이 예수의 부활의 증거로 제시하는 사항들을 조사하기 위해 우리가 사용할 자료들의 역사적 신빙성을 확신할 수 있다.

---

24 Sherwin White, *Roman Society and Roman Law in the New Testament*, Oxford, Oxford University Press, 1963, 189.

부활의 증거

신약 텍스트에 대한 문헌 증거에 관해 방대한 역사적 연구가 수행되어왔을 뿐만 아니라, 예수의 부활 문제에 관해서도 학자들의 막대한 노력이 쏟아부어졌다. 스스로도 이 주제에 관해 많은 저술을 한 철학자 개리 하버마스는 지난 35년 동안에 (영어, 프랑스어 그리고 독일어로) 쓰인 것만 해도 3,000개가 넘는 논문들과 책들의 방대한 참고문헌 일람표를 편찬했다.[25] 이 책처럼 짧은 책에서는 주된 논거들을 추출하는 것으로 만족해야 할 것이다.

나는 독자들도 나처럼 성경 문서들이 하나님의 영감으로 기록되었다고 믿을 것으로 기대하기보다는, 그 문서들에 대해서도 고대 역사의 모든 텍스트들에 대해서와 마찬가지로 다양한 자료들로부터 모은 증거의 빛에 비춰 그 자체의 가치에 따른 논거들을 고려할 것이다. 내가 이를 명시적으로 언급하는 이유는 많은 회의론자들이 신약성경이 영감을 받지 않았다는 자신의 **선험적** 가정의 토대에서 신약을 무시하는 것으로 보이기 때문이다. 고대의 다른 텍스트들에 대해서는 이런 태도를 취하지 않으면서 말이다.

예수의 부활에 대한 증거는 누적적이며, 아래와 같이 서로 다른 4개의 이슈들에 대한 심사숙고와 관련이 있다.

I. 예수의 죽음

25 철학자와 역사가에 의해 써진 유익한 개론은 Gary R. Habermas and Michael R. Licona, *The Case for the Resurrection of Jesus*, Grand Rapids, Kregel, 2004를 보라.

II. 예수의 매장

III. 빈 무덤

IV. 목격자들

I. 예수의 죽음

예수가 십자가에서 정말 죽지 않았다면 부활이 있을 수 없다는 것은 자명하다. 그러므로 무엇보다 먼저 그가 실제로 죽었다는 점을 확실히 해둘 필요가 있다. 우리는 먼저 그의 처형 기록이 고대의 비기독교 출처에서 발견됨을 주목한다. 1세기의 로마 유대 역사가 요세푸스(기원후 37-100)는 이렇게 썼다. "필라투스는 유대 고위층이 그를 고소하는 말을 듣고 나서 그를 십자가에 처형하도록 유죄 판결을 내렸다.…"[26]

2세기 초에 로마 제국의 원로원 의원이자 역사가인 타키투스(기원후 56-117)는 이렇게 썼다. "네로는 대중들이 그리스도인이라고 부르는, 그들의 가장 혐오하는 집단에게 그 죄[로마의 화재]를 덮어씌우고 그들에게 가장 강렬한 고통을 가했다. 그로부터 그리스도인이라는 이름이 유래된 그리스도는 티베리우스 황제 재위 때 우리의 행정장관 중 하나인 폰티우스 필라투스의 손에 의해 극형[십자가 처형]을 당했다."[27]

그러나 어떤 이들은 십자가 처형에서 살아남은 사람이 있다는 요세푸스의 기록을 가리키며, 그에 비춰볼 때 예수는 십자가 위에서 정말 죽은 것

26 Josephus, *Antiquities of the Jews*, 18.64.

27 Tacitus, *Annals*, 15.44.

이 아니라 기절했을 뿐이고 십자가에서 내려졌을 때 무덤 안의 시원한 공기 속에서 소생했다고 제안한다. 그들은 예수는 매우 허약해졌지만 그럭저럭 무덤에서 나와서 그의 제자들 중 몇 명에게 발견되었고 (놀랍지 않게) 유령처럼 창백해 보였다고 주장한다. 그들은 예수의 제자들이 예수가 부활했다고 상상하고 이 이야기를 퍼뜨렸지만, 사실은 예수는 아마도 근처를 배회하다가 알려지지 않은 곳에서 상처로 죽었을 것이라고 주장한다.

그러나 이 이론은 타당하지 않다. 첫째, 요세푸스는 세 명이 십자가 처형을 받았다고 언급하는데 그들은 모두 요세푸스의 친구들이었다. 그 친구들의 곤경을 보았을 때 요세푸스는 즉시 로마 지휘관인 자기 친구 티투스에게 호소했고, 티투스는 그들을 십자가에서 내려놓으라고 명령했다. 당시 최고의 치료를 받았음에도 그들 중 한 명만 살아남았다. 예수의 경우 모든 증거들은 그가 십자가에서 내려지기 전에 죽었다는 사실을 압도적으로 지적한다. 그리고 그가 죽었다고 선언되었을 뿐만 아니라, 그는 긴 붕대 모양의 수의로 싸매져 많은 양의 향품들로 덮였는데 그러한 행위 자체가 사람이 살 수 없게 하는 효과가 있었을 것이라는 점을 고려할 때 설사 예수가 십자가에서 내려질 때 여전히 숨이 붙어 있었다 해도 그가 살아날 가능성은 없었을 것이다.

어쨌건, 예수의 부상 정도는 치명적이었다. 그는 십자가에 달리기 전에 채찍질 당했으며 그의 머리에는 가시관이 씌워졌다.[28] 로마에서 시행되었던 그러한 채찍질에는 **플라그룸**이라 불리는 잔인한 도구—끝에 금속과 뼛조각을 매단 회초리—가 사용되었다. 그것은 맞는 사람의 살을 깊이

28 마 27:26-31.

후벼내서 희생자들이 때로는 채찍에 맞아 죽는 결과를 초래하기도 했다. 예수의 경우 그는 채찍에 맞은 결과 너무도 허약해져서 처형 장소까지 십자가를 지고 갈 수도 없었다.[29]

예수는 채찍에 맞고 나서 십자가에 달렸다. 이는 똑바로 세운 장대에 가로로 빗장을 댄 십자가 모양의 거친 목재 구조물에 그를 못 박았음을 의미한다. 커다란 못 하나는 두 발을 뚫고 두 발을 수직 장대에 고정시켰고, 다른 못들은 양팔을 벌린 손목을 뚫고 손목을 수평 막대에 고정시켰다. 이 장치는 극도로 잔인했는데, 왜냐하면 희생자가 좀 더 쉽게 숨 쉴 수 있도록 자기 몸을 밀어 올리려고 애쓸 때 발에 박힌 못으로 인해 다리들이 지지대 역할을 할 수 있었기 때문이다. 이것은 죽음의 고통을 오래 끌게 했는데, 때로는 십자가에 달린 사람이 죽기까지 며칠이 걸리기도 했다.

그러나 유대인의 안식일이 다가오고 있었고, 요한이 목격한 기사[30]에 따르면 유대 당국은 부정하다고 간주되는 시신들이 안식일에 십자가에 달려 있기를 원하지 않았다. 그래서 그들은 필라투스에게 **크루키프라기움**(*crucifragium*)을 집행하는 방편을 써서, 즉 십자가에 달린 세 명의 다리들을 부러뜨려서 죽음을 재촉할 수 있게 허가해달라고 요청했다.[31] 이렇게 하면 상체를 떠받치는 받침대가 제거되고, 그러면 상체 무게의 부담으로 흉곽의 호흡이 매우 어려워져서 아직 죽지 않았을 경우 죽음을 재촉하는 효과가 있다. 그렇게 하라는 허가가 났다. 그러나 군인들이 예수에게 가 보니 그는 이미 죽어 있어서 그들은 예수의 다리를 부러뜨리지 않았다. 이는 그 군인

---

29 마 27:32을 보라.

30 요 19:31 이하.

31 다시 요 19:31 이하를 보라.

들이 예수가 죽었다고 절대적으로 확신했음을 의미한다. 로마 군인들은 시신을 보면 그것이 시신인지 알았다. 그러나 아마도 예수가 죽었음을 2중으로 확실히 하기 위해 군인들 중 한 명이 창으로 예수의 옆구리를 찔렀다.

요한은 창으로 예수의 옆구리를 찌르자 피와 물이 흘러나왔다고 말해준다.[32] 이는 예수가 죽었다는 의학적 증거를 제공한다. 이는 대동맥에서 대규모 응고가 일어났음을 나타내는데, 이는 예수가 창에 찔리기도 전에 죽었음을 보여준다. 요한은 이의 병리학적 중요성을 알 수 없었기 때문에 이는 예수가 정말로 죽었다는 기독교의 주장을 확립하는 강력한 정황증거다.[33]

그 뒤에 산헤드린 위원 아리마대 사람 요셉이 필라투스에게 와서 매장하기 위해 시신을 달라고 요청했을 때, 조금도 리스크를 취하려 하지 않았던 필라투스는 예수처럼 유명한 사람에 대해서는 더더욱 리스크를 취하려 하지 않았다. 가장 먼저 쓰인 복음서 기사에서 마가는 필라투스가 예수가 이미 죽었다는 말을 듣고 깜짝 놀랐다고 기록한다(위에서 십자가에 달린 사람은 종종 고통 속에서 며칠을 살기도 했다고 언급한 사실을 기억하라). 그래서 그는 당직 백부장에게 점검하는 주의를 기울였다. 필라투스는 예수가 죽었다는 확인을 받고 나서야 예수의 시신을 매장하도록 내주었다.[34]

예수가 죽었다는 증거는 매우 강력해서 매우 회의론적인 예수 세미나의 공동 설립자 존 도미니크 크로산은 이렇게 인정했다. "[예수가] 십자가

---

32 요 19:34.

33 십자가 처형의 의학적 측면에 관한 추가 설명은 Raymond Brown, *The Death of the Messiah*, New York, Doubleday, 1994, 2:1088을 보라. Charles Foster QC, *The Jesus Inquest*, Oxford, Monarch, 2006, Appendix 1도 보라.

34 막 15:44-45.

처형을 당했다는 사실은 역사상 있을 수 있는 어떤 일보다 확실하다."[35] 그리고 무신론자 게르트 뤼데만은 이렇게 썼다. "십자가 처형의 결과에 따른 예수의 죽음은 부정할 수 없다."[36]

II. 예수의 매장

1. 누가 예수를 매장했는가?

4복음서는 모두 부자인 아리마대 사람 요셉이 필라투스에게 가서 자기가 소유한 무덤에 예수의 시신을 매장하기 위해 예수의 시신을 달라고 요청했다고 말한다.[37] 아마도 요셉은 유대 산헤드린 위원이라는 그의 지위 때문에 필라투스에게 접근할 수 있었을 것이다.

그의 동기는 명확했다. 그는 예수를 따르는 사람이 되었고 예수를 후히 장사 지내고 싶었다. 그러나 아마도 그에게는 또 다른 동기가 있었을 것이다. 그는 자신은 예수를 처형하기로 한 산헤드린의 결정에 동조하지 않음을 행동으로 보여주기 원했고, 그 결정에 대해 항의하고 있었다. 요셉은 산헤드린이 예수에게 유죄 판결을 내리는 데 가담하지 않았다.[38] 실로, 요셉처럼 예수의 시신을 매장하는 것은 사실상 산헤드린에서 사임하는 것에 필적했을 수도 있다. 그의 행동에 비춰볼 때 산헤드린이 그의 위원 자격을 더 이상 용인했을 것 같지는 않다.

---

35 John Dominic Crossan, *Jesus, A Revolutionary Biography*, San Francisco, HarperCollins, 1991, 145.

36 Gerd Lüdemann, *The Resurrection of Christ*, Amherst, Prometheus Books, 2004, 50.

37 마 27:57-60; 막 15:42-46; 눅 23:50-53; 요 19:38-42.

38 눅 23:50-51.

예수의 심리에 관한 요한의 기사에서 우리는 이미 필라투스가 산헤드린을 경멸했음을 추론했다. 그는 예수를 기소하는 산헤드린의 논거가 초라하리만큼 빈약하다는 것을 알았으며, 오로지 산헤드린이 자신을 협박했기 때문에 예수를 십자가에 매달라는 그들의 요청에 동의했다. 따라서 필라투스는 요셉에게서 산헤드린 위원 중 적어도 한 명은 일반적인 평결에 동의하지 않는 것을 보고 반가웠을 수도 있다. 그리고 요셉에게 시신을 내줌으로써 자기의 양심에 조금이라도 부담이 덜어졌을 수도 있다.

필라투스가 예수의 시신을 내달라는 요셉의 요청에 동의한 것에 대한 이러한 설명에는 진정한 역사의 모든 특징들이 있다. 그리스도와 그의 추종자들에 대한 산헤드린의 적대감을 감안할 때, 이 동일한 추종자들이 많은 제자들은 두려워 도망친 반면 산헤드린 위원 한 명이 예수가 명예롭게 매장되게 해줌으로써 예수의 편을 들었다는 이야기를 지어낼 가능성은 희박하다. 또한 만일 그 이야기가 거짓이었다면 복음서 저자가 요셉처럼 높은 지위에 있는 사람을 거명하는 것은 사건들에 대한 기독교의 설명에 치명적이었을 것이다. 그랬더라면 반대자들이 뒤에 세부 사항들을 점검해서 그 이야기가 사실이 아님을 증명하기가 매우 쉬웠을 것이다.

2. 매장 장소

기록에 의하면 요셉 및 또 다른 산헤드린 위원인 니고데모[39]가 예수의 시신을 요셉 소유의 개인 무덤에 매장했다.[40] 또한 다른 증인들이 무덤이 어

39 요 7:50-52; 19:39-42을 보라.

40 마 27:50

디에 있는지 보았다. 즉 갈릴리에서 온 여인들이 무덤을 보았고,[41] 두 명의 마리아도 보았다.[42]

예수를 무덤에 매장했다는 사실은 부활의 증거에서 중요한 역할을 한다. 만일 예수의 시신이 (범죄자들에게 종종 일어나는 바와 같이) 공동 묘지에 던져졌다면 특정 시신이 더 이상 그곳에 있지 않는지 여부를 결정하기가 (불가능하지는 않았겠지만) 매우 어려웠을 것이다. 그리고 예수는 무덤에 매장되었을 뿐만 아니라, 그 무덤은 아무도 묻히지 않은 새 무덤이어서 예수의 시신이 다른 사람의 시신과 혼동될 수 없었다.[43] 더욱이 방금 전에 살펴본 바와 같이 몇 명의 여성 신자들이 요셉을 따라 와서 그리스도의 시신을 놓아둔 곳을 보았기 때문에,[44] 어떤 학자들이 제안하는 것처럼 그 여인들이 일요일 아침 일찍 아직 어두운 시간에 왔기 때문에 무덤을 잘못 알아봤을 것이라는 주장은 사실일 가능성이 매우 낮다.

이 여인들 중 한 명은 헤롯 집안의 집사 또는 매니저인 구사의 아내 요안나였을 가능성이 있다. 누가는 그녀가 갈릴리에서 온 예수의 추종자 중 한 명이었으며,[45] 갈릴리에서 온 이 여인들은 십자가 처형뿐만 아니라 매장도 목격했다고 말한다.[46] 상류층의 일원으로서 그리고 예수의 추종자로서 그녀는 아리마대 사람 요셉 및 니고데모를 잘 알았을 것이다. 이처럼 유력한 사람들이 관련되었기 때문에, 특히 요한이 그 무덤은 예수가 십자가에

41 눅 23:55.
42 마 27:62; 막 15:47.
43 눅 23:53.
44 막 15:47; 눅 23:55.
45 눅 8:3.
46 눅 23:49-55.

달린 곳에 가까운 요셉의 개인 정원에 있었다[47]고 말해주는 추가 정보에 비춰볼 때, 무덤의 위치에 관해 실수가 일어났다고 생각할 수 없다.

3. 매장 방식

요셉은 니고데모와 협력해서 시신을 향품과 함께 세마포로 쌌다.[48] 그들은 오랫동안 지켜온 중요 인물의 매장 관습을 따랐으며 그 과정에서 25kg의 몰약과 알로에를 섞어서 사용했다. 그들은 부유한 사람들이어서 아마도 그처럼 많은 분량의 향료들을 가정에서 쉽게 구할 수 있었을 것이다. 그들이 갈릴리에서 온 부유한 여인들의 도움을 받았을 수도 있다.[49] 아무튼 그들에게는 예비적 방부처리를 위한 충분한 향품이 있었다. 나머지는 안식일이 끝날 때까지 기다릴 수 있었다.

그다지 부유하지 않았던 다른 여인들은 그런 향품을 구할 수 없었다. 그들은 향품을 사기 위해서는 안식일이 끝난 뒤에 가게들이 다시 열릴 때까지 기다려야 했다.[50]

함의

이 모든 것들에서 한 가지는 아주 분명하다. 즉 그들은 부활을 기대하지 않고 있었다. 만일 시신이 살아날 것이라고 기대한다면 시신을 이런 식으로 방부 처리하지 않을 것이다! 사실, 그 여인들이 안식일 다음날 아침(일요

47 요 19:42.
48 요 19:40.
49 눅 23:55-56.
50 막 16:1.

일)에 무덤에 도착했을 때 그들은 오직 방부 처리를 계속하기 위해 무덤에 들어가는 문제에만 관심이 있었다.[51] 이 점도 그들이 부활을 기대하지 않았다는 분명한 증거다.

향품의 무게 및 수의가 시신을 단단히 동여매는 방식은 앞에서 언급했던 이론, 즉 그리스도가 십자가에서 기절했다가 무덤에 놓였을 때 소생해서 탈출할 수 있었다는 이론을 믿을 수 없게 한다는 점도 주목해야 한다.

무덤에서의 보안

시신은 땅을 판 무덤 안이 아니라 바위를 깎아낸 무덤 안에 놓였다. 나중에 베드로와 요한이 곧바로 무덤 안으로 들어간 것으로 볼 때, 이 무덤은 상당한 크기였을 것이다.[52] 그런 무덤들에서는 시신은 대개 암석 선반 위의 우묵한 공간에 놓아두었는데, 바위 선반은 머리를 몸보다 약간 높게 둘 수 있도록 한쪽 끝이 올라가 있었다. 그러고 나서 무덤은 요셉에 의해 무덤 입구의 기울어진 홈에 맞는 원형의 큰 돌로 막혔다. 돌을 굴려서 무덤 입구를 막기는 쉬웠지만, 이를 치우려면 남자 여러 명이 필요했다.[53] 또한 다음날 유대인의 지도자들은 필라투스의 권위를 빌려 그 돌을 공식적으로 봉인해서 누구든 이 봉인을 파괴하면 관계당국의 분노를 사게 되었다.[54]

더욱이 바리새인들의 요청과 필라투스의 허가로 무덤 주위에 경비병들이 배치되었다. 마태는 이는 제자들이 와서 예수의 시신을 옮기고 거짓

---

51 막 16:1-3.
52 요 20:3-9.
53 막 15:46; 마 27:60.
54 마 27:62, 65-66.

으로 예수가 "부활"했다고 선언하는 것을 막기 위함이었다고 말한다. 마태가 설명하는 세부 사항은 다음과 같다.

> 그 이튿날은 준비일 다음 날이라. 대제사장들과 바리새인들이 함께 빌라도에게 모여 이르되 "주여, 저 속이던 자가 살아 있을 때에 말하되 '내가 사흘 후에 다시 살아나리라' 한 것을 우리가 기억하노니 그러므로 명령하여 그 무덤을 사흘까지 굳게 지키게 하소서. 그의 제자들이 와서 시체를 도둑질하여 가고 백성에게 말하되 '그가 죽은 자 가운데서 살아났다' 하면 후의 속임이 전보다 더 클까 하나이다" 하니 빌라도가 이르되 "너희에게 경비병이 있으니 가서 힘대로 굳게 지키라" 하거늘 그들이 경비병과 함께 가서 돌을 인봉하고 무덤을 굳게 지키니라.[55]

경비병들에 관한 이야기의 진정성에 의문을 제기하는 사람들이 있기는 하지만, 그 이야기가 진실이라는 강력한 증거가 있다. 무엇보다 먼저, 제사장들이 그리스도의 부활 예언을 기억했을 때 그들의 불안과 긴장을 상상하기란 어렵지 않다. 그들은 여기서 어떤 속임수의 위험도 무릅쓸 여유가 없었고 무덤을 지키는 것은 그들의 이익에 부합했다. 더욱이 이 이야기는 그 속편에 의해서도 확인되는데, 속편에 대해서는 잠시 후에 살펴볼 것이다. 그러나 여기서 우리는 제사장들이 매장한 다음날에야 경비병을 두었다는 점을 주목해야 한다. 매장한 뒤에 즉시 귀가한 여인들은 경비병들에 대해서는 아무것도 몰랐을 것이다. 이는 그들이 그다음날(일요일) 무덤에 갈

---

55 마 27:62-66.

때 서로 "누가 우리를 위해 돌을 굴려 치워줄까?"라고 물어 본 사실을 설명한다. 마가에 의하면 그 돌은 실상은 천사의 개입으로 이미 굴려져 있었다.[56]

III. 빈 무덤

여인들이 한주의 첫째 날 아침 일찍 예수의 시신을 향품으로 싸는 일을 마치기 위해 왔을 때, 그 무덤이 비어 있었다는 점을 복음서들은 지속적으로 그리고 한결같이 증언한다. 그리고 사도들이 여인들의 보고를 조사하기 위해 왔을 때, 그들도 마찬가지로 무덤이 비어 있는 것을 발견했다.

그것은 초기 그리스도인들이 예수의 부활에 대해 증언했을 때 그들이 의미한 바를 보여주기 때문에 이 사실은 매우 중요하다. 그들의 말은 죽었다고 알고 무덤에 매장했던 예수의 시신이 죽은 자 가운데서 살아났고 무덤이 비어 있었다는 것을 의미했다. 그 몸이 얼마나 변했든(그들이 궁극적으로 예수의 몸이 살아난 것을 보고 이를 만졌을 때 그 몸이 어떠했는지에 대한 묘사는 이 변화의 일부를 나타낼 것이다), 그들은 그것은 무덤에 누였던 것과 동일한 몸이었다고 주장한다. 그것은 원래의 예수와 연결되지 않은 또 다른 새로운 몸이 아니었다. 그것은 원래 몸의 진정한 부활이었지, 원래의 몸을 대신한 새로운 몸으로의 대체가 아니었다.

이 사실은 매우 중요한데, 그것은 과거 150년 동안 일부 신학자들이 그리스도의 몸의 부활에 대한 초기 그리스도인들의 증언은 그리스도의 영

---

56 막 16:3-4.

이 생존했다는 그들의 신앙을 표현하는 신화적인 방식에 지나지 않으며, 따라서 그들에게 예수의 시신이 여전히 무덤에 있음을 보여줄 수 있다 해도 그리스도가 죽은 자 가운데서 살아났다는 그들의 주장에 아무런 차이를 가져오지 않을 것이라고 주장하기 때문이다.

그러나 그런 주장은 **선험적**인 자연주의 가정에 기초한 비교적 현대의 이론이자 현대주의자의 이론이다. 그것은 초기 증인들이 무덤이 비어 있었다고 끈질기게 강조했던 사실과 조화될 수 없다. 초기 그리스도인들이 그리스도가 죽은 자 가운데서 살아났다고 설명했을 때 그들은 예수의 시신이 문자적으로 부활했음을 의미했다.

1. 유대 당국: 빈 무덤에 대한 최초의 증인들

마태의 복음서에 의하면 세상에 예수의 무덤이 비어 있다고 말한 최초의 사람들은 그리스도인이 아니라 유대 당국이었다! 그들은 경비원들이 잠자고 있는 동안 제자들이 와서 시신을 훔쳐 갔다는 이야기를 예루살렘에 퍼뜨렸다.

> 여자들이 갈 때 경비병 중 몇이 성에 들어가 모든 된 일을 대제사장들에게 알리니 그들이 장로들과 함께 모여 의논하고 군인들에게 돈을 많이 주며 이르되 "너희는 말하기를 그의 제자들이 밤에 와서 우리가 잘 때에 그를 도둑질하여 갔다 하라. 만일 이 말이 총독에게 들리면 우리가 권하여 너희로 근심하지 않게 하리라"하니 군인들이 돈을 받고 가르친 대로 하였으니 이 말이 오늘날

까지 유대인 가운데 두루 퍼지니라.[57]

다음과 같은 질문이 제기된다. 마태의 이야기는 진짜인가? 어떤 이들은 이 이야기는 사건 발생 후 오래 뒤에 지어낸 후기의 신화라고 제안했다. 그러나 그 설명은 가능성이 낮다. 그 이야기를 설명하고 있는 마태의 복음서는 신약에서 가장 특징적인 유대인들의 복음서라는 데 대체로 동의한다. 마태복음에는 유대인들에게 보급되기 위해 쓰였다는 많은 표시들이 포함되어 있다. 이 책은 아마도 기원후 60년대 후반에 발간되었을 것이다. 그때까지 그리스도의 십자가 처형과 매장에 관한 사실들은 중동의 유대 회당들에 널리 퍼져 있었을 것이다. 그 이야기가 이후 마태에 의해 지어진 창작품이었다면, 그것은 즉시 최근에 꾸며낸 허구로 여겨졌을 것이다. 마태는 확실히 유대인들의 공동체에 그런 이야기를 할 위험을 무릅쓰지 않았을 것이다.

그러므로 이 이야기가 사실이 아니라고 가정할 이유가 없다. 이제 다음과 같은 문제가 떠오른다. 유대 당국은 왜 자기 돈을 써 가면서 그런 이야기를 유포시켰는가? 유일한 이유는 선제적으로 방어하기 위함이었다. 그들은 경비병들에게 무덤이 비어 있다는 말을 들었다. 그들은 그리스도인들이 즉시 이에 대해 말할 것이고, 이에 대해 예수가 죽은 자들 가운데서 살아났다고 설명하리라는 것을 알 수 있었다. 그래서 당국은 선수를 쳐서 무덤이 비어 있다고 말하고, 뒤에 그리스도인들이 예수가 살아나서 그의 무덤이 비었다고 말할 때 그 설명의 신빙성을 떨어뜨리기 위해 미리 자신

57 마 28:11-15.

들의 설명을 제시하기로 결정했다. 그러나 유대 당국이 그런 이야기를 유포시켰다는 사실 자체가 무덤이 비어 있었다는 사실에 대한 증거다.

그러므로 (그들의 논리적 기대와는 달리) 그리스도인들이 7주 동안 공개적으로 아무 말도 하지 않았을 때 그들은 틀림없이 무척 당황했을 것이다.[58] 그러나 그리스도인들이 침묵을 지키고 있던 이 7주 동안에 무덤이 비어 있다는 소문이 예루살렘 전 지역에 퍼지고 있었을 것이다.

많은 예루살렘 사람들이 경비병들의 이야기가 얼마나 근거가 빈약한지 인식하기는 어렵지 않았다. 유대 당국이 그처럼 민감한 임무를 근무 중에 잠잘 사람들에게 맡겼으리라고 생각할 수는 없다. 아무튼 만일 경비병들이 잠자고 있었다면 제자들을 범인으로 지목하기는 커녕 무슨 일이 일어났는지 그들이 어떻게 알 수 있는가? 이 이야기는 명백히 당황과 절망의 산물이다. 이 이야기가 그리스도의 대적들로부터 나온 선전으로 유포되었다는 사실은 **예수의 무덤이 비어 있었다는 것은 사실**이라는 양질의 역사적 증거다.

게다가 만일 무덤이 비어 있지 않았더라면 당국이 예수의 시신을 가져다가 부활이 일어나지 않았음을 결정적으로 입증하기가 어렵지 않았을 것이다. 그랬더라면 뒤에 사도들이 예수가 부활했다고 선포했을 때 그들은 조롱을 당하기만 했을 것이고 기독교는 결코 시작되지 않았을 것이다.

대신에, 만일 당국이 제자들이 예수의 시신을 치웠기 때문에 무덤이

---

58 이에 대한 이유는 명백하다. 첫째, 그 후 얼마 동안 그들은 모임 때에 문을 걸어잠갔다는 사실로 입증되듯이, 제자들은 처음에는 유대 당국을 두려워했다(요 20:19, 26). 둘째, 예수는 부활한 직후에 여러 차례 그들과 만나서, 자기가 죽은 자들 가운데서 살아났다는 사실을 백성들에게 말하기 전에 오순절까지 기다리라고 말했다(행 1:4-5).

비어 있다는 조그마한 증거라도 가지고 있었더라면, 그들은 제자들을 추적하여 체포해서 당시에는 매우 심각한 범죄였던 무덤 절도 혐의로 그들을 기소할 권한과 힘이 있었다.

기원후 30-40년에 만들어진 것으로 추정되는 비명 하나가 19세기에 발견되었는데, 이 비명으로부터 위에서 말한 점에 대한 흥미로운 빛이 비춰진다. 소위 나사렛 칙령을 포함하고 있는 이 비명은 무덤으로부터의 절도 또는 무덤의 신성 훼손은 사형에 해당하는 범죄라고 경고한다. 역사가들은 그 무렵에 그처럼 엄격한 칙령이 발해지게 할 만큼 뭔가 매우 이례적인 일이 일어났음에 틀림없다고 생각한다. 가능성이 가장 높은 사건은 요셉의 빈 무덤을 둘러싼 상황이었을 것이다.[59]

2. 그리스도의 제자들: 빈 무덤에 대한 그들의 설명

이제 빈 무덤에 대해 설명할 차례다. 제자들은 예수가 살아났다고 주장했지만, 그들이 그에 관해 속았을 수도 있지 않을까? 누군가가 제자들 몰래 시신을 훔쳐가서 제자들이 예수가 부활했다고 생각하도록 속였다면 어떻게 되는가? 그러나 누가 그렇게 하는 데 관심이 있었겠는가? 제자들의 도덕적 성품에 대한 논의에서 우리는 왜 그리스도의 친구들 중 한 명이 그의 시신을 훔쳐갈 수 없었는지 살펴보았다. 그리고 그리스도의 대적들은 결코 사람들로 하여금 예수가 부활했다고 믿도록 만들 수 있는 어떤 일도 일어나기를 원하지 않았다. 결국 바로 그 이유로 그들은 무덤을 지키게 했던 것이다. 그렇다면 제자들이 속았다는 아이디어는 전혀 설명력이 없다. 그들

---

59 Ethelbert Stauber, *Jesus - Gestalt und Geschichte*, Bern, Franke Verlag, 1957, 163 이하를 보라.

이 예수가 살아났다고 믿었다는 증거에 이르러서는 특히 그렇다. 이제 이에 대해 고려해보자.

3. 관련자들

복음서 기록을 보면 명백히 십자가에서의 사건 및 예수의 무덤에서의 사건들에는 몇 그룹의 여인들이 관련되어 있다.

마태는 이렇게 말한다. "예수를 섬기며 갈릴리에서부터 따라온 많은 여자가 거기 있어 멀리서 바라보고 있으니 그중에는 막달라 마리아와 또 야고보와 요셉의 어머니 마리아와 또 세베대의 아들들의 어머니도 있더라."[60]

마가는 이렇게 말한다. "멀리서 바라보는 여자들도 있었는데 그중에 막달라 마리아와 또 작은 야고보와 요세의 어머니 마리아와 또 살로메가 있었으니 이들은 예수께서 갈릴리에 계실 때에 따르며 섬기던 자들이요 또 이 외에 예수와 함께 예루살렘에 올라온 여자들도 많이 있었더라."[61]

요한은 특별히 십자가 옆에 서 있던 예수의 어머니와 세 명의 다른 여인들, 즉 예수의 이모, 글로바의 아내 마리아, 그리고 막달라 마리아에 대해 기록한다.[62]

위의 묘사들에서 특별히 언급되는 세 명의 여인들은 같은 인물들이며, 극심한 고통의 시간에 예수의 어머니를 지원하기 위해 왔다고 가정하는 것이 자연스럽다. 존 웬함은 부활을 둘러싼 사건들에 대한 그의 상세한 연구

60 마 27:55-56.
61 막 15:40-41.
62 요 19:25.

에서,[63] 이는 예수의 이모는 살로메였고, 세베대의 아내였으며 야고보와 요한(4번째 복음서의 저자)의 어머니였음을 의미할 것이라고 지적한다. 글로바의 아내 마리아는 젊은 야고보와 요세(또는 요셉)의 어머니였다.[64]

이로부터 우리는 이 여인들 사이에는 가족 관계가 있음을 알 수 있는데, 예수가 십자가에서 처형된 것은 예루살렘에서의 유월절 시기였음을 기억할 때 우리에게는 이 점이 중요하다. 도시는 순례자들로 붐볐을 것이고, 그들은 자연히 가능하면 친척 집에서 묵었을 것이다. 여기서 중요한 세부 사항 중 하나는 예수가 십자가에서 요한에게 자기 어머니를 돌보라고 명시적으로 지시했다는 사실이다. 그리고 우리는 요한이 그녀를 즉시 자기 집으로 모셨다는 기사를 읽는다.[65] 이 집은 예루살렘에 있었을 가능성이 높고 대제사장 가야바의 집에서 멀지 않은 곳에 위치했을 수도 있다. 아마도 요한의 어머니 살로메와 그녀의 남편 세베대는 베드로와 함께 그곳에 머물고 있었을 것이다. 베드로는 요한이 기록하는 것과 같이 부활절 아침에 요한

---

63 John Wenham, *Easter Enigma — Do the Resurrection Stories Contradict One Another?* Exeter, Paternoster Press, 1984, 34.

64 요세에 관한 더 이상의 정보는 없지만, 사도들의 명단에(예컨대 마 10:3 이하; 막 3:13 이하를 보라) 이름이 같은 두 사람이 나온다. 그 이름은 야고보다. 그들은 세베대의 아들 야고보와 알패오의 아들 야고보다. 알패오와 글로바는 대개 *Chalphai*로 음차되는 동일한 아람식 이름일 수도 있다. 그 이유는 아람어에서 이름의 첫 글자는 후두음으로서, "k"로 음차되어 글로바(Clopas. 또는 Wenham, *Easter Enigma*, p.37에 따르면 가장 가까운 그리스어 상당어 Cleopas)로 사용되거나, "h"로 음차될 수 있다. 그 경우 이 음은 그리스어에서는 거친 호흡이라 불리는 작은 표시로 나타내는데, 말할 때나 쓸 때 탈락되어 그리스어 *Alphaios*를 낳는다. 이를 라틴어로 표기하면 알패오(Alpaeus)다. 또한 역사가 에우세비오스는 4세기 초 무렵에 쓰인 그의 책 『교회사』(*Ecclesiastical History*)에서 글로바는 요셉(즉 예수의 어머니인 마리아의 남편 요셉)의 형제였다고 언급하는 점도 흥미롭다.

65 요 19:27.

과 함께 무덤에 갔다.[66]

그러나 명백히 다른 여인들도 관여했다. 그중의 한 명은 아마도 헤롯의 청지기 구사의 아내[67] 요안나[68]였을 것이다. 그녀는 부유한 여성이었고, 헤롯의 조정 고관의 아내로서 헤롯과 그의 수행원들이 예루살렘을 방문할 때 머물렀던 예루살렘의 하스몬 왕가의 궁에서 살았을 것이다. 요안나의 이름은 수산나의 이름과 연결되어 있으며,[69] 그녀 또한 십자가 처형 내러티브에서 이름이 나오지 않는 여인 중 한 명이었을 수도 있다.

다른 사도들은 어떻게 되었는가? 그들은 어디에 있었는가? 유월절 성찬 직전에 그들은 베다니에 머물고 있었다.[70] 이곳은 감람산 바로 건너편에 위치한 작은 마을로서 예루살렘에서 약 3km 떨어져 있어서 예루살렘까지 걸을만한 거리 안에 있었다. 그리스도는 감람산 모퉁이에 있는 동산에서 체포되었다. 이 동산은 두 번째 복음서 저자인 요한 마가의 가족 소유였을 수 있다. 그리스도의 모든 제자들은 그가 체포된 뒤에 그를 버리고 달아났다.[71] 그들이 달아날 수 있는 가능성이 가장 높은 곳은 감람산 너머의 상대적으로 안전한 베다니 쪽이었다. 우리가 아는 한 요한과 베드로만 예루살렘 시내에 머물렀다.

그러므로 우리는 여러 무리의 사람들이 다양한 장소에 머물고 있었음

66 요 20:3.
67 눅 8:3.
68 눅 24:10을 보라.
69 눅 8:3.
70 요 12:1.
71 마 26:56; 막 14:50. 많은 사람들은 예수가 체포될 때 동산에 있다가 간신히 체포를 면한 젊은이가 마가 자신이었을 수 있다고 생각한다(막 14:51-52).

을 알 수 있다. 일부는 예루살렘에 있었고, 일부는 그 도시 밖에 있었다. 이 사실들은 우리가 복음서 내러티브들에 상세하게 나와 있는 대로 부활의 날 아침에 발생한 사건들을 연구할 때 매우 중요해진다. 내러티브들은 종종 축약되어 있다. 그리고 상황이 복잡하다는 점과 여러 무리의 사람들이 다른 방향에서, 그리고 다른 길로뿐 아니라, 다른 시간에 그리스도의 무덤에 왕래하고 있었다는 사실을 모를 경우 이 내러티브들이 모순되는 요소들을 포함하고 있다고 생각하기 쉽다. 뒤에서 살펴보는 바와 같이 마태의 간략한 설명은 이 특성들을 압축했다.

4. 무덤에서 발견된 물리적 증거: 그리스도의 수의

복음서 기사들은 그리스도의 몇몇 여성 제자들이 예수의 시신을 요셉과 니고데모보다 더 철저하게 방부 처리하기 위해 아침 일찍 무덤에 왔다고 말한다.[72] 그런데 그들의 의도는 그들이 부활을 전혀 기대하지 않고 있었음을 보여준다.[73]

마가에 의하면 막달라 마리아, 젊은 야고보와 요셉의 어머니("다른" 마리아, 마 27:61, 28:1을 보라) 그리고 살로메는 전날 저녁 해가 진 뒤(**안식일이 지난 뒤**)[74] 향품을 샀다. 웬함은 마가의 기사는 이 세 여인의 관점에서 말

---

72 막 16:1; 눅 23:56-24:1.

73 예수가 그의 제자들에게 자신이 죽었다가 다시 살아날 것이라고 말했음에도(예컨대 마 16:21) 그 말은 충분히 이해되지 않았음을 주목하면 흥미롭다. 이렇게 된 심리학적 이유는 명확하다. 그들 모두 메시아인 예수가 죽었다가 살아나리라고 희망하지 않았다(이에 대한 예로 뒤에 논의되는 눅 24장을 보라.) 그러나 유대 당국은 예수의 예언에 주의를 기울였는데 그래서 그들은 무덤을 지켰다(마 27:62-65).

74 막 16:1

하는 반면, 어떤 여인들이 예수를 매장한 뒤 돌아와 향품과 연고를 준비하고 안식일에 쉬었다고 기록하는 누가의 기사는 헤롯의 청지기의 아내 요안나의 관점에서 기록되었을 가능성이 높다는 아주 그럴듯한 제안을 한다.[75] 부유한 유대 여성으로서 그녀는 자신의 향품과 연고를 소유하고 있었을 것이고, 따라서 다른 그룹의 여성들처럼 향품과 연고를 사기 위해 안식일이 끝나 가게들이 문을 열기를 기다릴 필요가 없었을 것이다.

웬함이 말하는 바와 같이, 이 두 그룹의 여성들은 무덤에 별도로 도착했을 가능성이 있다. 첫 번째 그룹, 즉 막달라 마리아, "다른" 마리아, 그리고 살로메가 무덤에 먼저 도착했다. 놀랍게도 그들은 돌이 무덤에서 굴려 있고, 무덤은 비어 있는 것을 발견했다! 그들 중 한 명인 마리아는 (아마도 무덤에 들어가지 않고) 즉시 사도 베드로와 요한에게 말하러 뛰어갔다. 마리아는 부활에 대해 말하지 않았고, 단지 예수의 시신이 치워졌다고만 가정했다.[76] 고고학자들은 무덤 도굴이 고대 세계, 예컨대 고대 이집트에서 매우 흔한 활동이었음을 지적한다. 도둑들은 부자들의 무덤에 특별한 관심을 보였을 것이다. 왜냐하면 시신과 함께 매장된 보석 및 기타 소유물들은 말할 것도 없고, 시신을 쌌던 천들과 방부 처리에 사용된 향품들은 가치가 있고 다시 팔 수 있는 품목들이었기 때문이다. 예수는 부자가 아니었지만 요셉은 부자였다. 그래서 마리아는 무덤 도굴범들이 활동한 것이라고 생각했을 수 있다.

베드로와 요한은 무덤으로 달려갔다. 요한이 먼저 도착해서, 몸을 구

75 Wenham, *Easter Enigma—Do the Resurrection Stories Contradict One Another?*, 69.
76 요 20:2.

부려 안을 들여다보았다. 그는 즉각적으로 뭔가 이상한 것을 알아차렸다. 예수의 시신을 싸고 있던 세마포 수의가 여전히 거기에 있었다. 더 이상한 것은 수의는 예수의 시신이 그 안에 있었을 때와 똑같이 놓여 있었는데 시신이 사라졌다는 점이었다. 베드로는 요한보다 나중에 왔는데 이로 미루어 보건대 분명히 요한이 더 빨리 달렸을 것이다(이처럼 작은 세부사항들은 이 내러티브가 직접 목격한 사람이 기록한 것이라는 느낌을 준다). 그 둘은 무덤에 들어가서 정말 이상한 광경을 보았다. 예수의 머리를 쌌던 천들이 무덤 안의 선반의 다소 올라가 있는 부분에 놓여 있었다. 그리고 이제 예수의 머리가 그 안에 없었지만 천들은—납작해져 있었을 수도 있다는 점을 제외하고는—마치 그 안에 머리가 있는 것처럼 여전히 싸매어져 있었다. 이 광경이 요한에게 준 영향은 강력했다. **그는 보고 믿었다.**[77] 이는 단순히 마리아가 말한 것을 믿었다는 뜻이 아니다. 그가 처음에 무덤 안을 보았을 때 시신이 없다는 점은 명백했다. 이제 그는 뭔가 참으로 신비한 일이 일어났음에 틀림없다는 것을 믿었다. 마치 모종의 방법으로 예수의 몸이 수의를 그대로 통과하여 빠져 나와 수의를 그 안에 시신이 있었을 때와 똑같이 남겨둔 것 같았다. 요한은 자신이 기적을 보고 있다는 점을 의심하지 않았다!

수의가 무엇이었기에 그처럼 확신시키는 힘이 있었는가? 요한에게 또는 어느 누구에게나 물어볼 명백한 질문은 "어떻게 그렇게 될 수 있느냐"는 것이었다. 무덤 도굴범들이라면 시신을 가져가고 귀중한 세마포와 향품을 남겨 두지는 않았을 것이다. 그리고 이해할 수 없는 모종의 이유로 그들이 시신만을 원했다 하더라도—아마도 무덤이 도굴되지 않았다는 인

77 요 20:3-8.

상을 주려는 것 외에는—마치 수의가 시신을 두르고 있는 것처럼 천들을 다시 싸맬 이유가 없었을 것이다. 그러나 만일 도둑들이 그러한 인상을 주기 원했다면 그저 돌을 다시 제자리에 굴려 놓기만 했으면 더 효과적이었을 것이다! 그러나 우리는 여기서 또 다른 문제를 만난다. 무덤 도굴범들이 어떻게 경비병이 있을 때 돌을 제거할 수 있었는가? 그렇게 하려면 상당한 소음이 났을 것이다. 굴려진 돌은 무덤이 침해되었다는 완벽한 표시였다. 그것은 와서 안을 들여다보라는 공개적인 초대였다.

무덤 도굴범들이 아니라면 누가 시신을 가져갈 수 있었는가? 아마도 엉뚱한 예수의 추종자들이 시신을 당국의 코앞에서 보다 안전한 장소로 옮기려 한 것일까? 그러나 그들이 그렇게 했다면 이를 다른 사도들에게 비밀로 하지 않았을 것이다. 그들은 (마리아가 하려고 했던 것처럼[78]) 예수의 시신을 정중하게 다시 매장했을 것이고, 궁극적으로 모든 그리스도인들은 그의 무덤이 어디에 있는지 알게 되었을 것이다. 어느 경우든 경비병들이 들을 수 있는 거리 내에서 돌을 굴리는 소음 문제가 아직 남아 있다.

수의가 놓여 있는 방식은 뭔가 초자연적인 일이 일어났다고 요한을 확신시켰다. 우리는 그가 추론하는 모습을 상상해볼 수 있다. 누군가가 시신을 가져간 뒤에 기적이 일어났다는 인상을 주기 위해 일부러 천을 다시 감았을 수 있을까? 그리스도의 추종자들이 그 짓을 하기는 도덕적으로 불가능했다. 또한 그들은 부활을 기대하고 있지 않았기 때문에 그것은 심리적으로도 불가능했다. 그리고 경비병들 때문에 그것은 실제적으로도 불가능했다.

---

78 요 20:15을 보라.

마지막으로, 당국이 조금이라도 부활을 시사하는 짓을 했다고 생각하는 것은 터무니없는 일이다. 결국 그런 일을 피하기 위해 무덤을 지키도록 한 것은 바로 그들이었다!

요한과 베드로에게 있어서 그것은 흥분되는 발견이었다. 그들은 불가능한 설명을 배제했다. 그러니 그들에게는 오직 하나의 대안만 남았다. 즉 시신이 수의를 통과해서 빠져 나왔다. 그러면 그것이 의미하는 바는 무엇인가? 그리고 지금 예수는 어디에 있는가?

에든버러 대학교의 저명한 역사가인 마이클 그랜트는 이렇게 쓴다. "여러 복음서들이 빈 무덤의 발견을 다르게 묘사하는 것은 사실이다. 그러나 다른 고대 문헌 자료에 적용하는 것과 같은 기준을 적용한다면 무덤이 정말 비어 있었다는 결론을 필요로 하기에 충분할 만큼 증거가 확고하고 개연성이 있다."[79]

그래서 베드로와 요한은 빈 무덤을 떠났다. 그들은 그곳에 있어봐야 더 이상 아무것도 얻을 게 없다고 생각했다. 그러나 사건들이 증명하듯이 그들의 생각은 옳지 않았다.

IV. 목격자들

빈 무덤은 중요하다. 무덤이 비어 있지 않다면 부활이 일어났다고 말할 수 없다. 그러나 우리는 초기 그리스도인들은 단순히 무덤이 비었다고 주장한

79 Michael Grant, *Jesus: An Historian's Review of the Gospels*, New York, Charles Scribner & Sons, 1997, p.176.

것이 아니라는 점을 확실히 할 필요가 있다. 그들에게 훨씬 더 중요한 것은 그 뒤 40일 동안에 간헐적으로 그리고 예수의 승천에서 정점을 이루는 방식으로 그들이 부활한 그리스도를 만났다는 사실이었다.[80] 그들은 실제로 예수를 보았고, 예수와 대화했고, 예수를 만졌고, 심지어 그와 함께 식사도 했다. 바로 이 사실이 그들을 행동하도록 자극했고, 그들에게 기독교 메시지를 들고서 세상에 맞설 용기를 주었다. 더욱이 사도들이 공개적으로 복음을 설교하기 시작했을 때 그들이 부활한 그리스도가 나타난 것을 개인적으로 목격했다는 사실은 그 복음의 불가결한 부분이 되었다. 이에 대한 증거는 매우 강력해서 심지어 무신론자인 게르트 뤼데만도 이렇게 쓴다. "예수가 죽은 뒤에 베드로와 요한이 예수가 부활한 그리스도로서 그들에게 나타나는 경험을 한 것은 역사적으로 확실하다고 볼 수 있다."[81] 뤼데만의 무신론으로 인해 그는 부활을 원인으로 보지 않는데 이는 놀라운 일이 아니다. 그는 예수의 출현들은 환영이었다는 입장을 취한다. 그러나 아래에서 살펴보겠지만 이 견해는 타당성이 거의 없다.

먼저, 문헌상의 기록을 살펴보자.

예루살렘의 베드로 (1) 오순절 날에 예루살렘에서 최초로 예수의 부활을 공식으로 선언했을 때 베드로는 이렇게 말한다. "이 예수를 하나님이 살리신지라. 우리가 다 이 일에 증인이로다."[82]

예루살렘의 베드로 (2) 누가에 의해 기록된 오순절 직후의 두 번째 주요

---

80 행 1:3.

81 Gerd Lüdemann, *What Really Happened to Jesus? A Historical Approach to the Resurrection*, John Bowden 역, Louisville, Westminster John Knox, 1995, 80.

82 행 2:32.

연설에서 베드로는 이렇게 말한다. "(너희가…) 생명의 주를 죽였도다. 그러나 하나님이 죽은 자 가운데서 그를 살리셨으니 우리가 이 일에 증인이라."[83]

가이사랴의 베드로 비유대인들에게 기독교 메시지를 전한 최초의 주요 선언에서 베드로는 로마 백부장 고넬료에게 자기 및 다른 사람들이 "그가 부활하신 후 그를 모시고 음식을 먹었다"고 말한다.[84]

비시디아 안디옥의 바울 회당에서의 주요 연설에서 바울은 그리스도에 대해 이렇게 말한다. "후에 나무에서 내려다가 무덤에 두었으나 하나님이 죽은 자 가운데서 그를 살리신지라. 갈릴리로부터 예루살렘에 함께 올라간 사람들에게 여러 날 보이셨으니 그들이 이제 백성 앞에서 그의 증인이라."[85]

바울이 마침내 간략하지만 결정적인 복음에 대한 진술을 쓰게 되었을 때 그는 다양한 증인들에게 그리스도가 나타난 사례들을 그 진술의 필수적인 부분으로 선정하여 포함시켰다.

> 형제들아, 내가 너희에게 전한 복음을 너희에게 알게 하노니 이는 너희가 받은 것이요 또 그 가운데 선 것이라. 너희가 만일 내가 전한 그 말을 굳게 지키고 헛되이 믿지 아니하였으면 그로 말미암아 구원을 받으리라. 내가 받은 것을 먼저 너희에게 전하였노니 이는 성경대로 그리스도께서 우리 죄를 위하여 죽으시고 장사 지낸 바 되셨다가 성경대로 사흘 만에 다시 살아나사 게바에

---

83 행 3:15.
84 행 10:41.
85 행 13:29-31.

게 보이시고 후에 열두 제자에게와 그 후에 오백여 형제에게 일시에 보이셨나니 그중에 지금까지 대다수는 살아 있고 어떤 사람은 잠들었으며 그 후에 야고보에게 보이셨으며 그 후에 모든 사도에게와 맨 나중에 만삭되지 못하여 난 자 같은 내게도 보이셨느니라.[86]

증인에 대한 흄의 기준

앞 장에서 본 바와 같이 흄은 자신이 어떤 사건이 발생했다고 주장할 때의 증거 평가에 중요하다고 여기는 몇 가지 기준을 열거하는데, 그는 특히 증인의 수와 특성 그리고 증인들이 자신의 증언을 전하는 방식이 중요하다고 말한다. 그 장에서 우리는 흄에 대응해서 증인으로서의 사도들의 특성과 고결성에 대해 고찰했다. 이제 다른 측면들을 살펴볼 것이다.

기준 1. 증인의 수와 다양성

고린도전서 15장에 나오는 바울의 목록에 의하면 예수 그리스도의 부활과 승천 사이의 40일 동안 다른 시간에 부활하신 그리스도를 본 사람은 원래 500명이 넘었다. 20년 뒤에 바울이 고린도전서를 쓰고 있을 당시인 기원후 50년대 중반에 그들 중 절반 이상이 아직 살아 있었으며, 아마도 필요하면 그들에게 물어볼 수도 있었을 것이다. 그렇다면 기독교 교회의 초기 성장기 동안 부활에 대한 목격자가 부족하지 않았다.

그러나 중요한 것은 부활하신 그리스도를 실제로 본 목격자들의 수만

---

86 고전 15:1-8. 부활 후 그리스도의 출현에 대한 언급 전체의 목록은 다음과 같다. 마 28:1-10, 16-20; 막 16:9 이하; 눅 24:13-31,34, 36-49; 요 20:11-18, 19-23, 24-29; 21:1-23; 행 1:1-3, 6-11; 9:1-9; 22:3-11; 26:12-18; 고전 15:5-9.

이 아니다. 이 목격자들이 널리 다양하게 퍼져 있으며, 다른 장소와 상황에서 그리스도가 그들에게 나타나셨다는 사실도 중요하다. 예컨대 열한 명은 한 방에 있다가 부활한 예수를 만났고, 한 여성은 혼자 동산에 있다가 만났고, 한 무리의 어부들은 바닷가에서 만났으며, 두 명은 길을 가다 만났고, 다른 사람들은 산 위에서 만났다. 바로 이러한 인물과 장소의 다양성이 소위 환영 이론들을 논박한다.

환영 이론들의 부적절성

뤼데만 등은 소위 부활의 "출현"은 실제로는 환영이나 환영과 같은 심리적 현상이었다고 제안한다. 제자들은 뭔가를 "보았지만", 그것은 객관적으로 사실이 아니었고 뭔가가 그들의 마음속으로 들어간 것이다. 그러나 심리의학 자체가 이 설명에 대해 그와 반대로 증언한다.

1. 환영은 대개 상상력이 뛰어난 특정 기질의 사람들에게 일어난다. 제자들의 기질은 저마다 달랐다. 마태는 빈틈이 없고 약삭빠른 세리였고, 베드로와 일부는 억센 어부들이었으며, 도마는 타고난 회의주의자였다. 그들은 일반적으로 환영에 취약하다고 여겨지는 부류의 사람들이 아니었다.
2. 환영은 예상된 사건들인 경향이 있다. 철학자 윌리엄 레인 크레이그는 다음과 같이 지적한다. "환영은 단지 마음의 투사일 뿐이기 때문에 이미 마음속에 있는 것이 아니면 어느 것도 포함하지 못

한다."[87] 그러나 제자들 중 어느 누구도 예수를 다시 만날 것으로 기대하고 있지 않았다. 그들의 마음에는 예수의 부활에 대한 기대가 전혀 없었다. 대신 그들의 마음속에는 두려움, 의심 그리고 불확실성이 들어 있었는데 이것들은 바로 환영이 일어나기 어려운 심리적 전제 조건이다.

3. 환영은 대개 비교적 장기간에 걸쳐 증가하거나 감소하면서 재발한다. 그러나 예수의 출현은 40일에 걸쳐 자주 발생하다가 갑자기 그쳤다. 이 최초의 제자들 중 어느 누구도 다시 비슷한 경험을 했다고 주장하지 않았다. 유일한 예외는 스데반과 바울이었다. 최초의 그리스도인 순교자 스데반은 돌에 맞아 죽기 직전에 이렇게 외쳤다. "보라, 하늘이 열리고 인자가 하나님 우편에 서신 것을 보노라."[88] 바울은 부활하신 그리스도를 한 번 만났으며, 자신이 부활하신 주를 만난 마지막 사람이라고 기록한다.[89] 그러므로 이러한 유형은 환영 경험과 일치하지 않는다.
4. 예수를 동시에 본 500명의 사람들이[90] 집단적으로 환영을 보았다고 상상하기 어렵다. 실로 임상 심리학자 개리 십시는 이렇게 논평한다.

나는 지난 20년간 심리학자, 정신과의사 그리고 기타 관련 의료 전문가

---

87 William Lane Craig, *Reasonable Faith*, Wheaton, Illinois, Crossway, 1994, 288.

88 행 7:56.

89 고전15:8.

90 고전 15:6.

들이 쓴 전문 문헌을 조사해왔는데 아직 집단 환영, 즉 외부의 인식대상이 없는데 두 명 이상이 시각적 또는 기타 감각적 인식을 공유한다고 칭해지는 사례에 대해 기록한 글을 하나도 발견하지 못했다.[91]

5. 환영은 부활에 대한 신앙으로 나아가지 못했을 것이다. 환영 이론들은 설명 범위가 극히 제한된다. 그 이론들은 출현만 설명하려 한다. 그 이론들은 확실히 빈 무덤을 설명하지 못한다. 아무리 많은 제자들이 환영을 보았더라도 인근의 무덤이 비어 있지 않았더라면 그들은 결코 예루살렘에서 부활을 설교할 수 없었을 것이다!

C. S. 루이스는 이 주제에 대해 아주 지각력이 있는 논평을 한다. "어떤 환영 이론이라도 3번의 경우 이 환영은 즉각적으로 예수로 인식되지 않았다는 사실(그리고 그것이 창작이라면 인간의 마음에 들어간 가장 이상한 창작이다) 앞에서 무너진다(눅 24:13-31; 요 20:15; 21:4)."[92]

기준 2. 증언의 일관성

몇 명의 증인들이 법정에서 특정 사건의 모든 세부 사항들에 대해 한 마디도 틀리지 않게 일치하는 진술을 하면 어떤 법관이라도 그 증언들은 독립적이지 않고, 더 심하게는 법정을 오도하기 위해 공모했을 수도 있다고 추론할 가능성이 있다. 반면에 중요한 모든 사항들마다 완전히 의견이 맞지

---

91 Michael Licona, *The Evidence for God*, Ada, Baker Academic 2010, 178을 보라.
92 Lewis, *Miracles*, 151.

않는 독립적인 증인들의 증거도 법원에는 소용이 없을 것이다. 독립적인 증언들에서 기대하는 바는 관점의 차이 등에 의해 설명될 수 있는 정도의 차이만 있고 모든 중요한 사실들에 대해서는 일치하는 것이다. 2차적인 세부 사항들에서 경미한 차이나 불일치로 보이는 증언들이 보다 많은 배경 정보를 입수할 수 있을 경우 서로 자연스럽게 조화되거나, 추가 정보가 차이들을 정리하리라는 희망에서 당분간은 그대로 놔둬야 하지만 일차적인 세부 사항들에 대해서는 영향을 받지 않는 경우도 있을 수 있다.

역사가들은 변호사들과 유사한 방식으로 조사를 수행한다. 어떤 역사가도 2차적인 세부 사항에 차이가 있다는 이유만으로 특정 사건에 대한 복수의 관점을 무시하지 않는다. 일부 세부 사항들이 조화될 수 없을 경우에도 그렇게 한다. 예컨대 한니발이 로마를 공격하기 위해 알프스를 넘은 데 대해 두 개의 버전이 있는 것처럼 말이다. 많은 세부 사항들에서 차이가 있지만 어떤 학자도 한니발이 로마를 침공할 때 정말로 알프스를 넘었다는 핵심적인 이야기는 의심하지 않는다.

이 기준을 부활 기록들에 적용할 경우 복음서 내러티브들은 1차적인 세부 사항들에서는 동일하다. 명확한 핵심 이야기가 있다. 아리마대 요셉은 예수의 시신을 자기 무덤에 둔다. 소그룹 또는 그룹들의 여성 제자들이 일요일 아침 일찍 무덤에 왔다가 무덤이 비어 있는 것을 발견한다. 그들 및 사도들은 이후 여러 차례 예수를 만난다.

2차적인 세부 사항들에서는 몇 가지 명백하게 일치하지 않는 점들이 있다. 예를 들어 마태는 막달라 마리아가 새벽에 무덤에 왔다고 말하는 반면,[93] 요한은 마리아가 "아직 어두울 때" 무덤에 갔다고 말한다.[94] 그런 진술들은 쉽게 조화될 수 있다. 마리아는 아직 어두울 때 출발해서 새벽이 밝아올 때 무덤에 도착했을 수 있다.

또한 사건들을 자세하게 재구성하고자 할 때 위에서 지적한 바와 같이 그리스도의 죽음 및 부활과 관련하여 다른 그룹의 여성들이 있었음을 알 필요가 있다. 막달라 마리아, "다른 마리아" 그리고 살로메로 구성된 그룹이 먼저 무덤에 도착했다. 무덤에 접근했을 때 그들은 무덤이 열린 것을 보았고, 마리아는 시내로 달려가서 베드로와 요한에게 말했다. 그녀가 시내로 돌아가고 있을 때 하스몬 궁에서 출발했던 요안나(그리고 수산나도 함께 했을 수 있다)는 다른 길로 무덤에 도착했다. 그들은 도시의 다른 문을 통해 왔을 것이고 따라서 막달라 마리아를 만나지 않았다. 4명의 여자들은 이제 무덤 안으로 들어갔고 그곳에서 그들은 시내로 돌아가서 제자들에게 말하라는 말을 들었다. 예루살렘의 좁은 길들을 통해서 갈 수 있는 경로들이 많았기 때문에 그들은 무덤에 달려가고 있는 베드로와 요한 그리고 그 뒤를 따라가는 막달라 마리아를 만나지 않았다. 무덤에 도착해서 요한과 베드로는 그들에게 예수가 살아났음을 가리키는 증거물인 수의를 보았다. 그들은 무덤을 떠났다. 막달라 마리아는 그곳에서 꾸물거렸고 그녀는 이때 예수를 보았다.[95] 그러고 나서 그녀는 예루살렘의 집에 있는 다른 사람들에게 돌아갔다.

그런데 여인들은 제자들에게 알려주라는 말을 들었다. 지금까지는 두

---

93 마 28:1.

94 요 20:1.

95 요 20:11-18.

명의 제자들, 즉 요한과 베드로만 이를 알고 있었다. 아마도 베다니에서 밤을 보냈을 다른 아홉 명에게도 말해야 했다. 이 지점에서 웬함은 일군의 여인들(아마도 "다른" 마리아와 살로메)이 베다니를 향해 출발했고 가는 도중에 그들도 예수를 만났다고 주장한다.[96]

또 하나의 명백한 불일치는 누가는 예수가 "열한 명"에게 나타나는 것으로 묘사하는 반면,[97] 같은 사건에 대한 것으로 보이는 요한의 묘사는 그때 도마가 그곳에 없었다고 말한다.[98] 따라서 실은 그 자리에 열 명의 제자만 있었다. 그러나 "열한 명"이라는 용어는 모든 경우에 예외 없이 그들 모두가 그곳에 있었음을 나타낸다기보다 "한 그룹으로서의 제자들"을 의미할 수도 있기 때문에 이것이 반드시 모순이라고는 할 수 없다. 예를 들어 영국 크리켓 팀에는 11명의 선수가 있다. 만일 어느 스포츠 기자가 자기는 영국 국가대표 11명을 인터뷰하기 위해 런던의 로즈 크리켓 그라운드(Lord's Cricket Ground)로 갔다고 말한다면, 그의 말은 반드시 11명의 선수 모두를 만났다는 것을 함축하는 것이 아니라 아마도 팀의 대표격인 선수들만 만났음을 의미할 것이다.

그리스도의 매장과 부활에 관한 사건들과 관련된 상세한 역사적 질문들에 대한 추가 논의는 웬함의 『부활절 수수께끼』(*Easter Enigma*)[99]를 보라.

---

96 마 28:9.

97 눅 24:33 이하.

98 요 20:19-25.

99 Wenham, *Easter Enigma—Do the Resurrection Stories Contradict One Another?*

기준 3. 증인들의 편향 가능성

종종 예수 그리스도가 부활했다는 증거는 주로 기독교의 원천에서 나왔기 때문에 이 증거가 편파적일 위험이 있고 따라서 독립적인 증언이라는 무게가 없다고 말해진다. 이 이의는 처음에는 그럴듯해 보이지만 다음 사항들에 비춰보면 사정이 달라진다. 예수의 부활 증거에 의해 설득된 사람들은 그리스도인이 되었다. **그러나 그들이 부활에 대해 처음 들었을 때에 반드시 그리스도인이었던 것은 아니었다.** 이에 대한 주요 예는 타르수스 사람 사울이다. 그는 그리스도인이기는커녕 그리스도인들을 박해하고, 그들을 투옥하고, 고문하게 할 정도로 광적으로 그리스도인들에게 반대하는 선도적인 학구적 바리새인이었다. 그는 부활 이야기를 말살하고, 기독교의 뿌리를 근절하기 원했다. 그는 기독교가 예루살렘을 넘어서 확산되고 있다는 얘기를 듣고서 대제사장들로부터 시리아의 다마스쿠스에 가서 모든 그리스도인들을 체포할 허락을 받았다. 그러나 그가 다마스쿠스에 갈 때 뭔가 전혀 예상치 않은 일이 일어났다. 그는 그리스도인이 되었다![100]

바울의 개종과 그 이후의 저술은 유럽과 세계의 역사에 큰 족적을 남겼다. 바울은 그의 생애 중에 여러 교회들을 세웠으며 오늘날까지도 (신약의 거의 절반이나 되는) 그의 저술들은 해 아래 모든 국가들의 수많은 사람들에게 영향을 주고 있다. 사울의 개종은 역사의 전환점이 되었는데 이 점에 대해서도 충분히 납득할 만한 설명이 필요하다. 바울 자신의 설명은 다음과 같았다. "맨 나중에…내게도 보이셨느니라."[101]

---

100 행 9:1-19.

101 고전 15:8.

바울의 증언이 중요한 이유는 바울이 부활한 그리스도를 만났을 때 그는 신자가 아니었기 때문이다. 바울은 그 만남 때문에 회심했다. 그러나 이와 관련해서 물어봐야 할 또 하나의 질문이 있다. 예수의 부활을 믿지 않았던 사람들 입장에서 예수가 살아나지 않았음을 증명하는 증거는 어디에 있는가? 예수에게 유죄 판결을 내리고 그를 처형한 종교 당국은 기독교의 주장을 무시하거나 일축할 여유가 없었다. 그들은 부활에 근거한 대중 운동을 필사적으로 중단시키기 원했다. 그들은 그들 자체의 공적 자원을 마음대로 쓸 수 있었고 원하면 로마 군대의 도움도 받을 수 있었다. 그럼에도 이상하게도 그들은 경비병들이 자고 있는 동안 제자들이 시신을 훔쳐갔다는, 명백히 어리석은 이야기(이에 대해 그들은 큰돈을 지불해야 했다!)를 제외하면 아무런 증거를 내놓지 못한 듯하다. 그래서 그들은 유치한 협박 전술에 의지했다. 그들은 사도들을 투옥하고, 그들이 계속 부활을 설교하면 심각한 결과가 벌어질 것이라고 위협함으로써 그들에게 겁을 주려고 했다.[102] 당국이나 다른 어느 누구로부터도 부활에 반하는 당대의 증거가 전혀 없다는 것 자체가 웅변적으로 이야기한다. 지금까지 어느 누구도 부활에 반하는 증거라고 발표할 만한 증거를 가지고 있지 않았던 것 같다!

기준 4. 증인들의 태도

흄이 제시하는 이 기준에서는 그리스도인들이 자신들의 견해를 제시하는 방식을 고려한다. 그들은 주저했는가 아니면 그 반대로 폭력적이었는가? 그들은 주저하지 않았다. 사도행전에서 누가는 제자들이 종종 매우 적대적

102 행 4:17-22.

인 청중들에게 부활에 대해 담대하게 증언한 여러 예를 제시한다. 그러나 그들은 결코 폭력적이지 않았다. 사실 그들의 비폭력성은 초기 기독교에 관해 인상적인 사실 중 하나인데, 그들은 이를 그리스도 자신으로부터 배웠다. 그리스도는 그들에게 그리스도나 그의 메시지를 보호하기 위해 칼을 사용하지 말라고 가르쳤다.[103] 그의 왕국에서는 사람들이 싸우지 않는다.[104] 회심이 바울에게 미친 영향을 생각해보라. 회심하기 전에 그는 종교적으로 편협한 사람이었고, 광신자였으며, 동료 유대인들이 그리스도인이 되었을 때 그들을 박해했다. 회심 후에 그는 다시는 어느 누구도 그리고 어떤 종교도 박해하지 않았다. 오히려 그리스도의 부활을 믿는 그의 신앙 때문에 그 자신이 지독한 박해를 받았고 궁극적으로는 자기 목숨을 바쳤다.

그러므로 초기 제자들의 경우 믿을 만한 증인에 대한 흄의 기준을 잘 충족한다.

여성 증인들

법적 증언에 관한 고대의 법률에 관해 조금이라도 아는 사람은 복음서에 언급된 부활한 그리스도의 출현에 관해 여성들이 최초로 보고했다는 사실에 놀랄 것이다. 1세기 유대 문화에서는 여성들은 일반적으로 법적 자격이 있는 증인으로 간주되지 않았다. 그러므로 당시에 누군가가 부활 이야기를 지어내기 원했더라면 이를 이런 식으로 시작하지 않았을 것이다. 사람들이 이 이야기가 여성을 증인으로 내세운다는 점을 어떻게 생각하든, 이 이야

103 마 26:52.

104 요 18:36.

기가 사실이고 쉽게 확인할 수 있을 경우에만 그런 이야기를 포함시킬 가치가 있을 것이다. 그러므로 이 이야기를 포함시켰다는 사실 자체가 (부활의) 역사적 진정성에 대한 확실한 표시다.

심리학적 증거

요한의 기사[105]에는 요한과 베드로가 수의가 논리적으로 함의하는 바에 대해 마리아와 의논하려 했다는 언급이 없다. 마리아는 그녀의 삶에 용서, 마음의 평화 그리고 명예를 가져다준 사람의 시신을 잃어버려 되찾을 수 없다는 생각에 심란해져 울고 있었기 때문에, 심리학적으로 볼 때 그들이 의논했을 가능성은 별로 없다. 그리고 "부활"이 그녀가 그리스도와의 모든 접촉을 영원히 상실하는 것을 의미한다면, 그것은 그녀에게 아무런 위로가 되지 않았을 것이다. 결국 그녀는 시신의 방부 처리를 마무리하기 위해 다른 여인들과 함께 무덤에 왔으니 그들이 궁극적으로 무슨 생각을 하고 있었는지 쉽게 알 수 있다. 부활이 일어나지 않았더라면, 그들은 재빨리 그 무덤을 사당으로 만들고 그곳에 와서 지금은 죽어 있는 자기들의 영적 영웅에게 기도하고 그에 대한 자기들의 헌신을 보여주었을 것이다. 그러나 이례적이게도 그들이 그런 일을 했다는 기록이 전혀 없다. 신약의 어느 곳에서도 우리는 사도들이 신실한 사람들에게 그리스도의 무덤에 성지 참배를 가서 특별한 축복이나 치유를 받으라고 장려했다는 기록을 찾을 수 없다. 오히려 가장 초기의 기독교 시대에는 그리스도의 무덤에 대한 관심이 전혀 없다.

---

105 요 20:1-10.

그렇다면 특히 그리스도의 무덤을 숭배하려는 이들 초기 그리스도인 여성들의 강력하고 자연스러운 욕구를 꺾기에 충분할 만큼 강력한 것이 무엇이었는가? 마리아는 무덤이 비어 있는 것을 발견한 날 무덤 곁에 가까이 있으려는 욕구를 매우 강하게 느꼈기 때문에 아마도 그녀는 이에 대해 말해주기에 가장 좋은 사람일 것이다. 그녀는 시신을 방부 처리하는 작업을 마치기 위해 무덤에 왔기 때문에 시신을 찾을 필요가 있었다. 그녀는 서서 울고 있다가 근처에 누군가가 있는 것을 알아차렸는데 그녀는 그 사람을 동산 관리인으로 생각했다. 그가 그 시신을 가져갔는지도 모른다. 그래서 그녀는 그에게 이렇게 얘기했다. "주여, 당신이 옮겼거든 어디 두었는지 내게 이르소서. 그리하면 내가 가져가리이다." 그녀는 다른 여자들과 함께 그를 가져다가 영원히 숭배할 장소에 정중히 다시 매장하려 했다.[106]

그러나 그녀는 그렇게 하지 않았다. 그날 동산에서 뭔가 매우 강력한 일이 일어난 결과 마리아 및 다른 여자들은 결코 다시는 무덤에 관심을 보이지 않았다. 요한은 우리에게 그녀가 동산 관리인으로 알았던 사람은 사실은 부활한 그리스도였다고 말한다. 그는 "마리아야"라고 말했고, 그녀는 즉시 그의 음성을 알아보았으며, 그녀의 시신 탐색은 끝났음을 알았다. 예수가 살아났다면 그의 무덤에 집착하는 데 무슨 관심이 있을 수 있겠는가? 어떤 관심도 있을 수 없다! 아무도 살아 있는 사람의 사당을 만들지 않는다.

그러나 또 다른 이슈가 있다. 제자들이 예수가 죽은 자 가운데서 살아났다는 사실을 확신해서 무덤이 포기되었다 해도, "제자들과 부활한 그리

---

106 요 20:10-18을 보라.

스도 사이의 관계는 무엇이었는가?"라는 중요한 문제가 떠오른다. 그가 살아 있음을 알게 된 뒤에 마리아는 아주 자연스럽게 그를 붙들기 원했다. 그러나 그리스도는 그녀에게 뭔가 할 말이 있었다. 그것은 사실은 그의 추종자들 모두에 대한 메시지였다. "나를 붙들지 말라(그리스어로는 나를 계속 꽉 잡고 있지 말라, 또는 나를 계속 꽉 잡고 있기를 멈춰라). 내가 아직 아버지께로 올라가지 아니하였노라. 너는 내 형제들에게 가서 이르되 '내가 내 아버지 곧 너희 아버지, 내 하나님 곧 너희 하나님께로 올라간다' 하라."[107]

마리아는 그가 진짜였고 참으로 그곳에 있었다는 것을 알았다. 그녀는 예수의 음성을 들었고 그를 만졌다. 그러나 예수는 마리아에게 자기가 그런 식으로 그녀와 함께 있지는 않을 것이라고 말했다. 그녀는 그와 함께 있을 것이지만, 전과 같은 의미에서 함께 있지는 않을 것이다. 예수는 이제 죽음의 다른 쪽으로부터 마리아로 하여금, 그리고 그녀를 통해 그의 모든 제자들로 하여금 그가 그들과 자신 및 자기의 아버지 사이에 새롭고 영원한 관계를 만들었으며 죽음이 이를 파괴하지 못한다는 것을 확신하게 했다. 그녀의 마음과 그 이후 수많은 사람들의 마음을 만족시킨 것은 바로 이 살아 있는 그리스도와의 살아 있는 관계였다. 그가 죽은 자 가운데서 살아났음을 안다는 사실만으로는 그러기에 충분하지 않았을 것이다.

107 요 20:17.

몇 가지 마지막 고려 사항들

부활한 몸의 성격

그리스도는 부활한 날 저녁에 주요 제자들 그룹에게 나타났다.[108] 그들은 유대 당국을 두려워해서 예루살렘의 모처에서 방문을 잠가 놓고 모여 있었다. 그리스도는 그들에게 자신의 손과 옆구리의 못자국과 창자국을 보여주었다. 이제 요한은 마침내 부활이 무엇을 의미하는지 알게 되었다! 수의를 통과했던 몸이 닫힌 문을 통과했지만 그것은 진짜이고, 만질 수 있으며, 그리고 무엇보다 살아 있는 몸이었다.

이제 일부 독자들은 즉시 다음과 같은 질문을 제기하고 싶을 것이다. 이처럼 과학이 발전한 시대에 어떻게 물리적인 몸이 수의를 빠져 나오고 문이 닫힌 방으로 들어올 수 있다는 말인가? 그러나 아마도 이처럼 과학이 발전한 시대에는 그러한 일이 덜 있음직해진 것이 아니라 더 있음직해진 것 같다. 우리는 제자들이 알지 못했던 것을 안다. 물질은 주로 빈 공간으로 구성된다. 기초 입자들은 물질을 관통할 수 있다. 중성미자와 같은 일부 입자들은 엄청난 두께를 관통할 수 있다.

이에 더하여 차원성 문제가 있다. 우리는 4차원 시공간에 익숙하다. 그러나 하나님은 이 4차원에 제한되지 않는다. 아마도 자연 자체는 우리가 생각하는 것보다 차원이 더 많을지도 모른다. 끈 이론은 더 많은 차원이 있을 수도 있다고 제안할 것이다. 여기서 하나의 비유가 도움이 될 수 있다.

108 요20:19-23; 눅 24:36-49.

수학자 에드윈 애보트는 1880년에 계급 구조에 관한 하나의 풍자로서 『플랫랜드: 모든 것이 평평한 이차원 세상』(*Flatland*)이라는 이름의 유쾌한 책을 썼다.[109] 애보트는 우리에게 평지라고 불리는 2차원 세계를 상상해보라고 요청한다. 그곳의 주민들은 직선, 삼각형, 정사각형, 오각형 등과 원까지의 2차원 존재들이다. 우리는 스페이스랜드(Spaceland)(3차원)에서 온 구체(球體, sphere)에게 소개되는데, 구체는 평지의 주민에게 공간(space)이 된다는 것이 무엇을 의미하는지 설명하려 한다. 구체는 평지의 평면을 지나가는데, 구체가 처음에는 점으로 보이다가 그다음에는 점점 커지는 원으로 보이고, 다음에는 작아지다가 사라진다. 물론 평지 주민들은 2차원보다 높은 차원을 생각할 수 없기 때문에, 그들에게는 이것이 불가능해 보인다. 구체가 자기는 평지의 평면 위(above)를 움직임으로써 그들의 집들을 볼 수 있고, 집의 문들이 열려 있지 않아도 그들의 집에 마음대로 나타날 수 있다고 말하자 그들은 더욱더 혼란스러워한다. 구체는 심지어 의심하는 평지 주민 중 하나를 공간으로 데려가 그에게 그의 세계 밖에서 그의 세계를 보여준다. 그러나 자기의 평면으로 돌아왔을 때 그는 2차원 세계 외에는 아무것도 알지 못하는 평지 주민들에게 자기가 새로 습득한 지식을 받아들이게 할 수 없다. 우리의 세계에 사실은 2차원이 아니라 4차원이 있는데 우리가 이를 평지로 인식하고 있는 것과 비슷하지는 않을까? 그렇다면 구체가 평면 세계와 상호작용하는 것처럼, 보다 높은 차원의 실재가 우리의 세계와 상호작용할 수도 있을 것이다.

물질 물리학 그리고 평지 비유와 같은 비유들은 최소한 그리스도의 부

---

109 Edwin Abbot, *Flatland*, Oxford, Blackwell, 1884.

활한 몸의 특징에 대한 신약의 설명을 일축하는 것은 매우 근시안적이고 너무 성급한 처사일 수도 있음을 알도록 도와줄 수 있다. 시공을 초월하는 하나님이 존재한다면, 그의 아들의 부활이 시공을 초월하는 실재의 측면들을 드러낸다 해도 놀랄 일이 아니다.

그러나 어떤 이들은 신약 자체가 부활의 몸을 "영적인 몸"[110]으로 부른다고 지적함으로써 그리스도의 부활한 몸이 물리적이라는 아이디어에 대해 문제를 제기할 것이다. 그리고 그 이의는 "영적인"이 "물리적이 아닌"을 의미한다고 주장할 것이다. 그러나 잠시만 생각해보면 다른 가능성이 있음을 보여준다. "석유 엔진"이라고 말할 때, 우리는 "석유로 만들어진 엔진"을 의미하지 않고, 석유로 동력을 공급하는 엔진을 의미한다. 이같이 "영적인 몸"은 그 몸이 무엇으로 **구성되었는가**가 아니라 그 몸의 생명 배후의 힘을 가리킬 수도 있다.

이 가능성들 사이에서 결정하려면 신약의 텍스트를 찾아보기만 하면 된다. 신약에서 그리스도가 그의 제자들에게 이렇게 말하는 것을 볼 수 있다. "내 손과 발을 보고 나인 줄 알라. 또 나를 만져보라. 영은 살과 뼈가 없으되 너희 보는 바와 같이 나는 있느니라."[111] 즉 그는 자기의 부활한 몸이 "영으로 구성된" 것이 아님을 명시적으로 지적했다. 그 몸에는 살과 뼈가 있었다. 그 몸은 만질 수 있었다. 그리고 그 점을 한층 더 증명하기 위해 그리스도는 그들에게 먹을 것이 있느냐고 물었다. 그는 생선을 받아서 그들 앞에서 먹었다.[112] 생선을 먹은 행동은 예수의 부활한 몸이 물리적 실

---

110 고전 15:44.

111 눅 24:39.

112 눅 24:41-43.

재인가라는 모든 의심이 근거가 없음을 증명하였다. 예수가 떠난 뒤에 제자들은 틀림없이 빈 접시를 한참 바라보았을 것이다. 예수가 현재 속해 있는 세상의 성격이 어떻든 간에 그는 그 세상으로 생선을 가져갔다. 그러므로 그 세상에는 확실히 물리적 차원이 있다.

의심과 부활

신약의 저자들은 일부 제자들이 처음에는 부활에 대해 의심하는 반응을 보인 경우가 있었다고 정직하게 말한다. 예를 들어 사도들이 여인들의 보고를 처음 들었을 때 그들은 여인들의 말을 믿지 않고 그녀들의 말을 말도 안 되는 소리로 여겼다.[113] 그들은 직접 예수를 보고 나서야 납득했다.

부활한 그리스도가 문이 잠긴 방 안에 나타났던 날 저녁에 도마는 예루살렘에 있던 다른 제자들과 함께 있지 않았다. 그리고 그는 제자들이 예수를 보았다는 주장을 믿기를 거부했다. 그는 도전을 제기했다. "내가 그의 손의 못 자국을 보며 내 손가락을 그 못 자국에 넣으며 내 손을 그 옆구리에 넣어 보지 않고는 믿지 아니하겠노라."[114] 도마는 집단 압력에 굴복하려 하지 않았다. 그는 스스로 증거를 보기 원했다. 일주일 뒤에 그들 모두가 다시금 예루살렘에서 방문을 잠그고 모여 있었다. 예수가 나타나서 도마에게 그의 손가락을 못 자국에 넣어 보고, 그의 손을 창에 찔린 상처에 넣어 보라고 초대했다. 그리스도는 도마에게 그가 요구했던 증거를 제

113 눅 24:11.
114 요 20:25.

시하고(이는 부수적으로 부활한 그리스도가 도마가 그 증거를 요청하는 것을 들었음을 증명한다), 그가 다른 사람들이 말한 것을 믿지 않은 데 대해 부드럽게 나무랐다. 신약성서는 도마가 이때 그리스도를 만졌는지에 대해서는 말해주지 않는다. 그러나 우리는 그가 어떻게 반응했는지 들었다. 그는 이렇게 말했다. "나의 주님이시요, 나의 하나님이시니이다!"[115] 그는 부활한 그리스도를 하나님으로 인식했다.

그리스도를 보지 않은 사람들은 어떤가?

그리스도의 (부활 후) 출현에 관한 이 긴 단락에서 우리는 그를 보았던 초기 그리스도인들을 살펴보았다. 우리는 또한 스데반과 바울에게 나타난 것을 제외하면 약 40일 후에 출현이 중단되었다는 점도 지적했다. 그러므로 역사적으로 절대 다수의 그리스도인들은 예수를 문자적으로는 보지 않고서 그리스도인이 되었다는 것은 평이한 역사적 사실이다. 그리스도는 도마와 다른 사람들에게 이에 관한 매우 중요한 뭔가를 말했다. "너는 나를 본 고로 믿느냐? 보지 못하고 믿는 자들은 복되도다."[116]

그들은 보고 믿었다. 그러나 대부분의 그리스도인들은 보지 못했다. 그렇다고—1장에서 본 바와 같이—그리스도가 우리 모두에게 아무 증거가 없어도 믿으라고 요청하는 것은 아니다. 애초에 우리에게 제시된 증거는 본 사람들이 목격한 증거다. 그러나 그리스도는 또한 우리에게 다른 종류

115 요 20:28.
116 요 20:29.

의 증거도 있다고 주의를 준다. 그중 하나는 하나님의 메시지가 듣는 사람의 마음과 양심에 파고들어가는 소통 방식이다.

구약에서 예언된 그리스도의 죽음과 부활

제자들 사이에는 단지 보는 것만으로는 극복될 수 없는, 도마의 의심보다 더 깊은 불신이 있었다. 누가는 우리에게 많은 사건이 일어났던 바로 그 일요일 날에 예루살렘에서 인근의 엠마오로 가던 두 명의 예수의 제자들에 대해 말해준다.[117] 그들은 예루살렘에서 방금 전에 일어났던 일들로 완전히 풀이 죽어 있었다. 어떤 낯선 사람이 그들에게 끼어들었다. 그 사람은 예수였는데 그들은 예수를 알아보지 못했다. 누가는 그들의 눈이 아마도 초자연적으로 그리고 다음과 같은 이유로 "가리어졌다"고 설명한다. 그들은 예수가 자기들의 정치적 해방자가 되리라고 생각했다. 그러나 실망스럽게도 그는 자신이 십자가에 못박히도록 허용했다. 그들의 사고 방식으로는 반대자들에 의해 자신이 십자가에 못박히도록 허용하는 해방자는 해방자로서 소용이 없었다. 그러므로 여인들에 의해 퍼진 그의 부활에 관한 소문은 그들에게는 적실성이 없었다.

예수는 즉각 그들의 눈을 열어서 자기가 누구인지 보게 함으로써 그들의 문제를 해결하지 않았다. 예수는 구약을 간략하게 요약하고, 구약 예언은 메시아가 누구이든 메시아가 자기 백성에게 버림받고, 죽임 당하고, 궁극적으로 부활하여 영광을 받게 되리라는 점을 일관성 있게 증언한다는 점

117 눅 24:3-35.

을 논증했다. 이것은 그 두 명의 여행자들에게 뉴스거리였다. 지금까지 그들은 구약에서 자기들이 보기 원하는 것을 읽었다. 그들은 메시아의 승리에 찬 도래에 관한 예언들을 연구했지만, 메시아는 또한 고난 받는 종의 역할도 수행해야 하며 그러기 위해서는 그가 반드시 고난을 받아야 하고, 그렇게 하고 난 다음에야 자기의 영광에 들어간다는 사실을 간과했다.

이 중 가장 주목할 만한 예언은 아마 이사야서에 포함되어 있을 것이다. 인간의 죄를 위한 메시아의 버림받음, 고난 그리고 죽음은 그 사건들이 실제로 발생하기 500년도 더 전에 시각적으로 묘사되었다. "그가 찔림은 우리의 허물 때문이요, 그가 상함은 우리의 죄악 때문이라. 그가 징계를 받으므로 우리는 평화를 누리고 그가 채찍에 맞으므로 우리는 나음을 받았도다."[118] 이사야는 다음에 그가 "산 자의 땅에서 끊어지고" 무덤에 놓였다고 말한다. 그다음에 다음과 같은 주목할 만한 말이 나온다. "그가 자기 영혼의 수고한 것을 보고 만족하게 여길 것이라."[119] 그러므로 이사야에 따르면 메시아는 죽게 되어 있었다. 따라서 예수의 죽음은 그가 메시아가 아님을 증명하기는커녕 그가 메시아라는 것을 증명했다. 그 두 명의 여행자들이 이를 이해했을 때, 그들은 여인들로부터 들었던 예수의 부활 이야기를 믿을 수 있게 되었다. 그것은 그들의 절망의 근거를 제거했고, 그들을 새로운 희망으로 채웠다.

그러나 그들은 아직 그 낯선 사람이 예수라는 것을 깨닫지 못했다. 여기까지는 그들이 구약이 메시아의 죽음을 선언했다는 객관적 사실을 알

---

118 사 53:5.
119 사 53:11.

게 되었다는 것으로 충분했다. 그들은 어떻게 예수를 알아보게 되었는가? 그 답은 그들이 예수를 자기 집으로 초대했을 때 예수가 한 어떤 행동에 의해 그를 알아보았다는 것이다. 그는 초기 제자들의 핵심 그룹에 속했던 사람들에게 많은 것을 보여주었을 행동을 했다. 그들이 소박한 식사에 참여하고 있을 때 예수는 그들을 위해 빵을 뜯었다. 그리고 갑자기 그들은 그를 알아보았다! 이 세부 사항에는 진정성과 진실의 강력한 고리가 있다. 그들은 전에, 예컨대 예수가 군중을 먹여주던 때에 예수가 빵을 뜯는 것을 보았다. 그리고 예수가 빵을 뜯는 방식에는 정의할 수 없지만 즉시 알아볼 수 있는 특징적인 뭔가가 있었다.

우리 모두는 가족과 친구의 경험으로부터 그들에게 특별한, 뭔가를 하는 특징적인 방식으로서 우리가 어디에서든 알아볼 수 있는 이런 종류의 일을 알고 있다. 제자들에게는 그것이 이 사람은 참으로 예수라는 증거, 그것도 결정적인 증거였다. 어떤 사기꾼도 그처럼 작은 세부 사항을 모방할 생각을 하지 않을 것이다.

이번 장은 길고 상세한 설명이었는데, 이 주제의 중요성 때문에 그럴 필요가 있었다. 우리는 부활의 증거에 대해 법률 전문가이자 교수인 노먼 앤더슨 경의 말을 마지막으로 추가한다. "그렇다면 빈 무덤은 참된 바위로서, 모든 합리주의적인 부활 이론들이 이 바위에 부딪히면 그 효력을 상실하게 된다."[120]

독자들은 부활에 관한 이 단락에는 신무신론자들에 대한 언급이 비교

---

120 Anderson, *The Evidence for the Resurrection*, p.11. 법률 전문가에 의한 부활 찬성과 반대 증거에 대한 보다 최근의 평가는 Charles Foster QC, *The Jesus Inquest*, Oxford, Monarch, 2006을 보라.

적 적음을 알아챌 것이다. 그 이유는 간단하다. 그들은 증거에 대해 관심을 기울인다고 자랑하면서도, 그들의 저술에는 그들이 우리가 이곳에 제시한 주장들(이 주장들 중 많은 것들은 잘 알려져 있다)을 진지하게 고찰했음을 보여 주는 것이 전혀 없다. 이 문제에 대한 신무신론의 침묵은 그 자체의 이야기를 들려준다.

9장

최종 고찰

이 책에서 아직 논의하지 않은 또 다른 종류의 증거가 있다. 그것은 직접적인 인식을 통해 얻을 수 있는 하나님의 증거다. 내가 당신에게 이렇게 말한다고 가정하자. "우리 집 정원에 있는 장미들이 꽃을 피우기 시작했습니다." 당신은 내가 긴 철학적 추론과 과학적 추론의 결과 이 결론에 도달했다고 생각하지 않을 것이다. 당신은 내가 이를 직접적으로 인식했다고 올바르게 추론할 것이다. 일상의 경험에는 그와 같은 일들이 많다. 그런 경험들은 긴 추리와 추론 사슬에 의해 확립되기보다는 직접적으로 인식된다. 하나님도 그렇다. 물론 논리적 논증들은 중요하다. 그러나 그 이름의 가치가 있는 하나님이 존재한다면, 논증들이 이야기의 전부일 수는 없다. 그렇지 않다면, 하나님에 대한 접근은 소수의 지성인들에게 기원을 둘 것이다. 뭔가가 더 있어야 한다. 그리고 실제로 더 있다. 성경은 하나님이 인간에게 자신을 계시하는 최소 3개의 방법이 있다고 분명히 말하는데, 그 방법들은 (1) 피조물, (2) 도덕적 양심, (3) 성경에 기록된 계시다.

로마의 그리스도인들에게 쓴 그의 유명한 편지에서 사도 바울은 이 중요한 계시 문제를 논의한다. 로마서 1장에서 우리는 우리의 첫 번째 요점을 다루는 다음의 구절을 발견한다. 바울은 인간에 대해 말하면서 이렇게 말한다. "이는 하나님을 알 만한 것이 그들 속에 (문자적으로는 '그들 안에')[1] 보임이라. 하나님께서 이를 그들에게[2] 보이셨느니라. 창세로부터 그의 보이지 아니하는 것들 곧 그의 영원하신 능력과 신성이 그가 만드신 만물에 분명히 보여 알려졌나니 그러므로 그들이 핑계하지 못할지니라. 하나님을 알되 하나님을 영화롭게도 아니하며 감사하지도 아니하고…"[3]

이 구절은 몇 가지를 주장한다.

1. 하나님은 먼저 우리를 창조하고, 하나님의 존재뿐만 아니라 그가 어떤 존재인지를 표현하기 위해 설계되고 창조된 우주에 우리를 둠으로써, 주도적으로 자신을 우리에게 알렸다.
2. 가시적인 피조물은 우리에게 하나님의 두 가지 속성, 즉 그의 영원한 힘과 신성을 객관적으로 보여준다.
3. 우리는 이 속성들을 긴 논증적·논리적 추론과정에 의해서가 아니라 직접적이고 직관적으로 인식한다.
4. 하나님의 피조물을 숙고할 때 우리가 보는 것의 중요성을 인식할 수 있도록 하나님은 우리 안에 우리의 인식 능력 일반뿐 아니라, 본능적으로 하나님을 알 수 있는 능력도 창조하였다.

이 인식 능력은 리처드 도킨스를 포함한 모든 사람에게서 작동하고 있다. 이를 생물학을 가리켜 "어떤 목적을 위해 설계된 인상을 주는 복잡한 것

---

1 그리스어: *en autois*.

2 그리스어: *autois*.

3 롬 1:19-21.

들에 대한 연구"[4]라고 정의하는 도킨스의 유명한 생물학 정의에서 볼 수 있다. 사실 그는 다른 곳에서 우주가 설계되었다고 말하는 것은 "매우 매혹적"이라고 쓴다. 과학이 믿을 수 없을 정도로 복잡한 우주의 작동 기제를 매우 성공적으로 밝혀내자, 그러한 첫 인상은 강화될 뿐이었다. 그러나 신무신론자들은 자신들이 생명의 기원과 변이에 관련된 유일한 기제라고 생각하는 것을 발견했기 때문에 그들은 어쨌든 생명을 설명했다는 아이디어의 배후를 부인하고 이를 감추는 데 평생을 보낸다. 그들은 어떤 기제가 존재한다는 사실은 해당 기제를 설계했던 행위자(agent)에 대한 필요를 없앤다고 생각한다는 점에서, 그들이 기초적인 범주의 오류를 저지르고 있다는 점을 모르는 것 같다. 그들의 "설명" 개념은 부적절하다. 사실은 여러 가지 방식으로 말이다.

독일 뮌헨 대학교의 저명한 철학자인 로베르트 슈패만은 이렇게 말한다.

> 과학은 아리스토텔레스처럼 왜 돌이 아래로 떨어지는지 발견하려 하지 않는다. 대신에 과학은 돌이 떨어지게 하는 법칙을 발견하려 한다. 그리고 그것이 과학적 "설명"을 구성한다. 그러나 비트겐슈타인은 이렇게 쓴다. "자연법칙이 우리를 위해 우주를 설명한다는 것은 현대성의 커다란 망상이다. 자연법칙은 우주를 묘사하고, 규칙성을 묘사한다. 그러나 자연법칙은 아무것도 설명하지 않는다."[5]

---

4 Richard Dawkins, *The Blind Watchmaker*, London, Longman, 1986, 1.

5 *Wirtschaftswoche*와의 인터뷰, 2007년 8월. John Lennonx 역.

도킨스는 비트겐슈타인의 말에 주의를 기울일 필요가 있다. 도킨스는 하도 철저하게 "커다란 망상"에 사로잡혀 있어서, 그는 과학이 궁극적인 설명을 제시했고, 하나님이 필요 없어지게 했으며, 자기가 삶에서 매일 경험하는 하나님에 대한 증거를 부인할 수 있게 했다고 생각한다. 슈패만[6]은 무신론자의 사고에 이 결함이 있음을 보여주기 위해 재미있는 비유를 제시한다. 그는 요한 세바스찬 바흐의 무반주 바이올린을 위한 D 단조 파르티타에 들어 있는 놀라운 이중 코딩을 발견한 음악학자 헬가 퇴네의 작품을 언급한다. 이 음악에 알파벳 문자에 상응하는 숫자의 특정 체계[7]를 적용하면 다음과 같은 고대의 격언이 나타난다. *Ex Deo nascimur, in Christo, morimur, per Spiritum Sanctum reviviscimus.*[8] 확실히 이 소나타를 즐기기 위해서는 이 숨겨진 텍스트를 알아야만 하는 것은 아니다. 사람들은 그곳에 이 메시지가 있었다는 것을 모르고서도 수백 년 동안 이 곡을 즐겼다.

슈패만은 신무신론자들에게 이렇게 말한다. "당신이 그렇게 하기로 결심하면 진화 과정을 순전히 자연주의적 관점에서 묘사할 수 있다. 그러나 그러면 당신이 사람을 볼 때, 당신이 아름다운 연극이나 아름다운 그림을 볼 때, 텍스트가 나타나는데 그 텍스트는 완전히 다른 코드를 사용할 경우에만 읽을 수 있다." 슈패만은 계속해서 우리의 음악학자가 바흐의 음악이 스스로를 완전하게 설명하며, 그 메시지가 튀어 나온 것은 그저 우연일

---

6 Robert Spaeman, *Das unsterbliche Gerücht: Die Frage nach Gott und Täuschung der Moderne*, Stuttgart, Klett-Cotta, 2007, 63.

7 한 소년이 간단한 문자/숫자 코드를 써서 벽에 "나는 숫자가 467인 소녀를 사랑한다"라고 새기는 고전적인 세계의 게마트리아(gematria)와 유사하다. 유명한 성경의 예는 숫자 666이다.

8 우리는 하나님 안에서 태어나고, 그리스도 안에서 죽고, 성령을 통해 살아나게 된다.

뿐이고 따라서 텍스트에 대해서 생각하지 않고 그 음악을 순수하게 음악으로 해석하는 것으로 충분하다고 말했다고 상상한다. 그렇게 한다면 무리하게 우리의 고지식함에 의존하는 것이 아니겠는가? 물론 그럴 것이다. 우리는 한 순간도 누군가가 이를 암호화해서 그곳에 두지 않았는데도 그 텍스트가 우연히 그곳에 있었다는 설명을 받아들이지 않을 것이다. 과학에 대해서도 그렇다. 원한다면 자신을 순전히 자연주의적인 과학에 제한시킬 수도 있다. 그러나 그러면 나타나는 텍스트를 설명하기를 바랄 수 없다. 음악학자는 음악학자로서 그 음악이 어떻게 작곡되었는지 설명할 수 있다. 그러나 그 텍스트를 무시할 경우에만 그렇게 할 수 있다. 신무신론자들은 정확히 그 입장에 있는 것으로 보일 것이다. 그들은 자신들은 자연주의의 경계를 넘어가는 논증들은 들을 준비조차 되지 않았다고 공개적으로 고백한다. 물론 그들이 자신을 그들의 자연주의적 성채라는 작은 세계 안에 가두기로 결심했다고 말하는 것은 정직한 처사다. 그러나 그 태도가 합리적인지 여부, 또는 그들이 미칠 수 없다고 치부한 세계 외부에 다른 세계가 있는지 여부는 다른 문제다.

우리가 직접적으로 인식하는 하나님에 대한 증거의 두 번째 원천은 우리의 타고난 도덕 의식과 관련이 있는데, 이는 우리의 두 번째 요점이다. 우리는 자신이 도덕적 존재라고 인식한다. 사도 바울은 사람들이 서로 비난하고 변명하는 우리의 일상 경험은 우리가 직관적으로 우리 외부에 도덕성의 기준이 있다고 믿는다는 증거라고 지적한다. 만일 당신이 나를 어떤 일로 비난한다면, 당신의 비난은 당신이 내가 당신의 도덕적 기준을 공유하리라고 기대한다는 사실에 근거한다. 만일 내가 변명하기 시작하면, 그것은 내가 그 기준을 받아들임을 증명한다. 즉 이 일상적인 인간 행동은 인간이 자기의 외부에 보편적인 기준이 있다고 믿으며, 우리들 각자는 다른 사람들이 이에 순응하리라고 기대하고 있음을 보여준다. 이처럼 보편적으로 관찰되는 현상은 하나님의 존재에 대한 강력한 증거를 구성한다. 무신론자인 옥스퍼드 대학교 철학자 J. L. 맥키가 다음과 같이 인정하듯이 말이다. "만일 객관적인 가치들이 있다면, 그런 가치들이 없을 때보다 하나님의 존재가 더 그럴 법해질 것이다. 그래서 우리는 도덕성으로부터 신의 존재에 대해 방어할 수 있는 논증을 할 수 있는 것이다."[9]

임마누엘 칸트는 순수 이성으로는 하나님의 존재를 증명할 수 없다고 주장했지만, 그럼에도 자신은 실제적인 이유에서 하나님을 믿는다고 고백했다. 그는 우리가 방금 논의했던 두 개의 원천을 증거로 거론한다. "사람이 그것들에 더 자주 그리고 더 꾸준히 숙고할수록, 두 가지가 늘 새롭고 증가하는 찬양과 존경으로 마음을 채운다. 그것은 내 위의 별들로 반짝이는 하늘과 내 안의 도덕법이다."[10] 이 말은 칼리닌그라드에 있는 그의 무덤의 묘비에 새겨져 있다.

이 책의 끝이 다가오고 있으므로 나는 도킨스가 자기 책 『만들어진 신』의 처음 부분인 헌정사에서 이미 이 게임을 포기한다는 점을 지적하고 싶다. 그는 (『은하수를 여행하는 히치하이커를 위한 안내서』[*The Hitichhinker's Guide to the Galaxy*]로 명성을 얻은) 더글라스 애덤스를 인용한다. "정원의 바닥에 요정이 있다는 것을 믿을 필요 없이 정원이 아름다운 것을 보는 것으로 충분하지 않은가?" 도킨스가 요정을 제거하는 훌륭한 일을 한다고 생각하는 사

---

9 J. L. Mackie, *The Miracle of Theism*, Oxford, Clarendom, 1982, 115-116.

10 Kant, *Critique of Practical Reason*, Conclusion, 113.

람들도 있을 것이다. 비록 우리들 대부분은 요정을 믿은 적이 없었고, 설사 요정을 믿었다 해도 조금만 더 자라면 그것을 믿지 않게 될 것임에도 말이다. 그러나 정원의 아름다움을 볼 때, 도킨스는 정말로 정원사가 없다고 믿는가? 그는 정원의 뛰어난 아름다움이 야생의 자연으로부터 순전히 우연히 나왔다는 입장을 유지할 것인가? 물론 정원은 그렇게 해서 생기지 않는다. 왜냐하면 정원은 바로 지성의 작동에 의해 야생의 자연과 구분되기 때문이다. 그리고 그것이 바로 요점이다. 도킨스는 바로 이 우주라는 정원의 숨 막히는 아름다움을 부러울 정도의 산문으로 묘사하는 것으로 높은 평판을 받을 만하다. 나는 그가 명백히 잘못된 집합의 대안들, 즉 정원이 스스로 생겨났거나, 정원에 요정이 있다는 대안을 제시하는 것을 이해할 수 없고, 그에 대해 다소 슬프게 생각한다. 진짜 정원은 저절로 생겨나지 않는다. 정원에는 정원사와 주인이 있다. 우주도 이와 유사하다. 우주는 스스로를 만들어내지 않았다. 우주에는 창조주 그리고 주인이 있다.

2,000년 전, 새벽에 어떤 여인이 십자가 처형 장소 근처의 동산에 있는 빈 무덤을 발견하고 마음이 산란해진 상태에서 그늘 속에 어떤 남자가 서 있는 것을 보았다. 그녀는 그가 동산 관리인이라고 생각하고 그 사람에게 그가 예수의 시체를 치웠느냐고 물었다. 그는 그녀의 이름을 불렀다. "마리아야." 그리고 순식간에 모든 것을 이해한 그녀는 이 사람은 동산 관리인이 아니라 소유주, 창조의 주님, 궁극적으로 모든 꽃들과 나무들의 아름다움에 책임이 있을 뿐만 아니라, 우주 전체의 모든 거대한 영광에 책임이 있는 분이라는 것을 깨달았다. 예수는 죽은 자 가운데서 살아났다. 죽음 자체가 극복되었다.

무신론은 죽음에 대한 답이 없다. 무신론은 제공할 궁극적인 희망이 없다. 무신론은 궁극적으로 우리가 존재했다는 마지막 흔적마저도 불태워 버릴 공허하고 메마른 세계관이다. 그것은 문자적으로 희망이 없는 철학이다. 무신론의 이야기는 무덤에서 끝난다. 그러나 예수의 부활은 더 큰 이야기의 문을 연다. 그것이 참된 이야기인지 아닌지 결정하는 것은 우리 각자의 몫이다.

색인

A

B

C

D

E

I

J

K

L

M

Q

R

S

T

W

Z

현대 무신론자들의 헛발질

1쇄 발행 2020년 1월 23일
2쇄 발행 2021년 5월 11일

지은이 존 C. 레녹스
옮긴이 노동래
펴낸이 김요한
펴낸곳 새물결플러스

편 집 왕희광 정인철 노재현 한바울 정혜인
이형일 나유영 노동래 최호연
디자인 윤민주 황진주 박인미
마케팅 박성민 이원혁
총 무 김명화 이성순
영 상 최정호 곽상원
아카데미 차상희

홈페이지 www.holywaveplus.com
이메일 hwpbooks@hwpbooks.com
출판등록 2008년 8월 21일 제2008-24호
주 소 (우) 04118 서울시 마포구 마포대로19길 33
전 화 02) 2652-3161
팩 스 02) 2652-3191

ISBN 979-11-6129-138-3 03230

책값은 뒤표지에 있습니다.